世界国鸟传奇

不可不知的99个鸟类文化故事

[英] 罗恩·托夫◎著　曾　晨◎译

清华大学出版社
北京

北京市版权局著作权合同登记号　图字：01-2019-7509

图书在版编目（CIP）数据

世界国鸟传奇：不可不知的99个鸟类文化故事 /（英）罗恩·托夫（Ron Toft）著；曾晨译. — 北京：清华大学出版社，2021.1
书名原文：National Birds of the World
ISBN 978-7-302-57376-0

Ⅰ.①世…　Ⅱ.①罗…　②曾…　Ⅲ.①国家表征－鸟类－介绍－世界　Ⅳ.①D521

中国版本图书馆CIP数据核字（2021）第022904号

责任编辑：肖　路
封面设计：施　军
责任校对：赵丽敏
责任印制：杨　艳

出版发行：清华大学出版社
　　　　　网　　　址：http://www.tup.com.cn, http://www.wqbook.com
　　　　　地　　　址：北京清华大学学研大厦A座　　邮　　编：100084
　　　　　社 总 机：010-62770175　　　　　　　邮　　购：010-62786544
　　　　　投稿与读者服务：010-62776969, c-service@tup.tsinghua.edu.cn
　　　　　质量反馈：010-62772015, zhiliang@tup.tsinghua.edu.cn
印 装 者：小森印刷（北京）有限公司
经　　销：全国新华书店
开　　本：210mm×260mm　　　　印　　张：13.5　　字　　数：336千字
版　　次：2021年3月第1版　　　　　印　　次：2021年3月第1次印刷
定　　价：128.00元

产品编号：085192-01

序

对我来说，鸟类是日常生活的一部分，它们能够每天以轻松而亲切的方式融入生活的方方面面。因此，我最喜欢的是那些住在我家后花园里的鸟。

当然，对鸟类的这种兴趣意味着我愿意看到新的或外来的物种，了解它们的个体行为和生态，也包括单纯地欣赏它们的美丽。这样的兴趣提高了我的生活质量。这不是一件坏事！也没什么特别的。

无论旅行到世界的哪个角落，我总会遇到喜爱鸟类的人。这不算什么新鲜事了。几个世纪以来，我们观察、研究、崇拜并尊敬鸟类。我们选择它们与人类有交集的部分作为图腾和象征，也常让鸟类进一步拟人化。这样的做法产生了一些不合适也不切实际的鸟类英雄，并导致各种误解。

这本书深入地探讨了这些鸟类。它们被选为象征性的物种，是建立在不同的时间尺度、不同程度的考量和不同的生物学准确性上的。鸟类图腾代表了人们的思想和渴望，具有非凡的意义。在这本书里，我们将看到人们如何以及为什么选择这些鸟。

我必须承认书中有些案例值得商榷。如果此时此刻各个国家、州或地区能够在需要受到保护的鸟类中选出一种，那就再好不过了。这将引起人们对鸟类困境的关注，可能还有助于加强对其的保护。当北美的白头海雕数量变得不稳定时，这样做无疑帮助了它们。或许这样的做法对其他物种也能有所裨益。所以，忘了欧亚鸲吧！不如把凤头麦鸡选为英国的国鸟！

克里斯·帕克汉姆（Chris Packham）

百慕大圆尾鹱，IUCN：濒危

巨鹮，IUCN：极危

威氏棕翅鸠，IUCN：极危

爪哇鹰雕，IUCN：濒危

猎隼，IUCN：濒危

蒙岛拟鹂，IUCN：极危

鹭鹤，IUCN：濒危

菲律宾雕，IUCN：极危

齿嘴鸠，IUCN：濒危

圣岛沙鸻，IUCN：极危

帝王鹦哥，IUCN：濒危

丹顶鹤，IUCN：濒危

世界自然保护联盟（International Union for Conservation of Nature，IUCN）

　　世界自然保护联盟濒危物种红色名录是一个分类系统，由世界自然保护联盟发布，旨在保护地球上的受威胁物种。该名录一共有9个类别：未评估（NE）、数据缺乏（DD）、无危（LC）、近危（NT）、易危（VU）、濒危（EN）、极危（CR）、野外灭绝（EW）和灭绝（EX）。本书标注了每一种代表性鸟类的物种濒危等级。

引　言

从2012年起，我开始着手为本书的写作进行研究。那时，我天真地以为调查哪些国家或者地区有标志性鸟类是一项相对简单直接的工作。我也以为一个国家只要拥有这样的标志性鸟类，那么政府机构一定会在官方文件中收录它作为国鸟①的时间和原因，并向公众开放这些资料。

然而，除了少数情况外，这份工作既不简单也不直接。网络上许多有关国鸟的说法往往不准确，向大使馆或政府部门发送的咨询邮件经常石沉大海。尽管尝试了和相关人士建立联系，但我挖掘到的信息时常不足，这令人十分沮丧。好在功夫不负有心人。在此，我要感谢全世界对我伸出援手的生态环保人士。就算无法直接解答我的疑问，他们也往往能为我介绍其他的知情人。

许多国家缺乏有关国鸟的信息，所以这些信息很可能在无意中被人们忽视了。如果事实确实如此，我在此表示歉意，并请有关国家与出版商联系，以便我们在之后的版本中补足遗漏。在全球大概200个国家中，有一半拥有国鸟。但是，它们当中有许多都从未被官方选定或认可。有些鸟是被保育机构采用的，有些则是来自公众投票。

有一些大众熟知的国家，特别是加拿大、爱尔兰和荷兰，出于某些原因没有国鸟；而相对鲜为人知的岛国，例如萨摩亚和帕劳，却是有国鸟的。

最古老的国鸟是美国的白头海雕，早在1782年就被国会采用。它击败了本杰明·富兰克林提出的火鸡。富兰克林认为白头海雕是一种"有道德缺陷"的鸟，而火鸡是"更值得尊敬"的物种。

最近被选出的鸟类象征是苏格兰在2013年票选的金雕，蒙古国在2012年采用的猎隼，以及也门和以色列在2008年分别采用的阿拉伯金翅蜡嘴雀和戴胜。至少有两个国家和地区正在着手筹备选出鸟类象征。安哥拉可能会采用红冠蕉鹃，巴勒斯坦则倾向于选择北非橙簇花蜜鸟。

特立尼达和多巴哥是唯一一个拥有两种完全不同的官方国鸟的国家——特立尼达的美洲红鹮和多巴哥的棕臀小冠雉。开曼群岛的鸟类象征是古巴白额鹦哥的两个不同亚种。毛里求斯更是独树一帜地选择了已经灭绝的物种作为国鸟，即著名的渡渡鸟。

最受欢迎的鸟莫过于安第斯神鹫，它被玻利维亚、哥伦比亚、智利和厄瓜多尔选为国鸟。吼海雕也同时是马拉维、纳米比亚、赞比亚和津巴布韦的国鸟。

阿根廷、巴西和哥斯达黎加拥有许多独特而

---

① 本书虽名为《世界国鸟传奇：不可不知的99个鸟类文化故事》，但实际上有些介绍的是地区的代表性鸟类，如安圭拉、百慕大群岛、英属维尔京群岛、开曼群岛、法罗群岛、直布罗陀、蒙特塞拉特、新喀里多尼亚、巴勒斯坦、波多黎各、苏格兰、圣赫勒拿岛、圣文森特岛、美属维尔京群岛。——译者注

美丽的物种，但我却惊奇地发现这三个国家都选择了看上去平淡无奇的鸟——阿根廷的棕灶鸟、巴西的棕腹鸫和哥斯达黎加的褐背鸫作为国鸟。

外形最奇特的国鸟大概是圭亚那的麝雉，宛若鸟中朋克。最漂亮的国鸟肯定是巴布亚新几内亚的新几内亚极乐鸟和危地马拉的凤尾绿咬鹃。

有些国鸟拥有极高的地位，不仅被政府应用于旗帜、国徽、硬币和纸币，也被用作保育和商业团体的商标。相反，有些国鸟的地位似乎特别低，这令我百思不得其解：一开始为什么要选它们做国鸟呢？

我对鸟类很感兴趣，并且已经写了很多相关的文章，研究和编写这本书是我的兴趣所在。我学到了很多东西，尤其是感受到鸟类已经深深地融入许多国家和人民的文化中。

我希望这本书能够展示世界鸟类的多样性和美丽，以及保护鸟类和所有其他野生动植物的重要性，毕竟我们在一起共同分享了这个如此美妙而珍贵的星球。

罗恩·托夫（Ron Toft）

温彻斯特

2014年1月

最上图： 新几内亚极乐鸟

上图： 凤尾绿咬鹃

对面图： 白头海雕

目录

对面图： 麝雉

安哥拉（ANGOLA）

红冠蕉鹃

Red-crested Turaco, *Tauraco erythrolophus*

● **物种濒危等级：低危**

保护现状： 野外的成鸟数量尚不明确，但国际鸟盟认为，栖息地的破坏正在导致其种群数量下降。

体型： 体长40~43厘米。

描述： 艳丽多彩。成鸟的头部、颈后和羽冠呈绯红色（部分冠羽的尖端为白色），背部和胸部绿色，腹部墨绿色，尾部为深蓝色或深紫色。腿和脚黑色，喙黄色。

食性： 目前的资料较少。已知的有包括浆果在内的植物果实。

繁殖方式： 尚不明确。

分布范围： 安哥拉特有种。

生境类型： 潮湿的低地森林。

红冠蕉鹃是安哥拉的非官方国鸟。一个新的本土鸟类保护组织将其选为机构标志。它的形象被应用于该物种的宣传海报上。

观赏地点 红冠蕉鹃常见于安哥拉的山体峭壁和邻近的森林地带。以下几个国际重要鸟类区域都有红冠蕉鹃的记录：卢卡拉河畔（Lucala River）的卡兰杜拉（Calandula）、卡马巴泰拉（Camabatela）、雄戈罗伊（Chongoroi）、加贝拉（Gabela）和基萨马（Quicama）。

文化地位

许多生态保护主义者都把红冠蕉鹃认定为安哥拉的鸟类象征，包括鸟类学家、专业的鸟类生态旅行向导迈克尔·米尔斯（Michael Mills）。米尔斯说："安哥拉现在还没有真正的国鸟。所以，做出这样的选择不算太难。"从2005年开始，他就与国际鸟盟合作，在安哥拉为尼日利亚的莱文蒂斯鸟类研究组织（A. P. Leventis Ornithological Research Institute）进行一系列的项目。他说："我们的计划是这样的——在不同的场合和时机，不断地把红冠蕉鹃称为安哥拉的国鸟。等到大部分人都接受了这个想法，它就会成为真正的安哥拉国鸟了。"

最上图： 红冠蕉鹃的形象出现在1996年发行的动植物主题邮票上。

上图： 作为安哥拉的濒危物种，红冠蕉鹃正在成为该国生态保护的象征。

安圭拉（ANGUILLA）

鸣哀鸽

Zenaida Dove, *Zenaida aurita*

● **物种濒危等级：低危**

保护现状： 其种群数量非常大，估计有 50 万~500 万只成鸟。

体型： 体长 28~30.5 厘米。

描述： 带有精致斑点的小型鸽子。成年雄鸟由肉桂色、浅棕黄色、红褐色和其他类似的色调组成。颈部带有紫色斑块，初级飞羽黑棕色，喙黑色，脚红色。它有 3 个亚种，安圭拉境内的为指名亚种 *Z. a. aurita*。

食性： 植物果实和种子。

繁殖方式： 通常一窝产 2 枚卵，主要在树木和灌木丛中筑巢。在天敌的数量很少或没有天敌的岛屿上，它们也可在地面筑巢。

分布范围： 遍布西印度群岛和墨西哥部分地区（尤卡坦半岛和科苏梅尔岛的北海岸）。

生境类型： 多样。开阔的林地、次生林、灌木丛和红树林地带。

鸣哀鸽在 1993 年 12 月被票选为安圭拉的鸟类象征，击败了褐鹈鹕和美洲隼。

观赏地点 由于种群数量较多，人们可以在林地、红树林等各种环境中发现鸣哀鸽。

文化地位

在什么情况下，鸟类象征不被当作鸟类象征对待呢？对于不了解鸟类的安圭拉人来说，他们的鸟类象征可能就是一只斑鸠或地鸠。尽管鸣哀鸽是官方认定的安圭拉的鸟类象征，但它常常被人们认错，甚至被某些网站描述成不明种类的"斑鸠""地鸠"或者另一种相似的鸟——哀鸽（*Zenaida macroura*）。根据《世界鸟类手册》（*Handbook of the Birds of the World*），鸣哀鸽一直被人们当作猎禽，遭到了大规模的捕杀。

1995年复活节，安圭拉发行了一套邮票，其中就有鸣哀鸽。

安提瓜和巴布达（ANTIGUA and BARBUDA）

华丽军舰鸟
Magnificent Frigatebird, *Fregata manificens*

● **物种濒危等级：低危**

保护现状： 据估计，全球有数十万只，并且种群数量可能正在增加。

体型： 体长 89~114 厘米。

描述： 具有史前生物外形的优雅海鸟。尾长而分叉，钩状的长喙颜色发白，狭长的双翼向后弯折。其飞行姿态特殊，除了同一类群的军舰鸟之外，很难与其他鸟类混淆。雄鸟通体黑色，有一个可膨胀的鲜红色喉囊。雌鸟体型较大，飞行时可以通过显眼的白色胸带进行辨识。

食性： 主要以飞鱼和乌贼为食，也捕食其他鱼类、水母、幼年海龟、海鸟的卵或雏鸟等。

繁殖方式： 通常在红树林中集群筑巢。成鸟用树枝搭建一个平台作为鸟巢，每次只产 1 枚卵。

分布范围： 分布广泛。作为世界上的 5 种军舰鸟之一，华丽军舰鸟分布于北美洲与南美洲的太平洋沿岸和大西洋沿岸，包括加利福尼亚到厄瓜多尔、佛罗里达到巴西南部。非洲西海岸外的佛得角群岛也有一个残存的种群。

生境类型： 辽阔的热带或亚热带海域、海岸线和小岛。

　　华丽军舰鸟是安提瓜和巴布达的国鸟。雄鸟拥有一个红色的喉囊（见上图），可以在求偶的时候膨胀鼓起，以吸引雌鸟。这种鸟具有很强的飞行能力，但巨大的翼展、短腿和小脚令它们在陆地上的行走显得十分笨拙。华丽军舰鸟的剪影通常被人们称为"史前生物"。

　　观赏地点　最佳的观赏地是巴布达岛科德林顿潟湖自然公园（Codrington Lagoon National Park）的军舰鸟保护区。该保护区占地 36 平方公里，约有 5000 只华丽军舰鸟在这里繁殖，是加勒比地区最大的繁殖群，可谓名副其实。这里是一个主要的旅游景点，游客们可以近距离接触华丽军舰鸟。它们也在距安提瓜岛 46 公里的无人小岛雷东达岛（Redonda）上繁殖。

左图：在世界上的5种军舰鸟中，华丽军舰鸟不仅是体型最大的，它的喙也是最长的。

上图：它们一次只抚养一只雏鸟。在生命开始的最初几周里，雏鸟极易被捕食。因此，亲鸟必须密切关注和保护雏鸟。

一直以来，军舰鸟和渔民享受着互惠互利的关系。军舰鸟跟随渔船，聚集在渔港，伺机抢夺鱼类的内脏和其他下脚料。渔民将军舰鸟作为空中指示标，从而找到鱼群的可能位置。

1985年，安提瓜和巴布达发行了一套"4种有价值的海洋生物"主题邮票，华丽军舰鸟就是其中之一。

文化地位

华丽军舰鸟也被人们称为"战舰之鸟"（man-o'-war bird）[1]。大概是军舰鸟袭击其他鸟类和抢夺食物的方式让人们联想到了过去加勒比海盗的所作所为。曾经，海盗们驾驶着护卫舰或战舰登上商船，实施骇人的烧杀抢掠。

根据《世界鸟类手册》，加勒比海的渔民和猎人们曾一度以军舰鸟的卵和幼鸟为食，为平日里的寡淡饮食增添营养。这些卵和幼鸟也被用于传统医术和巫术。

多年来，在安提瓜和巴布达，华丽军舰鸟的身姿出现在多枚五彩缤纷的邮票中。在1994年，就有5枚印有华丽军舰鸟的邮票发行。它甚至被用在带有23开[2]金箔的30元美钞上，这张钞票是限量发行的，具有极高的收藏价值。

2009年，在安提瓜岛举办的加勒比鸟类保护和研究学会第17次区域会议上，华丽军舰鸟也是被应用于会议标志的几种鸟之一。

---

[1] 在英语中，战舰又被称为 man-o'-war。——译者注

[2] 开是用来衡量黄金含量或纯度的单位。——译者注

5

阿根廷（ARGENTINA）

棕灶鸟

Rufous Hornero, *Furnarius rufus*

● **物种濒危等级：低危**

保护现状：成鸟的数量尚不明确，十分常见且处于增长态势。

体型：体长 16~23 厘米。

描述：是 236 种灶鸟科（Furnariidae）鸟类之一。上体红棕色，下体浅褐色。喉部发白。雌雄同型。

食性：以各种无脊椎动物为食，包括甲虫、蚂蚁、白蚁、蚱蜢、蠕虫、蜘蛛和蜗牛。

繁殖方式：用泥土建造"灶"形鸟巢，每一窝产 2~4 枚卵。

分布范围：分布于南美洲大部分地区，包括阿根廷、玻利维亚、巴西、巴拉圭和乌拉圭。

生境类型：灌木丛、牧场、农田、公园和花园。

作为阿根廷的国家鸟类象征，棕灶鸟是一种分布范围很广的常见鸟。它们似乎已经很好地适应了人造环境。

观赏地点　人们可以在各种生境中发现棕灶鸟——开阔的乡村、公园、城市花园。它们经常出没于人类居住区。在乡村，棕灶鸟喜欢翻动过的裸露土壤，经常出现在农田或茂密的灌木丛地带。

根据《世界鸟类手册》，棕灶鸟大多栖息在低海拔地区。若有合适的生境，它们也可分布在海拔 3000 米的山地。

棕灶鸟是一种典型的"双色调"鸟类——上体的棕色较深，而下体则浅一些。

左图： 棕灶鸟通常在树枝或人造建筑上筑巢，比如栅栏或房屋。

下图： 如果你在地上看到一只棕灶鸟，它很可能正在洗澡或昂首踱步。

文化地位

在阿根廷发行的邮票中，至少有一枚采用了棕灶鸟的形象。此外，该国的 25 分硬币也刻有它的图案。

棕灶鸟闻名于它那硕大、粗野、近乎圆形的泥巢。为了所谓的"灶"形鸟巢，棕灶鸟需要泥巴、黏土、某些植物材料以及一些粪便，经过精心的混合和筑造，才能保证其长久使用。泥巢的直径一般为 20~30 厘米，灶壁有 3~5 厘米厚，重 3~5 千克。尽管棕灶鸟很少重复使用同一个巢，但它们往往会在旧巢的上方再筑一个新巢。长久以来，这种经典的黏土建筑模式被世界各地不同文化背景的人们所模仿。

左下图： 观景房——这只有魄力的棕灶鸟选择了潘塔纳尔（Pantanal）的路牌作为它的巢址。

右下图： 阿根廷在1966年发行的邮票中描绘了一对泥巢旁的棕灶鸟。

澳大利亚（AUSTRALIA）

鸸鹋

Emu, *Dromaius novaehollandiae*

● 物种濒危等级：**低危**

保护现状： 据估计，野外共有 630 000~725 000 只成年个体。

体型： 体长 1.5~1.9 米，体重 30~45 千克。

描述： 羽毛蓬松的大型鸟类，通体深棕色或灰褐色，腿长；无法飞行。世界第三大鸟类，仅次于鸵鸟和双垂鹤鸵。脚为三趾，巨大而有力，使其能够轻松且快速地以每小时 48 公里的速度在地面上奔跑。鸸鹋是本属唯一的现存物种。

食性： 杂食。鸸鹋以植物的种子、果实、花和柔软的根为食，也包括多种昆虫和小型无脊椎动物。它们会吞下重达 46 克的石头来帮助磨碎砂囊中的食物。

繁殖方式： 求偶与配对发生在 12 月和次年 1 月。它们在植被覆盖的浅洼地中产卵，卵呈青色或深绿色。窝卵数为 5~15 枚，每枚卵的重量可达 450~650 克。孵卵时间将持续 8 周。卵和雏鸟均由雄鸟来照料。

分布范围： 澳大利亚特有种。

生境类型： 分布于多种生境中，尤其偏好硬叶植被（硬叶植物的总称，比如相思树和桉树）和半干旱平原。它们往往远离沙漠和人口稠密的地区，也不会出现在热带雨林中。

尽管政府从未做出正式的认定，但人们普遍认为，鸸鹋就是澳大利亚的国鸟。鸸鹋和红大袋鼠都出现在澳大利亚的盾徽上，继而被印在该国的护照、政府标志和面值 50 分的硬币上。据说，这两种动物之所以被选中，是因为它们不会倒着走，而这象征着一个年轻国家的进步和向前发展。

鸸鹋出现在各种邮票上，包括发行于 1888 年、面值 2 便士的新南威尔士州成立 100 周年纪念邮票，发行于 1913—1914 年、面值 6 便士的普通标准型邮票，发行于 1930 年、面值 6 便士的附加费邮票，发行于 1994 年、面值 1.35 澳元的野生动物主题邮票，发行于 2010 年、面值 55 分的澳大利亚纪念币主题邮票。

观赏地点 鸸鹋分布于澳大利亚的大部分地区。人们还对其进行商业化养殖，生产低脂肉、油和皮革。

刚孵化的雏鸟用清晰的条纹来伪装自己。五六个月后，这些条纹就会逐渐褪去。

文化地位

一直以来，鸸鹋都是澳大利亚当地的文化、传统和信仰当中一个不可或缺的部分。创世神话中讲到，曾有一位鸸鹋圣灵居住在天堂，她觉得诞生之初的地球非常美丽，不应只被星光照亮。于是，她向天空中投出一枚刚产下的卵，并用自己的喙将其啄开。苍穹中四下倾倒的金黄色蛋液就成了地球第一缕日出的光芒。

在我们太阳系所处位置的一个旋臂外边缘，有一些银河系的尘埃带。许多人觉得这些尘埃带的形状就像一只鸸鹋。2005 年，夏尔曼·格林（Charmaine Green）[1] 为此作了一幅画，描绘了西澳大利亚瓦迪里人（Wadjiri）眼中的"天上鸸鹋"。这幅画被澳大利亚天文协会用于 10 年计划书的封面。

2007 年，在新科学人尤里卡奖的角逐中，电影摄影师巴纳比·诺里斯（Barnaby Norris）赢得了科学摄影奖第三名。他的获奖作品拍摄于悉尼附近的库灵盖切斯国家公园（Ku-ring-gai Chase National Park），描绘的正是那条鸸鹋般的银河尘

---

① 夏尔曼·格林是澳大利亚的一位视觉艺术家和诗人。——译者注

由于鸸鹋经常会在路上漫步，澳大利亚乡村公路上随处可见"鸸鹋出没"的警示牌。

带从一尊古老的鸸鹋石刻上方升起的壮观场景。由于空中的鸸鹋尘埃带太过庞大，诺里斯不得不将 520 张独立的图像拼接在一起，才构成一张完整的照片。尘埃带在鸸鹋石刻上方的夜空中垂直出现，是一年只会出现一次的景象——这也发生在鸸鹋产卵的时期。

事实上，鸸鹋蛋是库灵盖人和其他澳大利亚当地的重要食物。当地人把蛋黄和赭石混合，作为人体彩绘和树皮彩绘的颜料，而蛋壳则被碾碎用来入药。一直以来，棕色的鸸鹋蛋不断地通过绘画或雕刻而蜕变为美妙的艺术作品。

鸸鹋蛋雕最早是在 19 世纪中后期开始流行的，是一种当地居民都十分热衷的艺术形式。有些银匠还为鸸鹋蛋精心设计了容器。这门手艺在 20 世纪由澳大利亚东南部和西部卡那封地区的当地中流传下来。

位于悉尼的澳大利亚博物馆表示，当今还有许多雕刻家在鸸鹋蛋上描绘人类、传统、动物和古往今来的景象。他们还补充道，鸸鹋蛋上的图像向我们展现了丰富多彩、栩栩如生的历史，而这些雕刻的设计会根据语言族群的不同而有所差异。

不论是澳大利亚博物馆，还是位于堪培拉的澳大利亚国家博物馆，都收藏了非常多当地居民的手工制品，其中也包括鸸鹋羽毛饰品。在澳大利亚国家博物馆的展品中，有一顶来自莫宁顿岛（Mornington

---

右图： 澳大利亚国家博物馆展出的莫宁顿岛舞蹈帽，由树皮、毛发、细线和鸸鹋羽毛制成。

下图： 澳大利亚的硬币、邮票、护照，到处都有鸸鹋的图样。

Island）的帽子，这是在某种仪式性舞蹈中所佩戴的；一根来自阿纳姆地（Arnhem Land）的舞蹈手杖或者"扇子"；以及一个来自澳大利亚南部的、用鸸鹋羽毛制作的篮子。而在非羽毛制品的手工展品中，一个汤碗上装饰着花朵喷绘、袋鼠、鸸鹋、玫瑰、蓟和三叶草，这是为塔斯马尼亚州的霍巴特橄榄球俱乐部（Union Club of Hobart）制作的；还有一件 1918 年之前的饰领，上面装饰有一只鸸鹋和一只袋鼠。饰领也被称为原住民护甲，从英国人定居澳大利亚开始，它们就常被用来授予有贡献的原住民。

澳大利亚轻骑兵精锐部队所戴的卡其毛皮毡帽或宽边软帽也会用鸸鹋羽毛来装饰。最初，这种羽毛装饰的帽子只能由昆士兰的骑兵佩戴，以表彰他们在 1891 年羊毛工人大罢工期间的英勇表现。现在，澳大利亚的一些正规军和预备役装甲部队的军帽和贝雷帽上仍然装饰着鸸鹋羽毛。

澳大利亚各地区的鸟类象征

红冠灰凤头鹦鹉

笑翠鸟

澳大利亚首都直辖区　红冠灰凤头鹦鹉

Gang-gang Cockatoo, *Callocephalon fimbriatum*

红冠灰凤头鹦鹉实行一夫一妻制，雌雄鸟终身相伴。雌鸟通体灰色。它们偏爱桉树和相思树的种子，也以坚果、浆果和昆虫为食。人们将这种鸟的叫声比作一扇咯吱作响的门。

新南威尔士州　笑翠鸟

Laughing Kookaburra, *Dacelo novaeguineae*

笑翠鸟是世界上最大的翠鸟，体长约为45厘米。它们不仅以鱼类为食，也捕食爬行动物、啮齿动物、蠕虫和昆虫。在吃掉大型猎物（如蜥蜴和蛇）之前，笑翠鸟会将其摔打在坚硬的表面上，以达到彻底杀死猎物和软化尸体的目的。它们的喙可长达10厘米。笑翠鸟原产于澳大利亚东部。

北领地　楔尾雕

Wedge-tailed Eagle, *Aquila audax*

楔尾雕是澳大利亚体型最大的猛禽。自1978年北领地取得自治地位并被伊丽莎白二世授予盾徽以来，它就一直是该地区的鸟类象征。

楔尾雕

盾形纹章的顶饰是一只楔尾雕。它站在五颜六色的花环上，张开双翼，利爪中抓着一块被澳大利亚原住民视为圣石的"丘林加"（tjurunga）。盾牌两侧的守护者是大红袋鼠，一只手持水字螺（*Harpago chiragra*），另一只手持心形鸟蛤（*Corculum cardissa*）。下方是一片长满草的沙丘，覆盖着斯特提棉（*Gossypium sturtianum*），又称斯特提沙漠玫瑰。

昆士兰州　澳洲鹤

Brolga, *Antigone rubicunda*

澳洲鹤是世界14种鹤类之一。早在1977年（伊丽莎白二世的银禧年），澳洲鹤就被描绘在昆士兰州的盾形纹章上。但直到1986年，它才正式被认定为官方鸟类象征。

南澳大利亚州　黑背钟鹊

Australian magpie, *Gymnorhina tibicen telonocua*

该州的代表性鸟类是黑背钟鹊的一个白背亚种，也是南澳大利亚州的常见鸣禽。1901年，州长坦尼森（Tennyson）在殖民地大臣的派遣信中写道："我提议，南澳大利亚州的旗帜应采用新的图案——英联邦的旭日映衬着一只黑背钟鹊。"从此以后，黑背钟鹊就成为该地区的鸟类象征。

澳洲鹤

黑背钟鹊

黄垂蜜鸟

如今，黑背钟鹊的形象被许多政府机构用作标志。它是南澳大利亚州的智慧和勇气的象征。

塔斯马尼亚州　黄垂蜜鸟

Yellow Wattlebird, *Anthochaera paradoxa*

黄垂蜜鸟是澳大利亚最大的食蜜鸟，也是塔斯马尼亚唯一的鸟类特有种。虽然塔斯马尼亚没有任何官方的动物象征，但根据塔斯马尼亚议会图书馆的说法，"黄垂蜜鸟是公认的最具有标志性的鸟类"。

维多利亚州　黄冠吸蜜鸟

Yellow-tufted Honeyeater, *Lichenostomus melanops cassidix*

维多利亚州的黄冠吸蜜鸟是该物种的4个亚种之一，处于极度濒危的状态。它身上带有黑色、金色和橄榄色，曾生活在雅拉河上游和西港湾流域的支流。目前，纯野生种群只分布在雅拉河的一小片区域。耶林博自然保护区（Yellingbo Nature Conservation Reserve）正是为了保护仅存的100~150只黄冠吸蜜鸟而建立的。

黄冠吸蜜鸟在1971年被选为维多利亚州的鸟类象征。

黄冠吸蜜鸟

黑天鹅

西澳大利亚州　黑天鹅

Black Swan, *Cygnus atratus*

黑天鹅深深地根植于西澳大利亚州的文化中。对于居住在南部和西部的原住民纽恩那人来说，他们的祖先正是由黑天鹅幻化而来的。

从前，欧洲人认为所有的天鹅都是白色的。直到17世纪，荷兰探险家抵达了辽阔的南方大陆。

1697年，探险家、航海家威廉·德·弗拉明格（Willem de Vlamingh）在如今的珀斯看到了成群的黑天鹅。于是，他将那条河命名为"天鹅河"。

大约130年后，船长詹姆斯·斯特林（James Stirling）声称自己看到一个超过500只黑天鹅的群体从河面上飞过。

因此，西澳大利亚州最初的欧洲殖民地被命名为"天鹅河殖民地"。黑天鹅成了这个地方的象征，出现在政府文件、纸币和邮票等官方物品上。

1973年7月25日，它正式成为西澳大利亚州的官方鸟类象征，被描绘在原版的州徽上。

如今，它的形象出现在西澳大利亚州的旗帜和盾形纹章上。

奥地利（AUSTRIA）

家燕
Barn Swallow, *Hirundo rustica*

● 物种濒危等级：低危

保护现状： 全球约有 1.9 亿只成年个体，是所有燕子中最为人所知、分布最广的物种。

体型： 体长 18 厘米。

描述： 指名亚种的雄鸟具有蓝黑色的上半身和胸带，前额和喉部为深红色，下半身米白色。流线型尾部有很深的分叉。

食性： 主要以昆虫为食，包括蝇类、蚂蚁、蚜虫和寄生蜂；通常在飞行时捕食。根据《世界鸟类手册》第9卷，家燕所食的昆虫涵盖 80 个科。

繁殖方式： 用泥土和植物纤维在人造建筑的内部或外部筑巢，例如房屋、谷仓或其他建筑。窝卵数为 4 枚或 5 枚。

分布范围： 极广，覆盖世界的大部分地区。家燕为长距离迁徙的候鸟，例如英国的种群会迁往南非越冬。

生境类型： 十分多样。开阔的乡下、牧场、农田、河岸带、村庄、城镇和某些地方的城市。

奥地利和爱沙尼亚的国鸟都是家燕。然而，家燕在奥地利的形象并不引人注目。

观赏地点 家燕是一种常见且广布的鸟类，在房屋和农业建筑周围随处可见。人们在春夏季的乐趣之一，就是看着家燕轻盈地掠过地面、植被或水面，捕捉飞行中的昆虫。有幸住在鸟巢附近的人和观鸟爱好者都能欣赏到它们的灵动倩影。家燕具有很强的飞行能力，它们从高空敏捷地俯冲、飞掠、绕过障碍物，毫不费力地把食物带回雏鸟身边。

最左图： 家燕在合适的人造建筑物上方或内部筑巢，尤其是谷仓和其他的农业建筑，也包括桥梁和涵洞。

左图： 家燕的卵带有许多斑点。平均窝卵数为4枚或5枚，实际卵数为2~7枚。

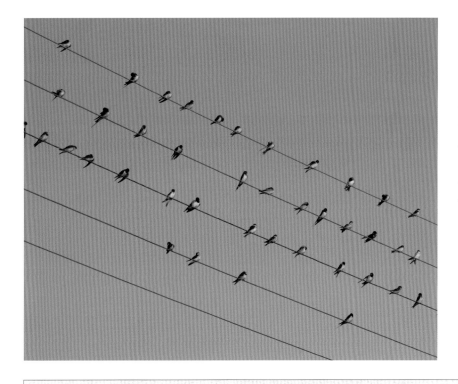

夏季和初秋，人们可以在许多地方看到这样的景象——数十只燕子集群，在电线上叽叽喳喳地叫个不停，其中包含成鸟和亚成鸟。这样的集群通常发生在家燕返回非洲越冬的长途迁徙之前。

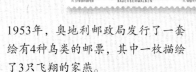

文化地位

人们总是理所当然地以为奥地利的国鸟应该是某种鹰，这样的想法并非空穴来风。在奥地利的国徽上，一只造型独特的独头鹰占据了整个画面。在过去，奥匈帝国时代的国徽绘制了象征两个民族的双头鹰，后来才被独头鹰取代。

然而，小小的家燕才是奥地利的国鸟。联邦农业、林业、环境和水资源管理部指出，尽管奥地利的国徽上是一只鹰，但真正的国鸟应该是由国际鸟盟在1960年选出的家燕。国际鸟盟的组织标志就是一只正在飞翔的家燕。

虽然家燕的形象十分低调，但它和奥地利之间有很深的文化渊源。

1864年，奥地利作曲家约瑟夫·施特劳斯（Josef Strauss，1827—1870年）创作了一首以家燕命名的华尔兹舞曲——《奥地利乡村家燕圆舞曲》（*Dorfschwalben aus Österreich*）。约瑟夫的哥哥约翰·施特劳斯（Johann Strauss）也是非常著名的作曲家，并称赞弟弟拥有更高的天赋。约瑟夫为世人留下了300多首原创舞曲和进行曲，以及500多首对其他作品进行的编曲。

1953年，奥地利邮政局发行了一套绘有4种鸟类的邮票，其中一枚描绘了3只飞翔的家燕。

奥地利的国徽上有一只显眼的独头鹰，但它并不是国鸟。

巴哈马（BAHAMAS）
美洲红鹳
American Flamingo, *Phoenicopterus ruber*

● 物种濒危等级：低危

保护现状： 野外个体数为 26 万 ~33 万只，变化趋势尚不明确。

体型： 西半球最大的红鹳。体型最大的雄鸟在站立时体长接近 145 厘米，重达 4 千克。雌鸟通常要比雄鸟小 20% 左右。

描述： 世界上色彩最鲜艳的红鹳。成鸟通体橙红色；喙呈粉色和黑色，形状十分特殊。美洲红鹳曾是大红鹳的一个亚种。如今，它们都被分类学家分为两个独立的物种。

食性： 以各种生物为食，包括海水虾和其他甲壳类动物、软体动物、水生昆虫的幼体、陆生昆虫的成体、环节动物和海藻。所有种类的红鹳或多或少都是粉红色的，这是由于食物中所含的类胡萝卜素。

繁殖方式： 美洲红鹳的鸟巢由泥土制成，硬化之后就像一个倒过来的圆锥体。它们每一窝只产 1 枚卵。

分布范围： 加勒比地区、墨西哥、南美洲和加拉帕戈斯群岛，与其他红鹳的分布均不重叠。

生境类型： 营养丰富的浅水水域，比如盐田、盐湖和碱性湖泊，也常出没于污水处理厂、水坝、泥滩、河口和沿海水域。

　　美洲红鹳是巴哈马的国鸟，它的形象被人们广泛运用。它是该国国徽的组成部分——美洲红鹳用一条长腿支撑着中央的盾牌，而盾牌上绘有一轮耀眼的红日。

　　巴哈马国家信托基金会以及旗下的探索俱乐部也在它们的标志上使用了美洲红鹳的图案。

　　多年来，美洲红鹳的形象多次出现在巴哈马的邮票上，包括该国与世界自然基金会在 2012 年联合发行的 4 枚系列邮票，以及发行于 1982 年、展现该物种生命周期的首日封。它还出现在硬币和纸币上。

　　观赏地点　世上最大的美洲红鹳繁殖群位于大伊纳瓜岛（Great Inagua Island）上的伊纳瓜国家公园（Inagua National Park），受巴哈马国家信托基金会管辖。这里是观鸟爱好者的天堂。

　　在首都拿骚的阿达斯塔动植物展览与保育中心（Ardastra Gardens, Zoo and Conservation Centre），"行进的美洲红鹳"是一个著名的观光项目。

美洲红鹳的喙高度特化，形状十分怪异，能从水中滤出藻类和小型水生无脊椎动物为食。

美洲红鹳是典型的群居动物，常成千上万地聚集在一起。

右图： 巴哈马在1971年的邮票上描绘了美洲红鹳。

最右图： 巴哈马国家信托基金会的组织标志上也有美洲红鹳。

文化地位

在 19 世纪末和 20 世纪初，美洲红鹳的前景显然很不乐观。那时，大量幼鸟在学会飞行之前就被人类捕杀，还有的被活捉并卖给往来的商船，许多美洲红鹳都在旅途中因缺乏照料而死去。

1905 年，首届全美奥杜邦协会的年会在美国举行。在开幕式上，人们向巴哈马政府请愿，要求对美洲红鹳采取法律保护。同一年的晚些时候，政府通过了《野生鸟类（保护）法案》。这是历史上人们第一次提出要为红鹳实行特殊保护，并且以法律的形式确定了下来。

尽管如此，它们的数量还是不断下降。到了 20 世纪 50 年代，野外个体的数量缩减到了 5000 只左右，美洲红鹳似乎在一步一步地走向灭绝。随后，红鹳保护协会于 1951 年成立，巴哈马国家信托基金会在 1959 年成立，美洲红鹳的数量终于迎来了回升。该基金会负责管理境内的 27 个国家公园，形成了超过 4047 平方公里的保护网络。根据它们的数据，目前美洲红鹳在其境内的数量已经超过了 50 000 只。

巴哈马国家信托基金会旗下的探索俱乐部在机构标志上也应用了美洲红鹳的卡通形象。该图案是一只戴着绿色鸭舌帽的美洲红鹳，帽子上印有基金会名称的缩写，表现了该机构的自豪之情。经过几十年的不懈努力，它们把美洲红鹳从灭绝的边缘拯救了回来，可谓是巨大的成就。

在阿达斯塔动植物展览与保育中心，训练有素的美洲红鹳能够在训练员的命令下昂首阔步地前进，令这里成为深受游客喜爱的景点。20 世纪 50 年代，该中心的创始人发现他饲养的美洲红鹳能够对语音指令做出反应。从那之后，该中心就一直向游客们开放红鹳表演。孩子们特别喜欢美洲红鹳滑稽古怪的行进动作，甚至还会模仿它们的步伐。

"红鹳"是巴哈马一个常用的名字，例如猫岛（Cat Island）上的红鹳山度假村与红鹳码头，安德罗斯岛（Andros Island）上的私人海湾红鹳沙洲以及红鹳咨询公司。更有趣的是，为了让评委留下深刻的印象，曾经有一名来自巴哈马的选美参赛者穿上了印有美洲红鹳的主题服饰。

15

巴林（BAHRAIN）

白耳鹎

White-eared Bulbul, *Pycnonotus leucotis*

● 物种濒危等级：**低危**

保护现状： 成鸟数量未知，属地区性常见鸟类。据估计，它们的种群数量正在下降。

体型： 体长17.5~19厘米。

描述： 指名亚种的头部和颈部为黑色，脸上有一块明显的白斑。喙黑色，上体浅灰，下体颜色更淡，臀部橙黄色。雌雄同型。该物种共有两个亚种，分别为 *P. l. leucotis* 和 *P. l. mesopotamia*；后者分布于巴林。

食性： 植物果实、花苞、花蜜和无脊椎动物。

繁殖方式： 通常在灌木丛或矮树中筑造杯状巢，窝卵数为3枚。

分布范围： 十分广泛，包括中东和周边地区的许多国家；为巴林的引入种。

生境类型： 多样。主要栖息于干旱的热带或亚热带草原、灌丛地，也生活在可耕地、人工林、乡村花园、湿地和沙漠。

　　巴林的国鸟是白耳鹎。它们经常成群结队地在刺茉树（*Salvadora persica*）上觅食。

　　观赏地点 能见到白耳鹎的地方有很多，因为该物种可以生活在各种各样的不同生境中，比如灌木丛、棕榈树林、果园、花园、红树林和芦苇滩。

文化地位

　　尽管白耳鹎是巴林人民耳熟能详的一种鸟，也拥有国鸟地位，但它在该国内的地位并不算很高。不过，它的形象还是出现在巴林的一枚邮票上。

巴林在1991年发行的一枚邮票上细致地描绘了白耳鹎。

孟加拉国（BANGLADESH）

鹊鸲

Oriental Magpie-robin, *Copsychus saularis*

孟加拉国的国鸟是鹊鸲。它的形象在国内被广泛运用，并出现在纸币和邮票上。

观赏地点　鹊鸲是孟加拉国的常见鸟类，几乎随处可见。

● **物种濒危等级：低危**

保护现状： 尽管该物种的全球数量尚不明确，但人们一般将其描述为数量众多的常见鸟类。

体型： 体长 19~21 厘米。

描述： 通体黑白斑驳。雄鸟的上体和胸部具有蓝黑色金属光泽，腹部白色，黑色的翅膀上有一道白色翼斑，尾长，喙和腿为黑色。该物种共有 8 个亚种，指名亚种 *C. s. saularis* 分布于孟加拉国。

食性： 主要以昆虫为食，如蟋蟀、鳞翅目幼虫、萤火虫和蝇类；也捕食其他的无脊椎动物。

繁殖方式： 通常在洞穴，以及其他自然或人造的空腔中筑巢。该物种的鸟巢较为杂乱，窝卵数为 2~5 枚。

分布范围： 广布于亚洲的 17 个国家。

生境类型： 该物种最主要的栖息生境是森林，也可生活在溪流附近、可耕地、种植园、花园和城市环境。

文化地位

作为孟加拉国的国鸟，鹊鸲常被当地人称为"杜尔"（doyel）。首都达卡的杜尔城市广场（Doyel Square）上矗立着一尊地标性的鹊鸲雕塑。

1983年，孟加拉国发行了一套"孟加拉国的鸟"系列邮票，其中就有鹊鸲。

2010年，鹊鸲是第11届南亚运动会的官方吉祥物。

杜尔城市广场上的雕塑展现了孟加拉国的国鸟——鹊鸲。

17

白俄罗斯（BELARUS）

白鹳

White Stork, *Ciconia ciconia*

● **物种濒危等级：低危**

保护现状： 全球有 50 万 ~52 万只成年个体。虽然有些种群的数量在减少或维持稳定，但总体的数量处于增加态势。

体型： 体长 110~115 厘米的大型鸟类。

描述： 颈部、喙和腿较长。成鸟通体黑白相间，喙和腿为鲜红色。特征鲜明，不易误认，尤其是在飞行的时候。

食性： 多样。以多种猎物为食，包括大型昆虫、蚯蚓、小型哺乳动物、两栖动物、爬行动物和鱼类。

繁殖方式： 用树枝在树木或人造建筑物（房屋、烟囱、电塔、电线杆或电力钢杆等）顶部建造巨型鸟巢，平均窝卵数为 4 枚。近几十年来，在欧洲西部和南部的部分地区，白鹳的数量不断减少。因此，一些国家开始为白鹳修建人工筑巢平台。

分布范围： 广泛。主要在欧洲繁殖，在非洲越冬。欧洲的白鹳利用上升热气流，在 8 月末开始南迁，通常会在 10 月初抵达非洲。

生境类型： 开阔的低地。在繁殖季偏好潮湿地带，而在冬季选择干燥的地区，包括潮湿的牧场、池塘、沼泽地区、耕地、草场和草原。有时也在城镇中筑巢。

白鹳是白俄罗斯的国鸟，被描绘于 1995 年、1996 年、1998 年和 2002 年发行的鸟类邮票中。

2009 年，白俄罗斯发行了多种图案的白鹳钱币。正面是印在草地背景上的白鹳脚印，背面是白鹳的头部和一对筑巢的亲鸟。

观赏地点 白鹳分布于 100 多个国家，白俄罗斯就是其中之一。这种鸟在白俄罗斯和许多其他的欧洲国家繁殖。

在白俄罗斯的春夏季，白鹳可见于茂密的比亚沃维耶扎原始森林（Belovezhskaia Pushcha）和普里皮亚季河（River Pripyat）的河漫滩。比亚沃维耶扎是一个原始森林的复合体，拥有许多树龄为 200~250 年的古老树木。普里皮亚季河以春季迁徙期的水鸟盛况而闻名。国际鸟盟的报告称，在 2001 年，比亚沃维耶扎原始森林有 220~250 对繁殖的白鹳，而普里皮亚季河的河漫滩有 300~500 对。

许多鸟类的巢穴都隐蔽在植被当中，除非你具有一定的了解，否则很难发现它们的巢；但白鹳却反其道而行。这种魅力无穷的大型鸟类竟然胆大包天地在屋顶、烟囱、塔架、电线杆和其他人造建筑物上筑巢，包括特制的人工筑巢平台。除此之外，它们也经常选择树顶和悬崖。白鹳的巢由较大的树枝构成，其深度可以达到2.5米以上。

文化地位

2000 年，明克斯的研究人员艾琳娜·萨姆森科（Irina Samusenko）发布了一份名为《白俄罗斯白鹳的保护现状》（*Preservation of White Stork population in Belarusian Polessia*）的研究报告。在文章中，她指出白鹳是白俄罗斯人民最喜爱的鸟，并在这个国家的文化历史中扮演着非常重要的角色。

她还提到乡村地区的人们都一直参与白鹳的保护行动，白鹳可以称得上是受到举国尊敬的鸟了。

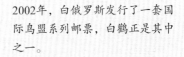

2002年，白俄罗斯发行了一套国际鸟盟系列邮票，白鹳正是其中之一。

比利时（BELGIUM）

高卢雄鸡

Gallic Rooster, *Gallus gallus*

在1913年4月20日举办的瓦隆会议上，所谓的"英勇雄鸡"或"瓦隆雄鸡"被选定为比利时瓦隆地区（位于该国南部、以法语为主要语言的部分地区）的鸟类象征。经皮埃尔·保卢斯（Pierre Paulus）设计，雄鸡的图案被描绘在该地区的盾形纹章和旗帜上。

有些网站认为红隼才是比利时的国鸟。

保护现状： 未评估。

体型： 体长65~67厘米。

描述： 雄鸡（rooster）是公鸡的另一种叫法。比起英国，这个词在美国使用得更为广泛。英国人通常把这类鸟称为公鸡（cockerel）。雄鸡长着鲜红的肉垂和鸡冠，不易误认。

食性： 杂食，食谱广泛且多样，包括种子、草和昆虫。许多家禽饲养员会购买特制的配方饲料，并根据家禽的年龄选择饲料的种类。被饲养在后院和小型农场的鸡也经常取食新鲜水果和蔬菜残渣，以及面包虫。

繁殖方式： 母鸡的产卵数因品种的不同而有所变化。有的品种每年产几十枚卵，有的则超过200枚。

分布范围： 野外没有自然分布。

生境类型： 作为一种家禽，高卢雄鸡广布全球，常见于花园、农田、混合农场和专门的禽类饲养场……人们认为，所有家鸡的祖先都是热带的红原鸡（*Gallus gallus*）。

文化地位

有一些网站认为红隼（*Falco tinnunculus*）才是比利时的国鸟。实际上，这个欧洲国家一直没有选出一个公认的代表性鸟类。不过，比利时的瓦隆地区已经采用了"瓦隆雄鸡"作为自己的象征，这和高卢雄鸡基本上是相同的。高卢雄鸡不是野鸟，而是被驯化的家养动物，也是隔壁法国的国鸟。

瓦隆地区的旗帜上绘有高卢雄鸡的纹样。

厚嘴巨嘴鸟

Keel-billed Toucan, *Ramphastos sulfuratus*

● 物种濒危等级：低危

保护现状： 据估计，2008 年的全球数量为 5 万 ~50 万只。

体型： 体长 46~51 厘米。

描述： 一种色彩艳丽、极易辨认的鸟类，硕大的喙混合着橙色、蓝色、绿色和红色。头部和背部呈带有栗色光泽的黑色，喉部和胸部为黄色，下体带有红色边缘。雌鸟的体型和喙的长度都小于雄鸟。该物种有两个亚种，其中 *R. s. sulfuratus* 分布于伯利兹。这个亚种的体型通常比指名亚种小，红色胸带也较宽。

食性： 多种植物果实、无脊椎动物（如甲虫、蜘蛛和蚂蚁）、蛇和蜥蜴，可能也取食鸟类的卵。

繁殖方式： 筑巢于天然的树洞，巢洞有 45 厘米至 2 米深。每一窝产 1~4 枚卵。如果繁殖成功，原有的巢洞将会在下一年被重复使用。

分布范围： 广泛。原产于 9 个中美洲和南美洲国家：伯利兹、哥伦比亚、哥斯达黎加、危地马拉、洪都拉斯、墨西哥、尼加拉瓜、巴拿马和委内瑞拉。

生境类型： 主要栖息于潮湿的低地森林，也可生活在植被茂密的种植园和开阔的牧场。

厚嘴巨嘴鸟在当地被称为"大嘴鸟"。1981 年，前英属洪都拉斯（伯利兹的旧称）成为一个独立国家时，这种鸟被选为该国的国鸟。

观赏地点 人们可以在伯利兹的许多雨林地带发现厚嘴巨嘴鸟，包括茶溪自然保护区（Chaa Creek Nature Reserve）。该保护区拥有超过 300 种鸟类的记录。

文化地位

伯利兹的原住民部落和早期欧洲殖民者都注意到当地存在着多种巨嘴鸟，并捕捉它们作为食物或者宠物。巨嘴鸟的鲜艳羽毛受到美洲印第安人的狂热追捧，而其他的身体部位则被用于传统医药，尤其是巨大的喙。

到了近代，厚嘴巨嘴鸟经常出现在伯利兹的邮票上，例如 1981 年的独立邮票、1986 年的 4 种巨嘴鸟系列邮票，以及 2006 年的 25 周年独立邮票。

发行于1986年、面值10分的邮票刻画了厚嘴巨嘴鸟的形象。

包括香蕉在内的各种水果和浆果都是厚嘴巨嘴鸟的主要食物。这是一种常在树冠层觅食的鸟类。

百慕大群岛（BERMUDA）

百慕大圆尾鹱

Bermuda Petrel, *Pterodroma cahow*

● **物种濒危等级：濒危**

保护现状： 极其稀少、长寿的海鸟，与信天翁和鹱的亲缘关系较近。

体型： 体长 38 厘米，翼展 1 米。

描述： 翅膀狭长、飞行速度较快的中型海鸟。上体灰褐色，下体白色。颈后和背部黑色，喙黑色，腿和脚为粉色。

食性： 主要以鱿鱼、磷虾和鳀鱼为食。在繁殖季，成鸟要跨越海洋飞行数千公里，为后代寻找食物。

繁殖方式： 筑巢于天然或人工的洞穴。在 1 月产卵，每一窝只产 1 枚。

分布范围： 游荡型海鸟，大部分时间都生活在远离陆地的北大西洋海域，在每年的 11 月回到百慕大群岛求偶、筑巢和繁殖。

生境类型： 非繁殖季生活于远海，繁殖季则栖息于百慕大群岛的楠萨奇岛（Nonsuch Island）和几个岩石小岛。

百慕大圆尾鹱是百慕大地区的知名鸟类。它的形象出现在邮票、硬币和纸币上，也是百慕大公园管理局的机构标志。它在 2003 年正式被认定为该地区的鸟类象征。

观赏地点 在繁殖岛上，百慕大圆尾鹱昼伏夜出，只在夜间出入洞穴。在 1~4 月，百慕大圆尾鹱会飞向近海。因此，在这段时间或 11 月的傍晚，人们都有可能在百慕大群岛一睹它的风采。最好的观赏位置是库珀岛自然保护区（Cooper's Island Nature Reserve）的库珀角（Cooper's Point）。在那里，人们可以用望远镜观察礁石群以外的鸟类。然而，若想要近距离观察或拍摄百慕大圆尾鹱，就必须参加百慕大奥杜邦协会的远洋观鸟之旅。这个行程一般在 11 月，主要取决于天气。

在繁殖岛上飞行的百慕大圆尾鹱。它在陆地上是严格的夜行性鸟类。通过呼唤配偶，它在黑暗中寻找自己的巢穴。一旦得到回应，它就会降落在附近。

文化地位

一只羽翼已丰的百慕大圆尾鹱幼鸟正在练习飞行。

1603 年，一艘来自西班牙的船来到无人居住的百慕大群岛，在一个海湾里躲避暴风雨。突然间，数百只百慕大圆尾鹱包围了这艘船，不断发出诡异的叫声。出于对这些鸟的陌生，以及被暴风雨支配的恐惧，迷信的水手认为这些鸟就是恶魔的化身。然而，人们很快就发现这种海鸟易于捕捉，并且味道不错。这个发现造成了百慕大圆尾鹱的不幸。到了 17 世纪 20 年代，由于人类和猪、老鼠、猫、狗等外来物种的捕杀，人们一度认为百慕大圆尾鹱已经灭绝了。这种海鸟仅繁殖于百慕大群岛，原本拥有 500 000 只以上的个体数量，却也遭到了和渡渡鸟同样的下场。

几个世纪之后的 1906 年，L. L. 莫布雷（L. L.Mowbray）在百慕大群岛的鲂鱼岩（Gurnet Rock）发现了一只无法辨识的小型鹱。世界著名的动物保护学家大卫·温格特（David Wingate）博士对这只鸟进行了鉴定，将其与先前在洞穴和石缝中发现的百慕大圆尾鹱骨骼和半化石做了比对。随后，他写道："毋庸置疑，它就是百慕大圆尾鹱。"这根本不是所谓的世界鸟类新纪录，而是消失了数百年的物种。在名为《传说中的百慕大圆尾鹱》（The Fabled Cahow）的文献中，温格特博士写道："显然，少数幸存者沉寂在黑夜中，在远离大陆的礁石缝中产卵和

抚育后代，将这个物种延续到了现在。而这一切都不为人所知。"

1935 年和 1941 年都有百慕大圆尾鹱的记录出现，一只闯进了灯塔中，另一只撞上了通信电缆。重大突破发生在 1951 年，人们发现了一个小型的百慕大圆尾鹱种群，它们正在 4 个远离海岸的小岛上繁殖。

经历了耗时甚久的百慕大圆尾鹱恢复项目，加之温格特博士的不懈工作，它们的数量从 1962 年的 17 对增长到了现在的 100 对。

在百慕大圆尾鹱繁殖的多数岛屿上，沙土不足限制了它们的数量增长。为此，百慕大群岛政府修筑了人工洞穴。如今，将近 75% 的个体在人工筑造的水泥洞穴中筑巢。人工洞穴按照百慕大圆尾鹱的体型

设计，洞口的大小方便其进入，减少了与白尾鹲（Phaethon lepturus）之间的巢址竞争。

人们把楠萨奇岛修复成了一座"活博物馆"，可供数千对百慕大圆尾鹱居住。岛上的天敌被人为移除，且拥有足够的沙土，百慕大圆尾鹱可以在这里挖掘出天然的洞穴。现在，岛上的生境已经和当年最初的模样非常相似了。

在 2004—2008 年，共有 105 只羽翼未丰的雏鸟从繁殖地被转移到楠萨奇岛。在这里，研究人员用鱼类和鱿鱼喂养它们，为其戴上标签，监测各项指标和行为，直到它们飞向大海。

其中，超过 102 只雏鸟成功出巢。2008 年，第一批发育成熟的百

慕大圆尾鹱回到楠萨奇岛，开始物色巢址。根据个体的标签识别，这批鸟中有4只是在2005年离开这里的。2009年，回到楠萨奇岛上繁殖的百慕大圆尾鹱诞下了第一只雏鸟，也是将近400年来岛上孵化的第一只百慕大圆尾鹱，这是恢复项目的一个重要里程碑。

2012年，回到楠萨奇岛的成鸟数量上升至26只，其中有10对成功繁殖，产下了7只雏鸟。到了2013年的繁殖季，回到岛上的百慕大圆尾鹱达到45只，共有12对成鸟孵化出自己的后代。

百慕大圆尾鹱恢复项目的负责人杰瑞米·马德罗斯（Jeremy Madeiros）说，该项目的长期目标是将繁殖群的数量增加到1000对以上，那么百慕大圆尾鹱的保护级别就能从极危降至受威胁。具体的保育目标包括：在洞穴出入口安装木质挡板，防止白尾鹲进入，减少两个物种间的

百慕大圆尾鹱的寿命很长，可以活到40岁以上。配对后的亲鸟忠于彼此，会在一起生活很多年，包括它们的整个繁殖过程。

巢址竞争；定期监测所有繁殖岛屿上的老鼠数量。一旦发现或怀疑有老鼠的存在，工作人员会采用抗凝血灭鼠剂将其消灭。马德罗斯提到，只要有新的繁殖群出现，政府就会在适合它们筑巢的岛屿上修建人工洞穴。

他们还有另一个目标——让百慕大圆尾鹱在更大、更高的岛屿上建立新的繁殖群，远离哺乳动物的捕食和飓风的肆虐。这样的岛屿或许能支持更大规模的种群繁衍生息。这个目标已经在楠萨奇岛上成功实现了，接下来会在南安普敦岛（Southampton Island）上进行规划和实践。他们还希望，通过这项从2002年就开始的长期项目，对百慕大圆尾鹱的成鸟和雏鸟进行发育研究，从而深入了解这个物种的生物学特性。

为了掌握百慕大圆尾鹱在海上的活动范围，科学家为个体安装了地理定位器。当百慕大圆尾鹱在繁殖季为雏鸟觅食及在非繁殖季进行迁徙时，科学家们成功地记录到它们的觅食区域和迁徙路线。

近年来，有3部纪录片从百慕大圆尾鹱、楠萨奇岛和恢复项目当中取材，分别是迪尔德·丽布伦南（Deirdre Brennan）的《珍宝之岛》（Treasure Island）、露辛达·斯普林（Lucinda Spurling）的《稀有鸟类》（Rare Bird）和电视频道制作的《高地》（Higher Ground）。

百慕大奥杜邦学会的主席安德鲁·多布森（Andrew Dobson）说："百慕大圆尾鹱从未得到足够的关注，它成为百慕大群岛的鸟类象征仅有几年时间。在那之前，白尾鹲才是最受人瞩目的鸟，它几乎被应用在所有标志上。"尽管该学会的标志也是白尾鹲，但安德鲁表示，"我们会抓住每一个机会，不断地向公众强调百慕大圆尾鹱的重要性。"

1978年，一套5枚的野生动物系列邮票中出现了百慕大圆尾鹱的形象。来源：百慕大集邮办公室。

不丹（BHUTAN）
渡鸦
Common Raven, *Corvus corax*

● 物种濒危等级：低危

保护现状：据估计，2004 年的全球数量约为 1600 万只。

体型：世界上最大的乌鸦。体长 58~59 厘米，体重 585~2000 克。

描述：通体黑色的大型乌鸦。指名亚种带有蓝紫色或绿色的金属光泽。腿和喙均为黑色。喉部的羽毛蓬松，尾部楔形。雌雄同型，但雄鸟的体型比雌鸟大得多。该物种共有 11 个亚种，其中 *C. c. tibetanus* 分布于不丹，体型较大且极具光泽。

食性：渡鸦是典型的机会主义食腐者。几乎所有的腐肉都是它的食物，包括道路上的尸体、屠宰场的动物残体、胎盘和内脏、鸟蛋、雏鸟、哺乳动物、爬行动物、蛇、鱼，以及各种无脊椎动物，如蚯蚓、甲虫和蠕虫。具有部分杂食性，也可以取食植物，如水果和谷物。

繁殖方式：通常在树木、崖壁或人造建筑（如高塔、吊架或桥梁）上筑巢，鸟巢是由树枝搭建而成的大型平台。通常每一窝产 4~6 枚卵。

分布范围：广泛。至少分布于 80 个国家，包括不丹。

生境类型：多样。可在多种不同类型的栖息地中生活，如森林、悬崖、沿海地区、山区、沙漠、草原和苔原地区。

渡鸦深受不丹人民的尊敬，因为它代表着强大的守护神——杰罗格·东辰（Jarog Dongchen）。事实上，作为不丹的国鸟，渡鸦在当地语言中就被称为"杰罗格"。在不丹，渡鸦王冠是王室权威的关键象征。这不仅仅是一顶装饰着渡鸦的帽子，更重要的是，它象征着鸦脸人身的杰罗格·东辰。

观赏地点　渡鸦是御风而行的能手。人们经常能看到渡鸦在空中翱翔——翻飞、扭转、闪避、俯冲，以及表演各式各样的飞行特技。在不丹，这些鸟经常在修道院和堡垒上筑巢。根据某网站的描述，在不丹西部的切惹兴（Cherithang）、灵石（Lingshi）、丹桑（Damthang）和切贝萨（Chebesa），中部的普古拉（Pegula）、德由（Dur）和巴木桑（Bumthang），以及东部的兴耶宗（Singye Dzong）地区都能看到渡鸦。这些黑色的大型乌鸦会在冬季迁到较低海拔。

上图：不丹的渡鸦经常在修道院和堡垒上筑巢——这类巢址就像它们在野外时常见到的悬崖峭壁一样。

右图：尽管渡鸦是真正的鸦科鸟类，但由于体型过大，常在飞行时被误认为猛禽。

文化地位

渡鸦以各种各样的形象出现在不丹的邮票、硬币和钞票上，并成为2008年君主加冕仪式和百年庆典标志的一部分。

2008年，作为不丹的第五任龙国王，牛津大学毕业的吉格梅·凯萨尔·纳姆耶尔·旺楚克（Jigme Khesar Namgyel Wangchuck）接受加冕。仪式中，国王所佩戴的王冠正是渡鸦王冠。早在旺楚克王朝的第一位君主乌颜·旺楚克（Ugyen Wangchuck）在位时，渡鸦就被作为王室权威的象征。该王冠的雏形是为乌颜的父亲设计的一项战盔。

2011年10月13日，不丹皇家货币管理局发行了一张面值为100努尔特鲁姆（不丹的货币单位）的纸币，上面描绘了一位手持渡鸦王冠的天使。这张纸币是为了纪念国王吉格梅·旺楚克和王后杰松·佩玛（Jetsun Pema）的婚礼而发行的。

在不丹，杀死渡鸦曾是一项死罪。

左图：2005年，不丹发行了一套4枚的"国家象征"系列邮票，其中之一就是渡鸦。

右图：不丹龙国王的渡鸦王冠是一顶软帽，顶部的造型是一只渡鸦的头。

玻利维亚（BOLIVIA）
安第斯神鹫
Andean Condor, *Vultur gryphus*

○ **物种濒危等级：近危**

保护现状： 全球共有 10 000 只左右的成鸟，并处于不断减少的态势。

体型： 世界上最大的猛禽和南美洲最大的飞行鸟类。体长 100~130 厘米，翼展长达 3.2 米。

描述： 雌成鸟和雄成鸟的头部均裸露无毛；整体黑色，具有显眼的白色颈毛。雄鸟的眼睛为黄色，长有硕大的肉冠和颈部肉垂。雌鸟没有肉冠和肉垂，眼睛为红色。

食性： 主要以哺乳动物的尸体为食，包括貘、鹿、啮齿动物和家畜。

繁殖方式： 筑巢于崖壁或小型洞穴中，每一窝产 1 枚卵。雏鸟由亲鸟养育 2 年，并需要 5~8 年才能发育成熟。

分布范围： 分布于 8 个南美国家（阿根廷、玻利维亚、智利、哥伦比亚、厄瓜多尔、巴拉圭、秘鲁和委内瑞拉），并繁殖于这些国家的大部分地区。

生境类型： 通常栖息于安第斯山脉中远离人类的山峰和山谷。

　　在玻利维亚的国徽上，安第斯神鹫的图案十分显眼，它象征着自由；而国徽又是该国国旗的一部分。安第斯神鹫出现在玻利维亚的多枚邮票上（包括 1925 年发行的独立纪念邮票和 2007 年的拉巴斯①鸟类系列邮票），也是玻利维亚的抽象派艺术家罗伯托·玛玛尼·玛玛尼（Roberto Mamani Mamani）所钟爱的刻画对象。阿根廷航空的区域性航线连通南美洲的多个国家，包括玻利维亚；该公司也采用安第斯神鹫的图案作为标志。

　　观赏地点　在玻利维亚东北部，大麦迪蒂–坦博帕塔景区（Greater Madidi-Tambopata Landscape）的阿波洛班巴山脉（Apolobamba Mountain）是安第斯神鹫的大本营。根据玻利维亚野生动物保护协会的说法，该地区有 80~150 只安第斯神鹫。

①　拉巴斯（La Paz）是玻利维亚西部的一座城市。——译者注

最左图： 安第斯神鹫体型庞大、翼展惊人，是一种令人过目难忘的鸟类。

左图： 安第斯神鹫的头部高度适应于该物种的食腐行为。它们经常将裸露的头部插入动物的尸体中，撕下大块的血肉，而羽毛很容易因血污而变得凌乱不堪。

文化地位

安第斯神鹫的形象深深地根植于玻利维亚的文化中。蒂亚瓦纳科（Tihuanaco）的太阳门上赫然刻有神鹫头的石像。这是玻利维亚印第安古文化留下的巨石废墟，该文明曾在的的喀喀湖（Lake Titicaca）边繁荣一时。这一前西班牙文明的确切起源、性质和年代一直是颇具争议的话题。2009年，第7届美洲原住民精神领袖的集会在蒂亚瓦纳科举行，该会议被称为"雕与神鹫峰会"（Summit of the Eagle and the Condor）。

"神鹫徒步者"（Condortrekkers）是一个位于玻利维亚苏克雷的组织，专门从事徒步旅行和城市旅游活动。而《神鹫之血》（The Blood of the Condor）是1969年的一部玻利维亚电影，由豪尔赫·桑吉纳（Jorge Sanjine）导演，讲述一个贫困社区起义反抗剥削的故事。

安第斯神鹫国家勋章设立于1921年，用以表彰玻利维亚人和其他国家公民在民事或军事方面取得的杰出成就。每年2月，玻利维亚的拉哈镇都会用小型神鹫头像、水果和面包做的小鱼来进行庆祝活动，祝贺即将上任的市长和地方官员等。

在玻利维亚的拉巴斯，野生动物保护协会的大坦博帕塔景观保护项目主任罗布·华莱士（Rob Wallace）说："安第斯人一直把安第斯神鹫视作神圣的象征；与此同时，许多安第斯社区也把牲畜的丢失归结到它身上。有一些坊间证据能够支持这一说法，但它可能被人们夸大了。神鹫最需要的东西是尊敬。"他还补充道，在玻利维亚，神鹫的

上图： 2007年的玻利维亚鸟类邮票上出现了安第斯神鹫。

上图： 2011年，在玻利维亚的拉巴斯，一名抗议者装扮成一只安第斯神鹫，参与"重获入海权日"活动。

形象随处可见；该国的政治领袖被称为"马尔库"（mallku），意为崇高的安第斯精神或神鹫，在无形中也构成了神鹫保护活动的一部分，起到了宣传和交流的效果。

左图： 在玻利维亚的国旗上，安第斯神鹫的形象处于国徽的中心位置。

博茨瓦纳（BOTSWANA）

燕尼佛法僧
Lilac-breasted Roller, *Coracias caudatus*

灰颈鹭鸨
Kori Bustard, *Ardeotis kori*

根据哈博罗内环境事务部和博茨瓦纳鸟盟的说法，该国还没有官方认定的国鸟。但许多人都坚信燕尼佛法僧应获得这一荣誉，毕竟它是最经常与博茨瓦纳联系在一起的物种。

许多网站误以为燕尼佛法僧就是博茨瓦纳的国鸟，也有网站提到另一种完全不同的鸟类——灰颈鹭鸨。本书将同时介绍这两个物种。

博茨瓦纳鸟盟的主管卡贝洛·塞尼亚索（Kabelo Senyatso）博士说，国鸟这一席位的竞争者有好几种，其中最著名的就是灰颈鹭鸨和燕尼佛法僧。牛背鹭（*Bubulcus ibis*）也是一位有力的"候选人"。他还表示，博茨瓦纳鸟盟曾对总统府和环境、野生动物和旅游资源管理部做出建议。他说道："大家都希望政府能举办国鸟的提名活动。但在当时，我们的组织预算超出了资源管理部的财政额度。不过，我乐观地认为，他们会在不久的将来重新考虑这项提案。"

尽管燕尼佛法僧还没能拥有正式的地位，但许多观鸟爱好者都将其作为头号目标，不远万里地来到博茨瓦纳。至少在这方面，燕尼佛法僧是个了不起的形象大使。

观赏地点 燕尼佛法僧常见于开阔的林地和热带草原。

燕尼佛法僧

● **物种濒危等级：低危**

保护现状： 种群数量未知，但目前看来处于稳定状态。

体型： 体长28~30厘米（包含流线型的尾部）。

描述： 羽色多样，宛若彩虹——白色、绿色、棕色、天蓝色、深蓝色、紫罗兰色和橘粉色。雌雄同型。该物种一共有2个亚种，分别为*C.c.lorti*和*C.c.caudatus*。后者（指名亚种）分布于博茨瓦纳。

食性： 以各种无脊椎动物为食，包括蝗虫、蟋蟀、蚱蜢、甲虫、蝴蝶、鳞翅目幼虫、蝎子和蜘蛛；也捕食青蛙、蜥蜴和鸟类。

繁殖方式： 在树洞中铺一层草垫为巢，每一窝产2~4枚卵。

分布范围： 非常广泛，覆盖19个非洲国家，包括博茨瓦纳。

生境类型： 开阔的相思树林地、草原、农田、野生动物保护区和狩猎区等，经常停栖在栅栏和电线上。

色彩艳丽的燕尼佛法僧是博茨瓦纳最美丽和常见的鸟类之一。

灰颈鹭鸨

● **物种濒危等级：近危**

保护现状： 成鸟数量不详，但在未受干扰的地方仍属常见。不幸的是，灰颈鹭鸨不仅被非法捕食，还遭到活禽贸易的打击。

体型： 世界上最重的飞行鸟类。雄鸟体长约为 120 厘米，体重 10.9~19 千克；雌鸟相对较小，体长约为 90 厘米，体重 5.9 千克。

描述： 体羽主要为棕色、黑色、浅黄色和白色；羽冠为灰色和黑色，腿长而色浅。尽管体型庞大，但灰颈鹭鸨在环境中的伪装性极强。虽然雌鸟和雄鸟在体型上差距很大，但羽色基本一致。该物种有 2 个亚种，分别是 *A. k. struthiunculus* 和 *A. k. kori*。后者（指名亚种）分布于博茨瓦纳。

食性： 杂食，主要食物包括浆果、植物鳞茎和种子、蜗牛、昆虫、鸟蛋和雏鸟、啮齿动物、蜥蜴、蛇。

繁殖方式： 通常在地面刮出浅坑作为鸟巢，每一窝产 2 枚卵。

分布范围： 广泛，涵盖 15 个非洲国家，其中包括博茨瓦纳。

生境类型： 主要栖息于草地或灌木丛茂密的开阔地带。

人们常看到灰颈鹭鸨在草地上缓慢而坚定地昂首阔步，但它们的飞行能力也很强。

灰颈鹭鸨的色彩远不及燕尼佛法僧，但它庞大的体型和庄严的外观吸引了人们的眼球。博茨瓦纳鸟盟的塞尼亚索博士对该物种的生态需求和种群动态进行了详细的研究，为保护组织提供相关数据，以改善当地的管理水平和确保该物种的长期生存。

塞尼亚索博士表示，灰颈鹭鸨是本国文化中不可或缺的一部分；从长远的角度来看，相关的公众宣传和教育活动能够提高人们对该物种的认识和喜爱。

如果灰颈鹭鸨成为博茨瓦纳的国鸟，它的地位将得到进一步提升，而博茨瓦纳也会成为该物种的坚实堡垒。

观赏地点 尽管灰颈鹭鸨总是神出鬼没，但也并不是无迹可寻。在卡格拉格帝边境公园（Kgalagadi Transfrontier Park）、卡拉哈里中部野生动物保护区（Central Kalahari Game Reserve）和乔贝国家公园（Chobe National Park），灰颈鹭鸨种群依然存在。

文化地位

硕大的身体让灰颈鹭鸨成为非法盗猎者的主要目标，从而造成了这一物种的衰落。博茨瓦纳鸟盟指出，一只灰颈鹭鸨就能满足一个家庭好几天的食物需求。过去，它们被当地人视作皇家鸟类，只有部落的首领才有资格食用。在博茨瓦纳，过度捕猎造成灰颈鹭鸨的数量显著下降。后来，相关的法律保护帮助了该物种的恢复。

然而，对于它们的长期生存来说，另一个主要威胁是非法贸易。当地人常活捉灰颈鹭鸨，贩卖到邻国。鸟盟表示，尽管灰颈鹭鸨不是全球范围内的受威胁物种，但它们在博茨瓦纳的现状着实令人担忧，似乎只能在保护区里生活了。

在当地，燕尼佛法僧相对常见，往往是游客和观鸟者在旅途中最先看到的鸟。它们喜欢停栖在立柱、杆子、枯枝或其他有利的位置，占据着最好的视野。在奥卡万戈（Okavango）地区，燕尼佛法僧的数量众多，具有很强的领地意识。

11月到次年3月是博茨瓦纳的最佳观鸟时间，游客能同时观赏到当地的留鸟和候鸟。

燕尼佛法僧是一种非常漂亮的鸟，经常出现在杂志和网络的照片上。多年来，博茨瓦纳发行了大量极具收藏价值的鸟类邮票；但令人惊讶的是，燕尼佛法僧似乎从未出现在其中任何一枚邮票上。

灰颈鹭鸨通常每一窝产2枚卵。卵的尺寸也很大，长81~86毫米，宽58~61毫米，重121~178克。

图为灰颈鹭鸨的典型生境。

棕腹鸫

Rufous-bellied Thrush, *Turdus rufiventris*

● **物种濒危等级：低危**

保护现状： 总数量未知，属常见鸟。

体型： 体长 23~25 厘米。

描述： 头部和上体棕色，喉部发白且带有纵纹，胸部浅棕黄色，腹部橙红色。雌雄同型。

食性： 主要以植物果实为食，尤其是浆果。也取食蚯蚓、蜘蛛、昆虫和其他无脊椎动物。

繁殖方式： 通常在树木或灌木丛中筑造杯状巢，每一窝产 3 枚卵。

分布范围： 可见于 5 个南美洲国家——阿根廷、玻利维亚、巴西、巴拉圭和乌拉圭。

生境类型： 多样，如树林、灌木丛、林缘、农田和城市环境，常出现于里约热内卢的市区花园。

棕腹鸫被当地人称作"瑟比亚－拉然基勒"（Sabia-laranjeira），或简称"瑟比亚"。经过多年的评选，棕腹鸫终于在 2002 年被正式选为巴西的国鸟。

观赏地点 棕腹鸫是一种适应性很强的鸟类，几乎随处可见。

文化地位

1994年，巴西发行了一系列鸟类邮票，其中一枚就是棕腹鸫。
来源：巴西邮政电信公司

历时多年，棕腹鸫终于被正式选为巴西的国鸟。

早在 1968 年，巴西野生动物保护协会就建议将棕腹鸫作为巴西的国鸟。他们在 1987 年第一次正式提议；尽管以失败告终，但这项提议获得了广泛的公众支持。2002年，第二次提议获得成功，支持者们总算得偿所愿。该年 10 月 4 日，

经总统宣布，棕腹鸫被正式选为巴西的官方国鸟。2013 年，国际足联联合会杯足球赛在巴西举办，比赛的标志上运用了棕腹鸫的图案。它也是巴西一本艺术杂志的名字，该杂志的标志是一只棕腹鸫的轮廓。

作为当地人最为熟悉的鸣禽，棕腹鸫被写入诗歌和歌曲，以艺术作品的形式不朽地存在于巴西

文化中。

另外，巴西南里奥格兰德州的鸟类象征是凤头距翅麦鸡（*Vanellus chilensis*）。

英属维尔京群岛（BRITISH VIRGIN ISLANDS）

鸣哀鸽

Zenaida Dove, *Zenaida aurita*

自2012年开始，鸣哀鸽就一直是英属维尔京群岛的象征性鸟类。然而，人们经常将它与哀鸽混为一谈，或直接表述为"不明种类的鸽子"。

观赏地点 在加勒比地区，鸣哀鸽是一种常见而广布的鸟类，常发出悲伤的咕咕声。它原产于16个国家和地区，其中包括英属维尔京群岛。

● **物种濒危等级：低危**

保护现状： 种群数量相当大，成鸟为50万~500万只。

体型： 体长28~30.5厘米。

描述： 带有精致斑点的小型鸽子。成年雄鸟由肉桂色、浅棕黄色、红褐色和其他类似的色调组成。颈部带有紫色斑块，初级飞羽黑棕色，喙黑色，脚红色。

食性： 多种植物的果实和种子。

繁殖方式： 通常每一窝产2枚卵，主要在树木和灌木丛中筑巢。在天敌的数量很少或没有天敌的岛屿上，它们也可在地面筑巢。

分布范围： 遍布西印度群岛和墨西哥部分地区（尤卡坦半岛和科苏梅尔岛的北海岸）。

生境类型： 多样。开阔的林地、次生林、灌木丛和红树林地带。

文化地位

1493年，探险家克里斯托弗·哥伦布（Christopher Columbus）第一次发现了英属维尔京群岛；这里拥有悠久的历史文化。为了向年轻人灌输民族自豪感和身份认同感，英属维尔京群岛政府在2012年选出了具有本土特色的歌曲和服饰，后者也融合了鸣哀鸽的元素。

当时的文化事务代理长官布兰达·莱特森泰（Brenda Lettsome-Tye）女士做出评论："我们选出了具有'维尔京群岛印花'的特色服饰，其中有许多能体现本地区文化的元素。印花描绘了鸣哀鸽、夹竹桃（Nerium）、木槿（Hibiscus）、刺果番荔枝（Annona muricata）和番荔枝（Annona squamosa）、维尔京群岛的单轨帆船，以及群岛的图样。印花呈现的元素就是我们维尔京群岛人的代名词。"

鸣哀鸽的形象分别出现在1973年发行的面值5分邮票和1985年发行的面值5美元邮票上。它也被应用在英属维尔京群岛的一些硬币上。

1985年，英属维尔京群岛发行了一套本土鸟类邮票，其中一枚邮票描绘了鸣哀鸽的形象，面值为5美元。

缅甸（BURMA）

灰孔雀雉

Grey Peacock-Pheasant, *Polyplectron bicalcaratum*

保护现状： 全球数量尚未明确。人们认为，由于栖息地的丧失和退化，以及某些地区的过度开发，这一物种的数量正在减少。

体型： 雄鸟的体长为56~76厘米，雌鸟体长为48~55厘米。

描述： 一种优雅的大型雉类。通体灰棕色，尾长。上体装饰着大量眼斑，其中一些呈带金属光泽的蓝绿色。雄鸟具有显眼且前翻的羽冠。雌鸟体色较深，色彩较为黯淡，体型较小。该物种一共有4个亚种，指名亚种 *P. b. bicalcaratum* 分布于缅甸西部和南部，以及其他国家。《世界鸟类手册》第2卷提到，亚种 *P. b. bakeri* 也可能分布于缅甸。

食性： 觅食时安静而缓慢，以植物果实、种子、昆虫（尤其是白蚁）、蜗牛和其他小型动物为食。

繁殖方式： 通常在茂密植被内部的浅坑或洞中产卵，例如竹丛或杂乱的灌木丛；窝卵数为2枚。

分布范围： 较广。原产于9个亚洲国家和地区（孟加拉国、不丹、柬埔寨、中国、印度、老挝、缅甸、泰国和越南）。其可见程度取决于地区。

生境类型： 林下植被茂密的热带常绿和半常绿阔叶林。

灰孔雀雉是缅甸的国鸟，被当地人称为"钦奇斯"（Chinquis）。

观赏地点 这是一种隐秘而机警的鸟类，因此踪迹难寻。但它的鸣叫十分沙哑，就像刺耳的哨声；人们可以通过叫声来发现它的存在。

文化地位

仰光的皇家湖（Kandawgy Lake）上停泊着巨大的卡拉威皇家游船（Karaweik Royal Barge），船上的鸟头雕塑与灰孔雀雉极为相似。

卡拉威皇家游船由乌·格·莱恩（U Ngwe Hlaing）[1] 设计，如今是一座漂浮在水上的餐馆。

---

[1] 乌·格·莱恩是缅甸著名的建筑设计师，在1972年设计并建造了仰光的卡拉威宫（Karaweik Palace）。——译者注

柬埔寨（CAMBODIA）

巨鹮

Giant Ibis, *Pseudibis gigantea*

巨鹮是柬埔寨王国的官方国鸟，在高棉语中被称为"特罗永"（Tror Yorng）、"刚戈亚"（Kangor Yak）和"艾卢克"（Aov Loeuk）。猎杀是该物种面临的主要威胁之一。1994年，该国的农业、林业和渔业部门将捕杀巨鹮列为非法行为。

2013年，巨鹮运输公司（Giant Ibis Transport）与国际鸟盟签署了一项协议，向其提供51 000美元的资金，以开展为期3年的巨鹮的保护工作，该公司并由此成为了柬埔寨第一个"国际鸟盟物种卫士"的成员。"国际鸟盟物种卫士"是一个由越来越多的公司、机构和个人组成的群体，旨在濒危物种的保护，防止鸟类灭绝。

观赏地点 在柬埔寨的北部平原，人们可以在库伦普罗特普野生动物保护区（Kulen Promtep Wildlife Sanctuary）的特马博易村（Tmatboey）找到巨鹮，这里是该国最大的保护区。根据国际鸟盟的说法，有些地区还保留着高密度的巨鹮种群，比如柏威夏保护林（Preah Vihear Protected Forest）和暹邦县。

● **物种濒危等级：极危**

保护现状： 由于捕猎、农业污水排放、砍伐森林和人为干扰，巨鹮的野外数量仅剩200只。在过去的三代中，其种群数量似乎在迅速减少，且情况不断恶化。根据国际鸟盟的报告，巨鹮似乎对于人为干扰非常敏感。尤其是在干燥季节，当巨鹮集中到可用的水体周边时，人为干扰的影响显得尤为突出。

体型： 体长102~106厘米。

描述： 世界上体型最大的鹮。一种体大而笨重的涉禽，具有细长而弯曲的喙。成鸟通体深灰棕色，腿为红色。令人惊讶的是，相对身体的尺寸而言，它们的腿并不长。

食性： 以无脊椎动物、小型两栖动物和爬行动物为食。

繁殖方式： 通常在远离人类居住区的大型树木上筑巢，窝卵数为2枚。

分布范围： 巨鹮的历史分布包括越南南部、泰国东南部和半岛。如今，它们主要局限于柬埔寨北部。根据国际鸟盟的报告，巨鹮仍然广布于柬埔寨北部，但极其罕见。该物种原产于柬埔寨、老挝、泰国和越南。

生境类型： 季节性水体、沼泽和漫水的草地，以及干燥的低地森林中的宽阔河流。

文化地位

2000 年，野生动物保护协会（Wildlife Conservation Society，WCS）发现柬埔寨的北部平原依然存在着大量的巨鹮，观鸟爱好者和其他民众都对此表现出了极大的兴趣。于是，该协会在 2005 年设立了特马博易鹮类生态旅游项目（Tmatboey Ibis Ecotourism Project）。该项目的目标在于利用包括巨鹮在内的鹮科鸟类，使其以旗舰种的角色来保护当地受威胁的其他大型水鸟，通过以社区为基础的旅游业，将运营收入和长期的保护工作直接联系起来。

当地社区、野生动物保护区和 WCS 之间达成了共识，协议规定：村民在住宿、餐饮、交通、导赏等方面获得的报酬取决于他们对栖息地的管理、关键物种的保护，以及禁猎政策的实施。当地社区的维护支出也包括在特马博易的所有旅游收入中，社区管理委员会可以选择如何使用这笔钱。通常情况下，这笔钱会被用来改善村庄的生活条件，例如挖掘水井、建造学校、购买医疗用品和修整道路。

生态旅游项目启动后，当地野生动物的数量开始增加，旅游咨询也以每年 30% 的速度增长。2007 年，马特博易被"野性亚洲之责任旅游大奖"选为最佳社区旅游景点。

巨鹮是许多歌曲和传说故事的主角，特马博易旅游景区将其描述为"所有观鸟者、博物学家和生态保护主义者心目中近乎神话般的物种"。

若是遵守在保护区内保护珍稀水鸟和其他野生动物的协议，柬埔寨的农民就能够以可观的价格卖出自己种植的大米。在 2008 年 12 月到 2009 年 1 月之间，通过 WCS 和环境林业部门之间的合作，生态友好型"鹮米项目"（Wildlife-Friendly Ibis Rice Project）向农民收购了超过 30 吨的马里香米，收购价比当地中间商提供的价格高出一倍。经过碾制，20 吨大米被运往暹粒和金边的市场进行销售，包括高档酒店、餐厅和超市。这个项目的规模每年都在扩大。2011 年，该项目向来自 7 个村庄的 157 名农民购买了 147 吨马里香米。绿色的巨鹮轮廓成为了"鹮米项目"的产品标识。

2003 年，WCS 启动了鸟巢保护计划。该机构向北部平原的民众提供赏金，鼓励他们在当地寻找巨鹮或其他全球濒危物种的鸟巢，并雇佣他们进行监测和保护，直到巢中的雏鸟长出羽毛。到了雏鸟平安出巢的那天，作为护巢成功的奖励，他们的日薪将翻上一番。

高棉族的歌曲和传说中都提到了巨鹮。据报道，在柬埔寨，这种鸟的血液曾被用来治疗偏远村庄的疟疾。巨鹮和它的晨鸣深受当地人的喜爱，尤其是农民。

为了减少对大型水鸟的捕杀，

2006 年，柬埔寨发行了一枚鸟类邮票，其上描绘了巨鹮的形象。

柬埔寨和老挝在公众意识宣传品中也应用了巨鹮的形象，其中至少包括一枚柬埔寨的邮票。它也是巨鹮运输公司的标志，该企业面向本地和国际乘客，提供新型的高档巴士服务。

开曼群岛（CAYMAN ISLANDS）

古巴白额鹦哥（开曼群岛鹦哥）

Cuban Amazon/ Cayman Parrot, *Amazona leucocephala hesterna/caymanensis*

● **物种濒危等级：近危**

保护现状： 大开曼鹦哥和开曼布拉克岛鹦哥是古巴白额鹦哥的两个亚种。开曼群岛环境部的数据显示，开曼布拉克岛鹦哥在 2012 年的种群数量约为 573 只，大开曼鹦哥在 2011 年的种群数量为 4308 只。开曼布拉克岛鹦哥仅分布在 36.3 平方公里的范围之内，是世界上最珍稀的亚马孙鹦鹉之一。

体型： 体长 32 厘米。开曼布拉克岛鹦哥的体型比大开曼鹦哥小。

描述： 大开曼鹦哥整体为绿色，翼下和尾下的区域为亮蓝色，脸部红色。该亚种的雄鸟比雌鸟更大，色彩更鲜艳。开曼布拉克岛鹦哥的腹部为红褐色，羽毛比大开曼鹦哥更黑。

食性： 海葡萄（*Coccoloba uvifera*）、红桦（*Betula occidentalis*）的浆果和花，以及其他本地植物的浆果和种子。

繁殖方式： 在树洞中筑巢，平均窝卵数为 3 枚。

分布范围： 大开曼鹦哥是开曼群岛的特有亚种，而开曼布拉克岛鹦哥是开曼布拉克岛的特有亚种。

生境类型： 干燥的森林、红树林和农业用地。

大开曼鹦哥（*A. l. caymanensis*）和开曼布拉克岛鹦哥（*A. l. hesterna*）是古巴白额鹦哥的两个亚种，在 1996 年的世界地球日被开曼群岛政府和人民选为国鸟。

观赏地点 开曼群岛的伊丽莎白女王二世植物园（Queen Elizabeth Ⅱ Botanic Park）、乳香保护区（Mastic Reserve）和乳香步道、中央红树林湿地（Central Mangrove Wetland）都是很好的观赏地点。

最左图： 由于近乎完美的保护色，开曼布拉克岛鹦哥被人们称为"潜行鹦鹉"。

左图： 大开曼鹦哥经常在红桦树上觅食。

文化地位

开曼布拉克岛鹦哥生性安静，也被当地人称为"潜行鹦鹉"；而大开曼鹦哥则正好相反，它的叫声洪亮粗野，总是未见鸟而先闻其声。

开曼群岛鹦哥的生存面临着许多威胁，其中包括自然和非自然的因素。源于自然的威胁有：当地猛禽和外来物种的捕食，比如鹰、猫头鹰、老鼠和猫；外来鸟类可能会传播疾病，与本地物种竞争食物和巢址；足以淹没巢穴的大雨；干旱和暴风也可能引发食物短缺的危机。

2008年的飓风帕洛玛（Hurricane Paloma）导致开曼布拉克岛鹦哥的数量下降了48%，之后经过3~4年才恢复到原先的水平。

开曼群岛鹦哥面临的非自然威胁包括森林砍伐、偷猎和射杀。以经济发展为目的的森林砍伐造成了巢址的大量丧失。为了从宠物交易中获利，偷猎者经常把树木砍倒，直接从鸟巢中捕捉鹦鹉。根据《开曼群岛的地区象征：动植物》（Cayman

开曼群岛鹦哥出现在1962年发行的本土邮票上。

Islands National Symbols: Flora and Fauna）中关于鸟类象征的章节所述，这种非法且无脑的做法破坏了可供多年使用的洞穴，严重地影响了鹦鹉的繁殖能力；被圈养的鹦鹉具有很高的死亡率，幸存下来的个体也只能在笼子里孤独而痛苦地度过余生。

在过去，当地家庭饲养宠物鹦鹉的情况十分普遍。现在，开曼群岛已经把圈养鸟类认定为非法行为。

开曼群岛的许多果农都认为鹦鹉是害鸟。然而，一位名叫奥托·沃特勒（Otto Watler）的农民表示，在他每年种植的11 340千克芒果中，只有大约59千克被鹦鹉吃掉。他说道："这还不到我收成的0.5%。我愿意把这一点水果回报给大自然。这样，我的孩子和他们的孙辈还能看到鹦鹉在天空飞翔的景象。我承认，鹦鹉毁坏和浪费水果的场面确实令人沮丧，但我们要想想整体的实际损失。就我看来，这点水果不算什么。"

在《开曼群岛的地区象征：动植物》中，作者引用了这位农民的话。他还在关于鸟类象征的章节中补充道："开曼群岛鹦哥只生活在这

1996年，开曼群岛发行了一枚面额80分的邮票，上面描绘了开曼群岛鹦哥的形象。

里，能够拯救它们的也只有开曼人民了。"

开曼群岛信托基金会对群岛的自然和野生动物保护产生了积极的影响。该慈善机构以会员制为基础，从1987年以来就一直致力于保护开曼群岛的自然遗产。截至2013年，为了鹦鹉的繁衍生息，该基金会在开曼群岛和开曼布拉克岛上保留了112平方公里的自然栖息地，其中包括乳香保护区和布拉克岛鹦鹉保护区。该基金会共将开曼群岛5%的陆地划为保护区，覆盖了开曼的3个岛屿。人们可以联系该基金会，在保护区内开展旅游导赏或公众活动。

智利（CHILE）

安第斯神鹫
Andean Condor, *Vultur gryphus*

1834 年，智利的国徽描绘了两种动物的形象，其中一种就是安第斯神鹫，而另一种是智利马驼鹿（*Hippocamelus bisulcus*）。在纹样中，两只动物都戴着智利海军的金色王冠。

安第斯神鹫的图案还被应用于邮票、硬币和纸币上，比如发行于 2008 年的百内国家公园（Torres del Paine National Park）系列邮票。

观赏地点　据网站"这里是智利"（this is Chile）的介绍，圣地亚哥附近的拉蒙山脉（Sierra de Ramon）是观赏神鹫的绝佳位置。到了夏天，罗梅拉尔镇（El Romeral）和特亨德迈泊山（Cajón del Maipo）的火山顶也是不错的选择。

● **物种濒危等级：近危**

保护现状： 全球共有 10 000 只左右的成鸟，并处于不断减少的态势。

体型： 世界上最大的猛禽和南美洲最大的飞行鸟类。体长 100~130 厘米，翼展长达 3.2 米。

描述： 雌成鸟和雄成鸟的头部均裸露无毛，整体黑色，具有显眼的白色颈毛。雄鸟的眼睛为黄色，长有硕大的肉冠和颈部肉垂。雌鸟没有肉冠和肉垂，眼睛为红色。

食性： 主要以哺乳动物的尸体为食，包括貘、鹿、啮齿动物和家畜；可以一口气吞下 6.8 千克以上的肉。

繁殖方式： 筑巢于崖壁或小型洞穴中，每一窝产 1 枚卵。雏鸟由亲鸟养育 2 年，并需要 5~8 年才能发育成熟。

分布范围： 分布于 8 个南美国家（阿根廷、玻利维亚、智利、哥伦比亚、厄瓜多尔、巴拉圭、秘鲁和委内瑞拉），并繁殖于这些国家的大部分地区。

生境类型： 通常栖息于安第斯山脉中远离人类的山峰和山谷，能够飞到 5500 米的高度。

安第斯神鹫是世界上最大的鸟类之一，具有长达3.2米的翼展。

文化地位

安第斯神鹫在智利拥有很高的地位，它的名字以多种形式出现在这个国家的各个角落。例如，智利在 1925 年把货币名称从比索改为了康多（condor）[1]，10 比索相当于 1 康多。令人困惑的是，这两种货币都在智利流通了很多年。1960 年，比索和康多都被埃斯库多取代；而到了 1975 年，货币又换成了新的比索。

在距离圣地亚哥 50 公里的拉帕瓦（La Parva），每年都会举办一场名为"神鹫之眼"（The Eye of the Condor）的活动。这一新兴活动将选出取材于拉帕瓦滑雪胜地的最佳摄像和摄影作品，以支持本土场景的艺术创作，并为各界提供了一个交流的平台，探讨运动和摄影在社会中扮演的角色。第一届"神鹫之眼"活动举办于 2011 年。

在智利，有一份以德语出版的周报名为《神鹫》（Cóndor）；另外，还有一家名为神鹫布兰科矿业有限公司（Condor Blanco Mines Ltd.）的澳大利亚企业，主营矿产勘查与开发，在智利北部的矿业城市科皮亚

---

① 康多（condor）原意为神鹫。
　　　　　　　　——译者注

波（Copiapo）拥有许多铜、金相关的产业。

对于来到安第斯山脉的普通游客来说，欣赏安第斯神鹫高飞的景象仅仅是观光度假游的一部分，但狂热的观鸟爱好者总会把这一活动放在行程的首位。尽管在度假的过程中，人们很可能会偶然看到安第斯神鹫，但观鸟者们更想获得详细的信息，找到观赏这一标志性猛禽的最佳时间和地点。好在许多旅游公司都能把爱好者们带到最容易看见神鹫的位置。如今，观赏神鹫的生态旅游已经成为安第斯旅游市场的一个重要组成部分。

卡沙卡达旅行社（Cascada Expediciones）在其网页上指出，寻找安第斯神鹫的旅行者应从智利中部出发，一路向南；在智利首都圣地亚哥附近的山脉骑马前行，能够获得神鹫盘旋于头顶的美妙体验。他们补充道："坐在马背上漫步前进时，你可以专注于扫视周围的山峰，必定不会错过安第斯神鹫的独特身影。"

该旅行社还提到，2012 年，在圣地亚哥以南 100 多公里的里洛希普雷塞国家自然保护区（Rio Los Cipreses National Reserve）附近，工

安第斯神鹫的形象出现在国家动物园的周年纪念邮票上。

作人员放归了 5 只安第斯神鹫；其中有 3 只雄鸟和 2 只雌鸟，都是人工繁殖的个体，并带有无线电装置。

在巴塔哥尼亚的托雷德潘恩国家公园（Torres del Paine National Park），人们把大量的安第斯神鹫称为"许多大羊驼"（plenty of guanacos）。在这里，曾有人见过 12 只神鹫同时围着一块腐肉盘旋。卡沙卡达旅行社在这个公园中组织了巴塔哥尼亚野生动物之旅（Patagonia Wildlife Safari），带领游客们寻找并识别安第斯山脉的各个代表性动物。

托雷德潘恩国家公园深受智利游客的欢迎，也是终南旅游公司（Far South Expeditions）组织的 19 日观鸟旅行中必经的一站。安第斯神鹫和鵟雕（Geranoaetus melanoleucus）是这片荒野上的两个重要目标种。

2013 年 8 月，据英国广播公司报道，在圣地亚哥以东约 80 公里的山脉附近，至少有 20 只安第斯神鹫遭到毒害。新闻发布时，有两只鸟已经死亡，其余的个体正处于恢复当中。

在智利，一份德语周报名为《神鹫》。

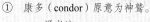

中国（CHINA）

丹顶鹤
Red-crowned Crane, *Grus japonensis*

物种濒危等级：濒危

保护现状： 世上仅存 1700 只成鸟。尽管日本的种群数量保持稳定，但由于栖息地退化和破坏，中国的丹顶鹤处于持续减少的状态。该物种所面临的威胁还包括火灾、人为干扰、农药毒害和输电线。

体型： 体长 120~158 厘米。

描述： 近乎纯白的大型鹤类，颈部和脸部黑色，头顶为红色。

食性： 杂食，包括昆虫、水生无脊椎动物、鱼类、两栖动物、啮齿动物、芦苇、草、浆果、玉米和掉落在农田中的谷物。

繁殖方式： 在芦苇、草丛和莎草沼泽中筑巢，通常每一窝产 2 枚卵。

分布范围： 主要繁殖于俄罗斯东南部、中国东北部和日本北海道的东部。俄罗斯和中国的种群主要在黄河三角洲和江苏省沿海地区越冬，而日本的丹顶鹤是不迁徙的。

生境类型： 湿地——在繁殖季栖息于沼泽地区，越冬于各种类型的湿地生境，包括河流、沿海盐沼和泥滩、农田、水产养殖的池塘等。

2004 年，在一些中国网站举办的国鸟评选中，有近三分之二的人把票投给了丹顶鹤，但这一物种从未正式获得官方的认定。这是为什么呢？据报道，原因在于丹顶鹤的学名 *Grus japonensis* 是 "日本鹤" 的意思。这场始于 2003 年的评选是由国家林业局和中国野生动物保护协会共同主导的。

鹤的形象在中国随处可见。商朝（公元前 1600—前 1046）的古墓和周朝（公元前 1046—前 256 年）的青铜器上都有鹤的图案。丹顶鹤也出现在中国的邮票上。

观赏地点 扎龙自然保护区建立于 20 世纪 70 年代，位于黑龙江省齐齐哈尔市以东 26 公里。根据国际鹤类基金会（International Crane Foundation, ICF）的说法，这里生活着世界上最大的丹顶鹤繁殖群之一。

大部分时间，丹顶鹤都在漫步和休憩。它们用三分之一的时间来整理羽毛、觅食和繁殖。

文化地位

在中国的传统文化中，人们把丹顶鹤与和平、和谐、幸福、高贵、长寿等美德或追求联系在一起。因此，优雅的丹顶鹤经常出现在中国的绘画、刺绣和其他装饰艺术中。中国人非常喜爱丹顶鹤艺术品，比如各类色彩丰富、装裱精致的国画。

人们也把丹顶鹤称作"仙鹤"。江苏省扬州市的仙鹤寺是中国古代四大清真寺之一。这座清真寺始建于1275年，在明朝时经过两次重建，外形酷似仙鹤，其目的在于服务阿拉伯商人。在中国传统诗歌和绘画中，仙鹤的形象时有出现。

20世纪90年代末，河南省的贾湖遗址出土了新石器时代早期的骨笛。这种骨笛由丹顶鹤双翼的骨骼制成，造型十分精美。科学家对6支完整的骨笛进行了研究，碳十四断代法的结果表明，它们距今已有7000~9000年的历史。音调分析显示，骨笛指孔所对应的音阶与西方的八声音阶十分相似，都以do，re，mi开头。

在北京的紫禁城，丹顶鹤的雕像矗立在皇座的两侧。

著名的美籍华人艺术家刘虹教授与德国的德里克斯玻璃工作室（Derix Glasstudios）合作，在64片玻璃上手绘了80只丹顶鹤。该作品名为《离开，回家》（*Going Away, Coming Home*），长度达49米。2006年，工作室将这件艺术品安装在美国加利福尼亚州的奥克兰国际机场。作品中的形象来源于北宋时期（960—1127年）的绢本设色画——《瑞鹤图》。

在中国，丹顶鹤和松树是长寿和长生不老的象征。

在北京，一尊丹顶鹤铜像立于太和殿前。

多年来，丹顶鹤的形象多次出现在中国邮票上。

哥伦比亚（COLOMBIA）

安第斯神鹫

Andean Condor, *Vultur gryphus*

● **物种濒危等级：近危**

保护现状： 全球共有 10 000 只左右的成鸟，并处于不断减少的态势。

体型： 世界上最大的猛禽和南美洲最大的飞行鸟类。体长 100~130 厘米，翼展长达 3.2 米。

描述： 雌成鸟和雄成鸟的头部均裸露无毛，整体黑色，具有显眼的白色颈毛。雄鸟的眼睛为黄色，长有硕大的肉冠和颈部肉垂。雌鸟没有肉冠和肉垂，眼睛为红色。

食性： 主要以哺乳动物的尸体为食，包括貘、鹿、啮齿动物和家畜；可以一口气吞下 6.8 千克以上的肉。

繁殖方式： 筑巢于崖壁或小型洞穴中，每一窝产 1 枚卵。雏鸟由亲鸟养育 2 年，并需要 5~8 年才能发育成熟。

分布范围： 分布于 8 个南美国家（阿根廷、玻利维亚、智利、哥伦比亚、厄瓜多尔、巴拉圭、秘鲁和委内瑞拉），并繁殖于这些国家的大部分地区。

生境类型： 通常栖息于安第斯山脉中远离人类的山峰和山谷，能够飞到 5500 米的高度。

　　安第斯神鹫在 1834 年被重新引入哥伦比亚，并在该国的国徽上占有一席之地。国徽上的安第斯神鹫张开双翼，叼着一个月桂花环，停栖于盾牌之上，象征着自由。

　　观赏地点　安第斯神鹫曾广布于哥伦比亚。但在后来，整个国家的种群数量灾难性地下降到只有 10 对，因此人们不得不启动种群恢复项目。

　　在 1989—1991 年，22 只人工饲养的安第斯神鹫被放生于哥伦比亚境内的 3 个保护区：钦加萨国家自然公园（Chingaza Natural National Park）、普拉塞国家自然公园（Puracé National Natural Park）和齐利斯印第安保护区（Chiles Indian Reservation）。动物学家艾伦·利伯曼（Alan Lieberman）曾是圣地亚哥国际动物园（San Diego Zoo Global）的鸟类馆馆长，积极参与了重新引进安第斯神鹫的工作。他表示："现在，我们可以自信地说，安第斯神鹫将会在哥伦比亚成功地生存和繁衍，文化上的重要性是其中的部分原因。曾经，安第斯神鹫的死亡是一件值得庆祝的事。如今，这成了一个国家的悲剧。"

文化地位

提及象征性，很少有一种鸟类的体型和力量能与安第斯神鹫相媲美。在传统文化中，神鹫代表了自由、健康和力量，因而被许多国家选为国鸟，比如玻利维亚、智利、哥伦比亚和厄瓜多尔。

安第斯神鹫也是阿根廷和秘鲁的重要象征，它的神话流传在安第斯的历史中。例如，印加人（Inca）[①]认为神鹫是众神的信使，负责为人类带来每一天的日出。自公元前2500年以来，这个神话就一直是本土艺术作品的主题。

围绕这一神秘的物种，安第斯地区有着许多各式各样的信仰和迷信。安第斯神鹫的骨骼和内脏受到人们的尊敬和畏惧，也被用于传统医学。据传说，神鹫的胃部可以治

---

① 印加帝国是15世纪至16世纪时位于南美洲的古老帝国，也是前哥伦布时期美洲最大的帝国；其主体民族印加人也是美洲三大文明之一的印加文明的缔造者。——译者注

疗乳腺癌，而眼睛经过烘烤后食用能改善人的视力。

1968年6月到1970年6月，杰瑞·麦克加汉（Jerry McGahan）在进行了一系列的实地调查后，发表了一篇题为《安第斯神鹫：田野研究》(*The Andean Condor: A Field Study*）的报告。报告称，神鹫在安第斯人的宇宙观中常常扮演着十分特殊的角色，在一些案例里，本土

上图： 哥伦比亚的国徽展现了安第斯神鹫的巨大翼展。

上图： 2011年，哥伦比亚总统胡安·曼努埃尔·桑托斯（Juan Manuel Santos）在新闻发布会上讲话。

左图： 绘有安第斯神鹫的国徽出现在许多官方物件上，比如哥伦比亚的国旗。

文化的历史和命运常借由神鹫的活动来进行描述。早在印加文明崛起之前，有一些南美人就绘制和编织了安第斯神鹫的形象，并将这些艺术品同死者埋葬在一起。

印加人相信，神鹫参与了部分安第斯世界的创造，并维护着太阳与地球的日常运转。在西班牙征服印加人后，征服者与被征服者都认为安第斯神鹫昭示了原住民的命运。

麦克加汉说，尽管安第斯周边国家的大多数城市居民都从未见过安第斯神鹫，但生活在高地的村民则对它们十分熟悉。村民们认为，神鹫拥有魔法，可以在日常生活中为人类提供帮助。就如同北美的白头海雕，安第斯神鹫也代表了力量与勇气，而且在某种程度上，这种象征更为明确而深远。

安第斯神鹫面临着各种各样的威胁，包括电线对飞行的阻碍、栖息地丧失和人为迫害。具有讽刺意味的是，一些人认为安第斯神鹫会攻击牲畜；事实上，神鹫主要以死去的动物尸体为食。

1989 年，人们开始对该物种进行人工繁殖和放归项目。美国动物

上图：哥伦比亚的蒙戈（Mongul）每年都会举办传统的降临节游行（Advent Parade），人们非常喜欢装扮成安第斯神鹫的形象。

园协会（American Zoo Association）推出了"安第斯神鹫物种生存计划"（Andean Condor Species Survival Plan），18 个动物机构为该计划提供了鸟卵、雏鸟和各项资源，加上与哥伦比亚环境部的合作，有将近 70 只人工繁殖的安第斯神鹫被成功放归。放归的 5 个地点均位于哥伦比亚，分别为钦加萨（Chingaza）、普拉塞（Purace）、齐利斯（Chiles）、内华达（Nevados）和西库尼（Siscuni）。

哥伦比亚环境部与 4 个非政府组织密切合作，承担安第斯神鹫的放归和监测工作，并对公众进行宣传和教育。监测人员于 2012 年发现，在最初放归的 67 只安第斯神鹫中，有 36 只安然存活，并在 3 个放归地繁殖出了 10 只以上的幼鸟。

新热带基金会（Fundacion Neotropical）是哥伦比亚的一个非政府机构。该机构组建了一

上图：第 16 届泛美运动会在墨西哥举行，总统胡安·曼努埃尔·桑托斯与运动员们共同手持哥伦比亚国旗。

支由 24 名志愿者组成的"神鹫护卫队"，向当地人传播安第斯神鹫的自然历史和保护意义。在 2010 年，该基金会举办了 12 次小型会议，共有 394 名在校学生参加；并为护卫队开办了 4 次讲习班，对他们进行实地的技术培训，例如无线电追踪、双筒望远镜和单筒望远镜的使用。

左图：1992 年，哥伦比亚发行了两种面值的濒危动物系列邮票，其中一枚描绘了安第斯神鹫的形象。

哥斯达黎加（COSTA RICA）

褐背鸫

Clay-colored Thrush, *Turdus grayi*

泥土色的褐背鸫被当地人称为"伊吉罗"（Yiguirro），在 1997 年 1 月被政府选为哥斯达黎加的国鸟。显然，褐背鸫获选的原因有很多——它们十分常见，雄鸟的悠扬歌声几乎家喻户晓，以及该物种在哥斯达黎加民间传说中的重要性。

观赏地点　这是一种常见且广布的鸟类，经常出没于人类居住区附近。

● 物种濒危等级：**低危**

保护现状： 尽管成鸟数量尚不明确，但国际鸟盟认为该物种的种群数量"非常大"，而且"似乎还在增加"。

体型： 体长 23~26.5 厘米。

描述： 作为一种国鸟，褐背鸫的外形平淡无奇，通体棕褐色——上体暗棕色，下体浅褐色。喙为橄榄黄色。雌雄同型。

食性： 以植物果实和多种无脊椎动物为食，包括蚯蚓、蛞蝓和昆虫。

繁殖方式： 在香蕉树、棕榈树或其他树木上筑造大型的杯状巢，通常每一窝产 3 枚卵。

分布范围： 极广。原产于伯利兹、哥伦比亚、哥斯达黎加、萨尔瓦多、危地马拉、洪都拉斯、墨西哥、尼加拉瓜、巴拿马和美国（格兰德河的罕见留鸟）。

生境类型： 多样。可出现在多种生境中，如开阔的林地、椰子林、咖啡种植园和其他耕地、农田边缘、牧场、花园。

文化地位

在春天，褐背鸫的鸣唱似乎被农民视为雨季到来的预兆。该国的摄影记者莫妮卡·克萨达（Monica Quesada）在哥斯达黎加旅游网（Costaricatourism）上写道，"哥斯达黎加人民就和褐背鸫一样，拥有古铜色的肌肤、体型瘦小，性格温柔；笑声也如同它的鸣唱般有力而动听。"

哥斯达黎加在 1984 年和 2010 年分别发行了一枚绘有褐背鸫的邮票。

哥斯达黎加在2010年发行了这枚绘有褐背鸫的邮票。

古巴（CUBA）

古巴咬鹃

Cuban Trogon, *Priotelus temnurus*

● **物种濒危等级：低危**

保护现状： 具体数量未知，但在古巴属于常见且广布的鸟类。种群数量应处于稳定的状态。

体型： 体长 23~25 厘米。

描述： 指名亚种的头顶和颈部为蓝紫色，喙发红，喉部和胸部为白色，腹部和尾下覆羽为红色，背深绿色。雌雄同型。该物种有 2 个亚种，指名亚种 *P. l. temnurus* 分布于古巴境内。

食性： 主要以花朵为食，也可取食嫩芽、果实和昆虫；觅食时会像鹟一样悬停。

繁殖方式： 经常在啄木鸟留下的树洞中筑巢，也可采用其他天然树洞，每一窝产 3~4 枚卵。

分布范围： 古巴特有亚种。

生境类型： 潮湿或干燥的森林。多见于山区，也常出没于水边的灌木丛和杂树林。

在古巴，古巴咬鹃被当地人称为"托克洛洛"（Tocororo）或"瓜蒂尼"（Guatini）。它的羽色结合了古巴国旗的三种色彩——红色、白色和蓝色。据说，古巴咬鹃与古巴人民一样热爱自由，无法生活在囚禁之中。

观赏地点 对于观鸟爱好者来说，巴拉科阿（Baracoa）附近的亚历山大·冯·洪堡国家公园（Alejandro de humboldt national park）和埃斯坎布雷山脉（Escambray Mountains）的科扬特斯峰（Topes de Collantes）自然保护区公园都是观赏古巴咬鹃的好地方。

文化地位

多年来，古巴咬鹃的形象出现在多枚国内邮票上。最近的一枚在 2011 年发行，面值为 85 古巴比索。人们在古巴的硬币上也能看到古巴咬鹃。

1971 年，古巴发行了一套纪念拉蒙·德拉萨格拉（Ramon de la Sagra）[1]的鸟类主题邮票，描绘了 9 个不同的物种，美丽的古巴咬鹃正是其中之一。

---

① 拉蒙·德拉萨格拉是西班牙的一位无政府主义者、政治家、作家和植物学家。——译者注

丹麦（DENMARK）

疣鼻天鹅

Mute Swan, *Cygnus olor*

1984 年，在一档名为《动物对决》（*Dus med Dyrene*）的电视节目中，疣鼻天鹅被票选为丹麦的国鸟。在总共 233 635 张选票中，疣鼻天鹅获得了 123 336 票。但令人惊讶的是，在这场国鸟评选之前，丹麦的鸟类象征曾是云雀（*Alauda arvensis*）。《丑小鸭》（*The Ugly Duckling*）是汉斯·克里斯蒂安·安徒生（Hans Christian Andersen）最著名和最受欢迎的故事，而疣鼻天鹅正是故事中的主人公。因此，疣鼻天鹅在丹麦深受人们的喜爱。

长期以来，各式各样的天鹅图案被应用于品牌名称和商标上（例如丹麦、挪威、瑞典、芬兰和冰岛的北欧白天鹅环保标签），也出现在艺术品和纪念物上，比如 1976 年哥本哈根的母亲节碗盘。

● **物种濒危等级：低危**

保护现状： 据 2006 年的统计结果，全球数量为 60 万 ~ 61 万只。总体而言，该物种的数量处于增长态势。2000 年，丹麦有 500~5000 对繁殖的疣鼻天鹅。但在 20 世纪 20 年代，人类的狩猎导致该国的疣鼻天鹅仅剩 3~4 对。自 20 世纪 80 年代以来，丹麦的疣鼻天鹅数量就一直相当稳定。在 1970—1978 年，丹麦的林格宾峡湾（Ringkøbing Fjord）拥有世界上最大的繁殖群体。

体型： 一种大型鸟类。体长 125~160 厘米，翼展 2.4 米，体重 6.6~15 千克。

描述： 除了橙红色的喙和黑色的前额突起，成鸟通体白色。黑色的腿十分强壮，具有蹼足。颈部较长。雌雄同型，但雄鸟的体型比雌鸟更大，前额突起较为明显（尤其是在繁殖季的时候），喙的颜色更为鲜艳。

食性： 主要以水生植物和谷物为食，也捕食无脊椎动物和小型两栖动物。在水面觅食，通过"倒立"来获得水下的食物。

繁殖方式： 在河岸边用芦苇堆砌大型鸟巢，通常每一窝产 5~7 枚卵。

分布范围： 极广。原产于 60 多个国家，包括丹麦。

生境类型： 出没于各种水体——沼泽、芦苇荡、潟湖、河流、小溪、池塘、湖泊、水库和矿坑。

无论是在阳光明媚的夏日，还是在严寒刺骨的冬天，疣鼻天鹅飞翔于高空的景象都令人流连忘返——它的雪白身姿映衬着蔚蓝色的天空。

左图：疣鼻天鹅的幼鸟经常坐在亲鸟的背上，就像搭便车一样。一般来说，它们会在父母身边生活到6个月大。

左下图：疣鼻天鹅在河岸边和其他水域筑巢，利用植物材料堆砌出一个巨大的土堆状鸟巢。灰白色的天鹅幼鸟需要120~150天才能长出羽毛，直到3岁才性成熟。

观赏地点　疣鼻天鹅是一种常见且广布的鸟类，出没于公园或其他人造环境，比如水库、矿坑、鱼塘、乡村池塘、用于水上运动的大型水体、港湾等；也栖息于纯天然的水生环境，比如流速缓慢的河、溪流、潟湖、淡水沼泽、河口和峡湾。

文化地位

安徒生出生于丹麦，他在一生中创作了超过160篇童话故事。其中，《丑小鸭》讲述了一只浑身棕色、其貌不扬的"小鸭子"如何一步步成长为美丽、优雅的天鹅。丹麦人都为安徒生的文学遗产感到自豪，因此，他们将疣鼻天鹅选为了本国的国鸟。

疣鼻天鹅在丹麦境内的地位很高。它的形象出现在1935年、1986年和2005年（一套4种面值的安徒生系列）的邮票上，以及2005年的10克朗丹麦铸币。这枚铸币是丹麦著名儿童文学家安徒生诞辰200周年的5枚纪念币之一。在铸币的背面，一只天鹅漂浮在布雷恩特庄园（Bregentvedt Manor）的湖中，静静地看着自己在水面的倒影。安徒生就是在这个庄园里写下《丑小鸭》的。

第二天，野鸭看到了丑小鸭。"你是谁呢？"它们问道，"你确实是个难看的家伙。不过，只要你不跟我们的家族联姻，我们就不在乎你的丑陋。"可怜的丑小鸭！获得准许后，它高兴地在水草中觅食、喝水和休憩。

汉斯·克里斯汀·安徒生所著的《丑小鸭》因一部电影和丹尼·凯的一首同名歌曲而在现代社会里出名。

多米尼克（DOMINICA）

帝王鹦哥

Imperial Amazon, *Amazona imperialis*

● **物种濒危等级：濒危**

保护现状： 据估计，帝王鹦哥现存350~450只野生个体。在1979年一场毁灭性的飓风过后，该物种已经处在灭绝的边缘。值得注意的是，尽管它们的繁殖速度较为缓慢，但目前数量也已经恢复到了飓风前的水平。或许在不久的将来，帝王鹦哥的数量还会超过这个数字。

体型： 体长45~50厘米。就长度而言，该物种是体型最大的亚马孙鹦哥。

描述： 一种醒目而独特的鸟类。头部、颈部和下体为深紫色，背部为绿色。

食性： 以雨林树种、附生植物、藤本植物的果实、种子、花、芽和幼茎为食。

繁殖方式： 在深浅不一的树洞中筑巢（深可达数米，浅则1米以内），大部分巢洞的入口离地面30米以上。一般每年只抚养一只雏鸟。

分布范围： 多米尼克的特有种。

生境类型： 仅栖息于古老的山地森林。

帝王鹦哥又被称为"西塞鲁"（Sisserou），意为"多米尼克的骄傲"。它的形象不仅装饰着国旗，还出现在国徽、公章、议会的权杖和该国的荣誉勋章上。多米尼克州立大学的校徽、邮票和旅游纪念品上也有帝王鹦哥的身影。

观赏地点 三峰山国家公园（Morne Trois Pitons National Park）、迪亚布洛廷火山（Morne Diablotins）和多米尼克岛上的所有森林保护区都生活着帝王鹦哥。

多年来，在首都罗索的植物园中，鹦鹉保护和研究中心负责照料一些生病或受伤的野生帝王鹦哥。出于种种原因，一对成鸟无法重返野外。2010年，这对帝王鹦哥成功繁殖出第一只人工饲养的个体。帝王鹦哥主要生活在山地雨林中，是多米尼克的特有种。

帝王鹦哥主要生活在高海拔雨林。

文化地位

从哥伦布时代开始，帝王鹦哥就已经广为人知，并且备受尊崇。对此，多米尼克人引以为傲，并极力保护这种鹦鹉。佛罗里达稀有物种保护基金会的主任保罗·R.雷洛（Paul R. Reillo）博士说："多米尼克是向风群岛（Windward Islands）中面积最大、最原始的岛屿，也是野生动物保护人士眼中的灯塔。"多

上图：帝王鹦哥的羽毛五彩缤纷，在圈养条件下可以活到70岁以上。

右图：多米尼克在1987年发行了一套15枚的鸟类邮票，帝王鹦哥就是其中之一。这枚国鸟邮票的面值最大，高达10美元。

帝王鹦哥被人们亲切地称为"多米尼克的骄傲"，也是国家的官方象征。多米尼克的国旗、国徽等都少不了它的身影。

米尼克境内超过三分之一的面积被划为国家公园和保护区。人们对帝王鹦哥的保护绝不仅仅是表面功夫，它已经成为当地政府和人民日常生活的一部分。多年来，在多米尼克的农业和环境部，林业、野生动物和国家公园管理处的斯蒂芬·杜兰德（Stephen Durand）及其同事与雷洛博士紧密合作，对帝王鹦哥进行研究和保护工作。栖息地丧失、偷猎、宠物贸易和飓风的侵袭都对这个物种造成了伤害，但它们的现状正在逐渐好转。

多米尼克岛有两种特有的鹦鹉，另一种是红颈鹦哥（*Amazona arausiaca*）。每年的5月，多米尼克有成千上万的儿童参与到一年一度的加勒比特有的鸟类节中，他们通过节日举办的环境拓展活动，为多米尼克丰富的鸟类多样性而庆祝。这个节日是由多个组织合办的项目，包括稀有物种保护基金会、加勒比鸟类保护和研究协会、当地的赞助

商，以及林业、野生动物和国家公园管理处。经验丰富的护林员为在校生举办讲座，并和孩子们一同到保护区观鸟。

第12届加勒比特有鸟类节由加勒比鸟类保护和研究协会赞助，并在2013年成功举办。

患病和受伤的帝王鹦哥能够在多米尼克鹦鹉保护与研究中心得到照料。

多米尼加共和国（DOMINICAN REPUBLIC）

棕榈鹛

Palmchat, *Dulus dominicus*

● 物种濒危等级：**低危**

保护现状： 确切数量未知，但种群数量处于稳定状态。

体型： 体长 18~20 厘米。

描述： 上体深橄榄棕色，下体为浅乳黄色，密布纵纹。虹膜红色，粗壮的喙为乳白色。雌雄同型。

食性： 主要以植物果实为食，也取食花朵和一些无脊椎动物。

繁殖方式： 通常在波多黎各王棕（*Roystonea borinquena*）上进行群体筑巢。鸟巢由小树枝构成，呈圆顶状，庞大而凌乱，具有多个独立的巢室，面积可达 1~2 平方米。一个鸟巢能容纳 4~10 对棕榈鹛，甚至更多。窝卵数为 2~7 枚。

分布范围： 仅分布于西印度群岛的伊斯帕尼奥拉岛（即多米尼加共和国和海地），属全年留鸟。

生境类型： 王棕林、农田、公园和花园。

　　棕榈鹛是多米尼加共和国的国鸟。使用西班牙语的当地人将其称为"希瓜－帕尔梅拉"（Cigua Palmera）。

　　观赏地点　这是一种数量多、分布广的物种，也是伊斯帕尼奥拉岛上最常见的鸟类。它们很好地适应了人为环境。

文化地位

　　在多米尼加共和国，棕榈鹛是人们非常熟悉的一种鸟。这大概是因为它们经常喧闹地集群活动，并且能建造出又大又显眼的鸟巢。棕榈鹛的形象出现在 1964 年、1993 年、1996 年和 2008 年的邮票上。

1964 年，多米尼加共和国发行了一套 3 种面值的本土鸟类邮票。其中一枚描绘了棕榈鹛，面值为 3 分。

棕榈鹛是多米尼加共和国最常见和广布的鸟类。它们为群居生活，共同筑巢。

厄瓜多尔（ECUADOR）
安第斯神鹫
Andean Condor, *Vultur gryphus*

● **物种濒危等级：近危**

保护现状： 全球共有 10 000 只左右的成鸟，并处于不断减少的态势。厄瓜多尔仅剩 50 只野生的安第斯神鹫。

体型： 世界上最大的猛禽和南美洲最大的飞行鸟类。体长 100~130 厘米，翼展长达 3.2 米。

描述： 雌成鸟和雄成鸟的头部均裸露无毛；整体黑色，具有显眼的白色颈毛。雄鸟的眼睛为黄色，长有硕大的肉冠和颈部肉垂。雌鸟没有肉冠和肉垂，眼睛为红色。

食性： 主要以哺乳动物的尸体为食，包括貘、鹿、啮齿动物和家畜；可以一口气吞下 6.8 千克以上的肉。

繁殖方式： 筑巢于崖壁或小型洞穴中，每一窝产 1 枚卵。雏鸟由亲鸟养育 2 年，并需要 5~8 年才能发育成熟。

分布范围： 分布于 8 个南美国家（阿根廷、玻利维亚、智利、哥伦比亚、厄瓜多尔、巴拉圭、秘鲁和委内瑞拉），并繁殖于这些国家的大部分地区。

生境类型： 通常栖息于安第斯山脉中远离人类的山峰和山谷，能够飞到 5500 米的高度。

安第斯神鹫是厄瓜多尔的国鸟，也是国徽的重要组成部分。图案中，神鹫停栖在厄瓜多尔最高峰钦博拉索山（Chimborazo）之巅，张开双翼，象征着勇气和力量。而国徽也是国旗（启用于 1860 年）的一部分。

厄瓜多尔鸟类与自然保护协会（Quito-based Aves & Conservacion）是国际鸟盟在当地的合作伙伴。1991 年，该机构发起一项运动，促使国民议会将每年的 7 月 7 日定为"国家神鹫日"（National Condor Day）。

观赏地点 神鹫自然保护区（Condor Bioreserve）是安第斯神鹫经常出没的地方之一。该保护区占地 21 853 平方公里，位于厄瓜多尔首都基多的东部，包括 7 个区域：苏马科纳波加勒拉斯自然公园（Sumaco Napo-Galeras National Park）、科托帕克西自然公园（Cotopaxi National Park）、良加纳特斯自然公园（Llanganates National Park）、克凡贝尔梅赫生态保护区（Cofán-Bermejo ecological reserve）、卡扬贝可卡生态保护区（Cayambe-Coca Ecological Reserve）、安蒂萨纳火山生态保护区（Antisana Reserves）和帕索霍亚野生动物保护区（Pasochoa Wildlife Refuge），以及各类流域保护区和私人保护区。从白雪皑皑的火山，到高山苔原，再到河流和雨林，这个大型自然保护区包罗万象、应有尽有。

文化地位

与其他安第斯地区的国家一样,安第斯神鹫的名字在厄瓜多尔随处可见。例如,面积辽阔的神鹫自然保护区占地 21 000 平方公里以上,生活着超过 760 种鸟类,其中也包括了安第斯神鹫。另外,神鹫国家自然公园(El Condor National Park)也以其境内的神鹫山(Condor mountain)闻名。然而,由于人类

安第斯神鹫每年孵育一只幼鸟。

的侵扰、食物匮乏和毒害,厄瓜多尔境内的安第斯神鹫数量正在下降。为了保护这个物种,厄瓜多尔制定了一系列国家战略,包括了研究、监测、人工繁殖、环境教育和社区参与。游隼基金会(Peregrine Fund)的总部位于美国,也是安第斯神鹫工作小组(Andean Condor Working Group)的一员。自 2010 年起,该基金会向厄瓜多尔环境部提供了许多关于该物种保护的科学建议。2011 年,他们开始对安第斯

神鹫的活动和栖息地利用进行合作调查。

2013 年 7 月,第一只带有卫星发射器的安第斯神鹫被放归野外。通过这一装置,科学家们试图收集该物种的生境要求、觅食行为和栖息地点等宝贵数据。这只名为斐利佩(Felipe)的安第斯神鹫已经成为提高公众保护意识的宣传大使了。

厄瓜多尔的邮票和纸钞上都有安第斯神鹫的形象。另外,一枚仅产于 1928 年的金币背面也刻有安第斯神鹫。这枚金币的面值为 1 康多(Cóndor)[①],数量稀少,极具收藏价值。

———————————
① 厄瓜多尔在 1928 年的货币单位为苏克雷(Sucre),1 康多 =25 苏克雷。
——译者注

在首都基多,一座安第斯神鹫的铜像矗立于独立广场上。

上图:1958 年,厄瓜多尔发行了一枚绘有安第斯神鹫的邮票。

左图:厄瓜多尔的国徽上也有安第斯神鹫的身影,它象征了勇气与力量。

萨尔瓦多（EL SALVADOR）

绿眉翠鴗

Turquoise-browed Motmot, *Eumomota superciliosa*

⬤ **物种濒危等级：低危**

保护现状： 成鸟的数量可能高达50万只。

体型： 体长33~38厘米。

描述： 最显著的特征是尾部细长，末端发黑且呈球拍状。外形独特，雌雄同型。主要羽色为蓝绿色、绿色和棕色。其他识别特征还包括黑色的脸罩和硕大的喙。

食性： 多种昆虫（如蝴蝶、蜜蜂、蜻蜓）、蜘蛛、蠕虫和其他无脊椎动物，蜥蜴，植物果实。

繁殖方式： 通常在土堤或低矮的悬崖挖掘较深的洞穴，于洞穴的尽头筑巢；每一窝产4枚卵。

分布范围： 非常广。原产于6个中美洲国家：哥斯达黎加、萨尔瓦多、危地马拉、洪都拉斯、墨西哥和尼加拉瓜。

生境类型： 林地、灌木丛、种植园和花园。

······································

　　绿眉翠鴗是萨尔瓦多的国鸟。在当地，这种鸟有许多俗名，其中一个叫作"托罗戈"（Torogoz）。

　　观赏地点　绿眉翠鴗是一种十分常见的鸟类。人们可以在各种地方见到它们，包括花园和森林。

文化地位

　　萨尔瓦多国家橄榄球队的昵称正是西班牙语中的绿眉翠鴗。

　　奥斯卡·帕纳米诺（Oscar Panameno）是萨尔瓦多的一名企业家，儿时的他第一次在乡下看见绿眉翠鴗，印象深刻。1977年，他成立了一家以这种鸟为名的公司。

　　2007年，在美国一档政治讽刺类电视节目《科尔伯特报告》（*The Colbert Report*）中，史蒂芬·科尔伯特（Stephen Colbert）将绿眉翠鴗评选为"最具诗意的鸟类"第5名。

　　绿眉翠鴗的形象被应用在萨尔瓦多的邮票上，其中包括2009年发行的国家象征系列。

上图： 绿眉翠鴗被萨尔瓦多人称为"托罗戈"，该国至少有一家公司以此为名。

下图： 1963年，该国发行了一套9枚的鸟类邮票，其中一枚刻画了绿眉翠鴗。

爱沙尼亚（ESTONIA）
家燕
Barn Swallow, *Hirundo rustica*

● **物种濒危等级：低危**

保护现状： 全球约有 1.9 亿只成年个体，是所有燕子中最为人所知、分布最广的物种。

体型： 体长 18 厘米。

描述： 指名亚种的雄鸟具有蓝黑色的上半身和胸带，前额和喉部为深红色，下半身米白色。流线型尾部有很深的分叉。

食性： 主要以昆虫为食，包括蝇类、蚂蚁、蚜虫和寄生蜂；通常在飞行时捕食。根据《世界鸟类手册》第 9 卷，家燕所食的昆虫涵盖 80 个科。

繁殖方式： 用泥土和植物纤维在人造建筑的内部或外部筑造杯状巢，例如房屋、谷仓或其他建筑。窝卵数为 4 枚或 5 枚。

分布范围： 极广，覆盖世界的大部分地区。家燕为长距离迁徙的候鸟，例如英国的种群会迁往南非越冬。

生境类型： 十分多样。开阔的乡下、牧场、农田、河岸带、村庄、城镇和某些地方的城市。在秋天向南迁徙之前，常大量集群于电线上。该物种也经常群栖于芦苇荡。

20 世纪 60 年代早期，鸟类学家的活动令家燕成为爱沙尼亚的官方鸟类象征。"飞燕奖"（Award of the Soaring Swallow）是由维基百科（Wikipedia）颁发的一个奖项，用于表彰那些在线上百科对爱沙尼亚相关文章做出杰出贡献的个人。

观赏地点 对于爱沙尼亚人来说，没有什么鸟比叽叽喳喳的家燕更熟悉了。从春天到秋天，家燕为他们的城镇、村庄和郊野增添了许多光彩。家燕象征着盛夏的慵懒时光，象征着蓝天与和煦的阳光。至少在欧洲，很少有其他的声音和景象能与飞翔的家燕相媲美。它们在空中捕捉昆虫，从池塘中取泥筑巢，无数次往返于鸟巢，为嗷嗷待哺的雏鸟带回食物。

根据爱沙尼亚国家象征网站（National Symbols of Estonia）的描述，家燕是"爱沙尼亚大家庭的特殊来客……它的叫声遍布每一个屋檐和谷仓"。

上图：家燕雏鸟的胃口极大，这意味着亲鸟必须不断地进进出出，带回大量的昆虫。

左图：观察家燕在捕捉昆虫时的翻飞、俯冲、扭转和急停是一种极大的乐趣。

文化地位

一直以来，家燕在人们心目中占有特殊的地位，是文学作品中被广泛使用的形象，因为这些可爱的小鸟是春天的象征，也预示着夏天的到来。经考据，家燕在文学上的影响跨越了数千年，希腊哲学家亚里士多德告诫人们，"一燕不成夏"[①]；而莎士比亚说，"真正的希望犹如飞燕般瞬息而至"。

────────────

[①] 这句话的原文为 "One swallow does not make a summer"，常用来劝告他人不要对某事过于乐观。——译者注

在从前的克朗时代，纸钞和硬币都描绘了家燕的形象。从2001年1月1日起，爱沙尼亚的货币已被欧元所取代。家燕也出现在该国的邮票上。

爱沙尼亚农业与贸易商会（Estonian Chamber of Agriculture and Commerce）的组织标志和该国的食品认证标志（Approved Estonian Taste）都采用了家燕的图案；后者标示了原料产自爱沙尼亚的优质食品。

上图：面值为100克鲁恩的纸币上描绘了爱沙尼亚的国鸟。

右上图：2011年，爱沙尼亚将家燕评为年度之鸟，并发行了这枚邮票。来源：爱沙尼亚邮政局

法罗群岛（FAROE ISLANDS）

蛎鹬

Eurasian Oystercatcher, *Haematopus ostralegus*

在法罗群岛，蛎鹬被人们称为"迪阿勒迪"（Tjaldur）。这是一种极为常见的鸟类，也是该地区的鸟类象征。

观赏地点 蛎鹬是春天的号角，每年 3 月来到法罗群岛繁殖。等到 9 月，雏鸟羽翼丰满，它们就会再次离开。蛎鹬的羽色和鸣叫都很特别，在法罗群岛上随处可见、随处可闻。

● **物种濒危等级：低危**

保护现状： 全球数量在 110 万 ~120 万只。

体型： 体长 40~47.5 厘米。

描述： 繁殖期时，成鸟的头部、背部、上胸和尾部皆为黑色，下胸、腹部、臀部和翼带为白色，眼睛红色，喙橙红色，腿粉红色。该物种一共有 3 个亚种，指名亚种 *H. o. ostralegus* 分布于法罗群岛。

食性： 贻贝、其他双壳类生物、螃蟹、蚯蚓、昆虫幼体及鳞翅目幼虫。

繁殖方式： 在地面上的浅坑筑巢，每一窝产 2~5 枚卵。

分布范围： 很广。原产于 100 个国家和地区。

生境类型： 主要是盐沼、鹅卵石或沙滩、沿海泥滩。

文化地位

诗人诺索亚·保罗（Nólsoyar Páll, 1766—1808 年）也是一名水手和船工，更是法罗的民族英雄。他在许多著名的诗作中都提到了蛎鹬，比如《鸟类之歌》（*Fuglakvaeoi*）。人们认为，这首诗是蛎鹬深受欢迎并被选为鸟类象征的原因。

在 1977 年、1988 年和 2002 年，蛎鹬多次出现在法罗群岛的邮票上（2002 年的一套邮票有 4 种不同面值，描绘了几个种类的鸟卵和雏鸟）。2011 年，法罗群岛发行了一枚 5 克朗（kronur）[①] 的硬币，其背面也刻画了蛎鹬的形象。

---

① 法罗群岛的货币单位是法罗群岛克朗，与丹麦克朗等值。——译者注

上图： 蛎鹬是12种蛎鹬科（Haematopodidae）鸟类之一，在地面的浅坑中产卵。

左图： 1977年，法罗群岛发行了这枚绘有蛎鹬的邮票，它是一套3枚的鸟类邮票之一。

大天鹅

Whooper Swan, *Cygnus cygnus*

● **物种濒危等级：低危**

保护现状： 数量较多，成鸟的数量约为 18 万只。某些地区的种群数量处于增长或稳定状态，其他地区则在减少或未知。总体趋势不明。20 世纪 50 年代，这个物种在芬兰濒临灭绝，但现在该国至少有 5000 对繁殖的大天鹅。

体型： 体长 140~165 厘米。

描述： 通体白色，体型较大，颈部较长，喙呈明显的黑黄色。与北美的黑嘴天鹅（*Cygnus buccinator*）较为相似，有时易与小天鹅（*Cygnus columbianus*）混淆。

食性： 在繁殖季以水生植物、草和木贼为食。在冬季也取食谷物、土豆、萝卜、橡子和其他蔬菜。

繁殖方式： 在较浅的淡水池塘或湖泊、流速缓慢的河流或隐蔽的海岸附近用植物材料筑巢。同一个巢可以使用数年，每一窝产 3~7 枚卵。

分布范围： 繁殖于冰岛、斯堪的纳维亚到西伯利亚东部，越冬于气候温和的欧洲和亚洲地区——英国部分地区到中国沿海和日本。

生境类型： 在繁殖期，主要栖息于亚北极地区森林地带的池塘、湖泊、沼泽和河流等；在冬季，主要栖息于农业地区，通常靠近海岸。

　　据说，早在几个世纪之前，大天鹅就已经成为芬兰的象征。但直到 1881 年，芬兰鸟类保护委员会才正式宣布大天鹅的国鸟地位。芬兰鸟盟（BirdLife Finland）的通信官员扬·索德斯韦德（Jan Sodersved）说："虽然有消息称那是一次公众评选，但实际上人们并没有投票。没有人会质疑这个选择——很难再有更好的选择了。"

　　尽管大天鹅在 1934 年就受到法律的保护，但在 20 世纪 50 年代初，在芬兰繁殖的大天鹅只剩下 15 对。到了 1975 年，大天鹅的繁殖数量增长到 150~200 对。芬兰鸟盟表示，人们对于这种鸟类的态度已经开始逐渐改变。这要特别感谢野生动物作家兼兽医乌里欧·寇克（Yrjo Kokko）所著的几本书。

　　在芬兰，优雅的大天鹅拥有很高的地位。到了繁殖季节，芬兰人民可以在许多地方看到它们的身影。大天鹅的形象也以各种方式被人们广泛应用。一直以来，所有种类的天鹅都是优雅、美丽、爱情和忠诚的代名词，出现在许多神话和传说中。

观赏地点 在繁殖季节，大天鹅广泛分布于芬兰境内。春季（4月）和秋季（9~11月），人们可以看到许多大天鹅沿着西海岸北部迁徙。芬兰鸟盟表示，就大天鹅的数量而言，最好的迁徙观测点是靠近奥卢（Oulu）的利明卡湾（Liminka Bay）。那里每年都有1000~2000只大天鹅经过，也有许多其他的鸟类。在芬兰的其他地方，人们也可以在迁徙季一次性看到几百只大天鹅。

芬兰鸟盟还提到，大天鹅或鹤类在春天筑巢的景象"令人一见难忘"。

除此之外，"在5月底和9月到10月期间，大量水鸟向海上迁徙，往返于北极——这一无与伦比的壮观场景"提高了芬兰这个国家在鸟类学家心目中的地位。

最上图： 一只大天鹅成鸟带着幼鸟在游泳。幼鸟长出羽毛的时间为87天左右，大约4岁时达到性成熟。

上图： 大天鹅在繁殖季以水生植物为食。到了冬季，它们的食谱则较为多样，也包括谷物或其他植物。

左图： 与近亲疣鼻天鹅一样，大天鹅也用植物材料筑巢。但不同的是，它主要采用苔藓和地衣。

文化地位

根据芬兰民族史诗《卡勒瓦拉》（Kalevala）中的描述，天鹅生活在阴间的亡灵国度，杀死天鹅的人都不会有好下场。著名的芬兰作曲家让·西贝柳斯（Jean Sibelius）从这部史诗中汲取灵感，创作了《莱明凯宁组曲》（Lemminkainen Suite）。其中的第三首交响乐《黄泉的天鹅》（The Swan of Tuonela）为我们描绘出一幅音乐的画卷：来自冥界的天鹅充满了神秘而圣洁的气息；莱明凯宁还没来得及杀死天鹅，就被毒箭射中而亡。

备受推崇的芬兰设计师奥伊瓦·托伊卡（Oiva Toikka）擅长用玻璃进行创作。他通过吹制玻璃打造了许多鸟类造型的手工艺品，其中也包括神形兼备的大天鹅。这些艺术品具有很高的收藏价值。

1985 年 5 月 10 日，一只大天鹅在芬兰拉普兰地区的拉努阿（Ranua, Lapland）被环志，当时它至少有两岁大。24 年后的 2009 年，人们在佩代尔瑟雷的瓦萨（Pedersore, Vaasa）发现了它的尸体。这是芬兰境内最长寿的大天鹅。

2002 年，芬兰发行了一枚面值为 0.5 欧元的邮票，其上描绘了一只飞翔的大天鹅。北欧白天鹅环保标签的中央也同样是一只振翅的大天鹅，该标签是 5 个北欧国家的官方环保认证，旨在帮助消费者购买无公害产品。采用了大天鹅形象的

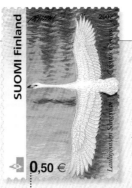

芬兰在 2002 年发行了绘有大天鹅的 0.5 欧元邮票。
来源：芬兰邮政

2011 年，芬兰铸造了 100 欧元纪念金币。这套大天鹅金币的官方名称是"芬兰银行 200 周年"。
来源：芬兰铸币厂

货币有：1995 年芬兰加入欧盟时发行的 10 马克[①] 纪念币、本土的 1 欧元硬币（正面的图案为两只天鹅飞过芬兰湖面），以及 2011 年芬兰银行 200 周年纪念日发行的 100 欧元金币。这枚金币的正反面共同刻画了一只大天鹅，左翼在正面，身体和右翼在背面。芬兰 1 欧元硬币大小的袖扣上也有两只飞翔的大天鹅。

谷歌搜索引擎的主页图片上曾出现过游弋着大天鹅的芬兰湖泊。这一"谷歌涂鸦"由该公司总部的索菲亚·福斯特·狄米诺（Sophia Foster-Dimino）设计，以纪念芬兰的独立日。

① 马克是芬兰于 1861—2002 年欧元流通前使用的法定货币。——译者注

芬兰的国鸟也出现在该国的纸币上。

法国（FRANCE）

高卢雄鸡

Gallic Rooster, *Gallus gallus*

长久以来，高卢雄鸡被法国的各种机构和组织作为标志和象征。例如：1848 年，它成为法兰西共和国国家印章的一部分；在比利时南部，以法语为主要语言的瓦隆地区将它的形象描绘在旗帜和盾徽上；1899—1914 年，法国铸造了面值 20 法郎的雄鸡金币；它出现在数枚邮票上；它是 1998 年世界杯（法国队夺冠）的官方吉祥物；它还是法国国家橄榄球联盟球队和乐卡克运动用品公司（Le Coq Sportif）的标志。

保护现状： 未评估。

体型： 体长 65~67 厘米。

描述： 雄鸡（rooster）是公鸡的另一种叫法。比起英国，这个词在美国使用得更为广泛。英国人通常把这类鸟称为公鸡（cockerel）。雄鸡长着鲜红的肉垂和鸡冠，不易误认。

食性： 杂食，食谱广泛且多样，包括种子、草和昆虫。许多家禽饲养员会购买特制的配方饲料，并根据家禽的年龄选择饲料的种类。被饲养在后院和小型农场的鸡也经常取食新鲜水果和蔬菜残渣，以及面包虫。

繁殖方式： 母鸡的产卵数因品种的不同而有所变化。有的品种每年产几十枚卵，有的则超过 200 枚。

分布范围： 野外没有自然分布。

生境类型： 作为一种家禽，高卢雄鸡广布全球，常见于花园、农田、混合农场和专门的禽类饲养场。人们认为，所有家鸡的祖先都是热带的红原鸡。

最左图： 小公鸡通常在4个月大的时候就开始鸣叫了。

左图： 母鸡一般每窝产4~7枚卵。

文化地位

绝大多数国家的鸟类象征都是野鸟，而法国却与众不同地选择了家养的高卢雄鸡。几个世纪以来，高卢雄鸡都是法兰西重要的国家象征。从中世纪早期开始，教堂的风向标就采用了高卢雄鸡作为装饰。在1789年法国大革命期间，它也被绘于国旗之上。高卢雄鸡的拉丁学名就包含"高卢"（*Gallus gallus*），有公鸡和高卢居民的双重含义。公鸡常在破晓时分大声打鸣，所以人们认为它们最初的象征意义是警惕。

在拿破仑时代，高卢雄鸡跌落神坛。这位君主认为公鸡无力无权，并不适合担任法兰西帝国的国鸟。因此，拿破仑用一只雄鹰替代了高卢雄鸡，即法兰西帝国雄鹰（French Imperial Eagle）。一时的没落并没有

上图： 法国足球迷穿着带有国旗和高卢雄鸡的服饰，到球场为球队助阵。

右图： 法国的斗鸡是一项历史悠久的传统活动。在法国北部的圣阿芒莱索（Saint-Amand-Les-Eaux），一家斗鸡场门口挂着显眼的招牌。

右上图： 流通于19世纪末20世纪初的一枚金币上有高卢雄鸡的形象。

上图： 法国在1965年发行了一枚绘有高卢雄鸡的邮票。

让高卢雄鸡彻底消失在人们的视野中。19世纪30年代，奥尔良公爵（Duke of Orleans）签署了一项命令，授权国民警卫队在旗帜和制服纽扣上使用高卢雄鸡的形象。于是，它再次恢复了国鸟的地位。

高卢雄鸡并不是法国的官方国鸟。但是，它在法国的文化和历史中具有不可忽视的重要性，它的形象持续地被广泛使用。所以，高卢雄鸡显然是法国的非官方国鸟。

上图： 乐卡克运动用品公司的标志是一只蓝色的小公鸡。

北非石鸡

Barbary Partridge, *Alectoris barbara*

北非石鸡是直布罗陀的鸟类象征，也是直布罗陀鸟类与自然历史协会（Gibraltar Ornithological and Natural History Society）的标志。

观赏地点 寻找北非石鸡的最佳位置就是马基群落（maquis）[1]或加里格群落（garrigue）[2]中的大岩石，这也是春、秋季节的迁徙候鸟最喜欢的地方。直布罗陀是一个著名的迁徙热点：据估计，每个季节都有25万只猛禽在北迁或南迁的途中穿过狭窄的直布罗陀海峡。

---

[1] 马基群落是地中海地区的一种灌丛带植物群落，通常由茂密的常绿灌木构成。——译者注
[2] 加里格群落是地中海生物群落中的一种低矮的灌丛生态区和植物群落。——译者注

文化地位

在18世纪，北非石鸡被英国军事人员从北非的巴巴里海岸国家引入直布罗陀，这一引入的目的可能是为欧洲的打猎活动增添趣味。在欧洲大陆，直布罗陀是唯一有北非石鸡繁殖的地区。

北非石鸡的形象出现在面值1便士的硬币和数张直布罗陀邮票上，包括1960年、1991年和2010年的限量版鸟类邮票。

● **物种濒危等级：低危**

保护现状： 总数量尚未明确。据估计，欧洲的繁殖数量为7500~20 000对，仅占总数的5%。

体型： 体长34~38厘米。

描述： 一种色彩鲜艳、花纹清晰、身型矮胖的猎禽。喙呈鲜红色。上半身主要为灰色，但中央前额、顶冠和后颈都是鲜艳的栗色。胁部具有黑色、白色和红褐色的条纹。雌鸟和雄鸟的颜色接近。该物种一共有4个亚种，指名亚种 *A. b. barbara* 分布于直布罗陀。

食性： 主要以树叶、嫩芽、种子和果实为食；也取食昆虫，特别是蚂蚁。

繁殖方式： 在地面的凹陷处筑巢，每一窝产6~20枚卵。

分布范围： 主要分布于非洲北部。

生境类型： 多岩石且干旱的山坡、沙丘、干涸的河床、灌木丛、林地和其他农业用地。

上图： 形容一群北非石鸡幼鸟的量词是covey。

左图： 北非石鸡的形象出现在2010年发行的面值59便士的邮票中。

格林纳达（GRENADA）

威氏棕翅鸠

Grenada Dove, *Leptotila wellsi*

● **物种濒危等级：极危**

保护现状：数量极少。由飓风、火灾和人类发展（例如建筑和道路）造成的损失使该物种的种群数量持续减少。人为引入的老鼠、家猫和獴也是一个不利的影响因素。据国际鸟盟在 2007 年的统计，该物种最多仅存 136 只。

体型：体长 28~31 厘米。

描述：一种双色调的鸟类，上棕下白。胸部为粉棕色，喉部白色，脸部和前额为淡粉色，翅膀黑色，尾羽末端发白。腿和脚为粉红色。雌雄同型。

食性：未知，可能以植物种子为食；只在地面觅食。

繁殖方式：根据《世界鸟类手册》第 4 卷，人们曾在距离地面 4 米高的棕榈树上发现过该物种的鸟巢；窝卵数为 2 枚。

分布范围：仅分布于小安的列斯群岛的格林纳达岛上。

生境类型：主要为亚热带和热带干燥林区。

　　威氏棕翅鸠曾被称为豌豆斑鸠（Pea Dove）或威氏鸠（Well's Dove），在 1991 年被正式认定为格林纳达的国鸟。在该国的国徽上，威氏棕翅鸠被描绘成一种造型怪异、蓝黄相间的鸟类。除此之外，国徽上还有犰狳的图案。

　　观赏地点　这一物种主要分布在以下几个国际重要鸟类区域：贝奥塞霍尔－格林维尔谷（Beausejour/Grenville Vale）、哈曼山（Mount Harman）、普瑟威尔任斯（Perseverance）、伍德福德（Woodford）和伍德兰德斯（Woodlands）。其中，约有 43% 的威氏棕翅鸠生活在哈曼山国家公园。该公园成立于 1996 年，专门用于威氏棕翅鸠的保护。格林纳达政府承诺，将在贝奥塞霍尔为该物种建立第二个国家公园，部分原因是为了抵消哈曼山旅游业发展的影响。

文化地位

　　在格林纳达，威氏棕翅鸠的生存状况受到学校和生态旅游业的高度关注。为了将其从灭绝的边缘拯救回来，人们试图了解它们所面临的困境，并采取一系列的保护措施。2008 年，格林纳达起草了一项长达 10 年的威氏棕翅鸠保育和恢复计划。

　　威氏棕翅鸠的形象有很高的曝光率，并出现在邮票上。

1995年，世界自然基金会在格林纳达发行了一套4枚的威氏棕翅鸠主题邮票。图中的这枚面值75分的邮票就是其中之一。

危地马拉（GUATEMALA）

凤尾绿咬鹃
Resplendent Quetzal, *Pharomachrus mocinno*

咬鹃的羽毛、翡翠、宝石、盐、黑曜石（一种源自火山的天然玻璃）和可可豆都是古玛雅人的货币。因此，凤尾绿咬鹃在危地马拉具有重要的文化和历史意义。它不仅是该国的国鸟，还是该国货币的名称。货币"格查尔"（quetzal）[1] 流通于1925年，每格查尔可分为100分。

凤尾绿咬鹃雄鸟的独特形象以及流线型的华丽尾羽出现在各种纸币上，也是危地马拉国旗和国徽的组成部分。自19世纪末以来，该国发行的数枚邮票都采用了这种鸟的形象。

观赏地点 位于危地马拉城和科万（Coban）之间的凤尾绿咬鹃生态保护区（Quetzal Biotope）是最容易看到这种鸟的地方之一，而最著名的凤尾绿咬鹃观赏点是哥斯达黎加的蒙特维多云雾森林保护区（Monteverde Cloud Forest Preserve）。

---

[1] 格查尔和绿咬鹃的英文是同一个单词quetzal。——译者注

右图：凤尾绿咬鹃是最美丽、最奇特的热带鸟类之一。

● **物种濒危等级：近危**

保护现状： 成鸟数量多达5万只。人们认为，森林砍伐是造成其数量减少的原因。

体型： 体长36~40厘米。

描述： 色彩丰富、外形奇特的物种。雄鸟的羽色十分华丽，并拥有翠绿色的超长尾羽，可以使自身的体长增加65厘米。

食性： 主要以植物果实为食，也捕食昆虫、小型青蛙、蜥蜴和蜗牛。

繁殖方式： 于每年的3~8月繁殖，但在危地马拉的繁殖期是3~5月。在腐烂的树干或树桩上选择较深的洞穴筑巢，窝卵数为1~2枚。在危地马拉，该物种的个体领地面积为6~10平方公里。

分布范围： 墨西哥、危地马拉、萨尔瓦多、尼加拉瓜、哥斯达黎加和巴拿马西部。

生境类型： 潮湿的常绿山地森林、云雾森林、植被繁茂的峡谷和悬崖，以及森林附近的空地、牧场或其他开阔林区。

一只在树洞中筑巢的凤尾绿咬鹃。

文化地位

凤尾绿咬鹃受到玛雅人（Maya）和阿兹特克人（Aztecs）的尊崇。事实上，它英文名中的"格查尔"一词来源于阿兹特克语的 quetzalli，其最初的含义就是尾羽。玛雅文明和阿兹特克文明都将羽蛇神（Quetzalcoatl）尊为一种神性与文化

交 2480 把绿咬鹃的尾羽作为贡品。根据《世界鸟类手册》的描述，假设一把尾羽的数量为 10~50 根，那么阿兹特克人每年要捕捉 6200~31 000 只凤尾绿咬鹃，这样的规模着实惊人。即便人们在取得尾羽后就会把鸟放回野外（在阿兹特克，

这两枚限量版邮票发行于1935年，其上都描绘了凤尾绿咬鹃的形象。

危地马拉的货币也是以凤尾绿咬鹃命名的，格查尔在1925年开始流通。

的力量，它的形象是一个装饰着凤尾绿咬鹃羽毛的蛇头。阿兹特克人相信，羽蛇神会在 1519 年重返人间，成为统治人民的神王。恰好在那一年，西班牙征服者赫尔南·科尔特斯（Hernan Cortes）来到韦拉克鲁斯（Veracruz）。阿兹特克人以为羽蛇神以人类的样貌降临了，便立刻向他献上了用凤尾绿咬鹃羽毛做的头饰。

古代的凤尾绿咬鹃一定比现在更常见。曾经，在阿兹特克境内，5 个拥有山地雨林的省份必须每年上

杀死凤尾绿咬鹃是死罪），但是捕捉和拔毛的过程可能导致许多个体受到严重伤害。

在英国维多利亚时期的几十年里，危地马拉每年要出口 800 只凤尾绿咬鹃，以满足时尚产业对鸟类

羽毛无止境的需求。如今，凤尾绿咬鹃是生态旅游业的宠儿，世界各地的观鸟爱好者们不远万里来到危地马拉，只为在野外一睹这种惊为天人的美丽鸟类。

1998 年，在墨西哥奇琴伊察（Chichen Itza）的库库尔坎神庙（Temple of Kukulkan），美国声学家大卫·路博曼（David Lubman）发现玛雅文明和凤尾绿咬鹃之间存在着古怪而神秘的联系。他发现，当人们在库库尔坎金字塔前的露天广场上拍手，拍击声能在神庙的楼梯间产生异常的回响，其声谱图与凤尾绿咬鹃的鸣叫声十分相似。路博曼表示，"只要楼梯具有足够的声音反射能力，只需一次拍手就能引发鸟鸣般的回音，正如金字塔上进行过人工修复的那两截楼梯。"要在两截未经修复的楼梯之间产生回音则需要更大的声音，比如一群人同时拍手发出的响声。

这尊雕像中刻画的玛雅人佩戴着凤尾绿咬鹃的羽毛，这是其装束的一部分。

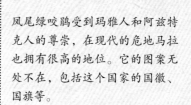

根据路博曼的描述，古代的祭司在库库尔坎神庙主持春分祭典，届时会有许多人前来参与。手段高明的祭司在信众面前向神明发问，然后拍打自己的手掌。于是，拍击声引来了回响于神庙的鸟鸣声。这神似凤尾绿咬鹃鸣叫的回音宛若来自众神的应答，信众们对于祭司的法力就更加深信不疑了……

"玛雅的信徒们只知道祭司发出了拍手声，而凤尾绿咬鹃的鸣叫来自神庙。祭司的发问似乎迅速得到了羽蛇神的反馈，而羽蛇神正是众神的信使。"

考古学家曾对这一说法嗤之以鼻，认为鸟鸣般的回声只不过是"人工修复的产品"。不过，现在有越来越多的证据表明，神庙的设计确实是玛雅人有意为之。路博曼说道："不幸的是，这些考古学家只注重视觉方面的现象，忽视了古代人对于声学的运用。"

凤尾绿咬鹃国家勋章（Order of the Quetzal）是危地马拉政府颁发给本国和外国公民的最高级别荣誉，用以表彰突出的人道主义、公民、艺术和科学成就。

美国罗得岛州布朗大学（Brown University）的人类学家、考古学家和碑铭研究学家斯蒂芬·休斯顿（Stephen Houston）教授正是该荣誉的获得者之一。他对玛雅文明的研究做出了非凡的贡献，并在2011年获得大十字级别的凤尾绿咬鹃国家勋章。休斯顿教授在玛雅遗址的几处主要挖掘点工作过，包括危地马拉的古城彼德拉斯内格拉斯（Piedras Negras）。他通过解读古代玛雅文明留下的碑文，揭示了中美洲的政治和社会制度。

休斯顿教授表示，据他所知，很少有学者能获得这项荣誉，并且也从未有人获得大十字级别的凤尾绿咬鹃国家勋章。他在获奖时说道："为了研究玛雅文明，我在危地马拉待了将近30年。从公元前1000年

凤尾绿咬鹃受到玛雅人和阿兹特克人的尊崇，在现代的危地马拉也拥有很高的地位。它的图案无处不在，包括这个国家的国徽、国旗等。

到现在，这个国家一直是玛雅文明的核心和焦点。因此，危地马拉是我的心之所属，没有任何一个地方能与它相比。"

在危地马拉的国旗上，一只显眼的凤尾绿咬鹃端坐于一幅卷轴之上，上面写着中美洲脱离西班牙统治的独立日期：1821年12月15日。

圭亚那（GUYANA）

麝雉

Hoatzin, *Opisthocomus hoazin*

● **物种濒危等级：低危**

保护现状： 总数量未知，但该物种属于常见鸟类且数量稳定。

体型： 体长62~70厘米。

描述： 鸟类界的摇滚歌手——外形奇特、色彩多样、酷似史前生物，在分类学上为单科单属单种。眼睛红色，脸部具有亮蓝色的裸皮，冠羽细长、呈红褐色，喉部和胸部为浅黄色，下体深褐色且具有白色纵纹，腿部和翅膀为栗红色，长尾羽的末端为白色。雌雄同型。

食性： 严格的植食性鸟类，主要以树叶为食。这是唯一拥有高度专化、类似反刍动物的前肠发酵消化系统的鸟类。亲鸟会用反刍后形成的浓稠液体喂养雏鸟。

40多年前，麝雉被选为圭亚那的国鸟。根据圭亚那旅游局的说法，"它们是最受欢迎和最容易识别的鸟类"。

该国的国徽下方绘有麝雉的图案。圭亚那旅游局的官方标志也是这种鸟。它也出现在数枚邮票上。

繁殖方式： 该物种在雨季繁殖，选择悬垂于水面上的茂密植被，用树枝搭建平台型鸟巢。通常每一窝产2枚卵。育雏工作不仅由高度群居的亲鸟共同完成，还有多名哥哥姐姐的协助。

分布范围： 非常广。分布于南美洲北部的9个国家，包括玻利维亚和委内瑞拉。

生境类型： 低地水道附近的树木、灌木丛和其他植被。

最左图： 麝雉是鸟类世界里的摇滚歌手——一种酷似史前生物的鸟类，哪怕是出现在侏罗纪公园里也丝毫不会显得突兀。

左图： 麝雉拥有一种独特的消化系统，能够把黏糊糊的植物"浓汤"反刍给它的雏鸟。

观赏地点 观赏麝雉的一个著名地点是伯比斯河（Berbice River）及其支流坎赫河（Canje River）。据圭亚那的观鸟网站称，首都乔治城（Georgetown）附近的马哈伊卡河（Mahaica River）有"健康的麝雉种群"。

上图： 照片中的3只麝雉停栖于树枝上，它们那与众不同的羽冠清晰可见。

左图： 飞行能力很差的麝雉被称为"臭臭鸟"，因为它们以树叶为食，令其闻起来像干草或新鲜的牛粪。

文化地位

世界上多数的国鸟都拥有美好的特质——尊贵、强大、优雅，或是歌声优美。然而，我们在麝雉身上完全找不到这些特质。事实上，它的长相怪异，看起来就像一只野鸡，大部分时间都一动不动地窝在一旁消化肚子里的树叶。不仅如此，麝雉爬树的姿势非常笨拙，飞行能力很差，气味也是出奇的难闻，这大概与它特殊的饮食结构和消化系统有关。根据《世界鸟类手册》的描述，没有什么鸟能比麝雉还臭。在圭亚那，麝雉不仅被人们称为坎赫鸡（Canje Pheasant），还有臭臭鸟和臭臭鸡的别名。

圭亚那境内有近 900 种鸟类，超过 100 个国际旅行社将这个国家作为观鸟的热点地区。不论业余爱好者还是专业的鸟类学家，来到圭亚那的人们对麝雉都有着近乎狂热的喜爱。

上图： 1990年，圭亚那发行了一套4枚的鸟类邮票，其中面值60美元的邮票上出现了麝雉的形象。

右图： 圭亚那航空公司（Trans Guyana Airways）在一架飞机的尾翼画上了麝雉。

73

海地（HAITI）

伊岛咬鹃
Hispaniolan Trogon, *Priotelus roseigaster*

● **物种濒危等级：近危**

保护现状： 该物种由于栖息地的丧失和退化而处于近危状态。全球数量未知，但正处于下降态势。

体型： 体长27~30厘米。

描述： 一种色彩丰富的美丽鸟类。喙黄色，眼睛橙色，头顶和上半身为绿色，喉部、胸部和上腹部为灰色，下腹部红色。

食性： 主要以昆虫为食，也取食植物果实和小型蜥蜴。

繁殖方式： 通常在拉美啄木鸟（*Melanerpes striatus*）的废弃巢洞中繁殖，每一窝产2枚卵。

分布范围： 仅分布于海地和多米尼加共和国。该物种是伊斯帕尼奥拉岛上唯一的一种咬鹃，也是整个加勒比地区仅有的两种特有咬鹃之一。

生境类型： 偏好森林山地。

尽管伊岛咬鹃是海地的国鸟，但它在该国境内并没有太高的关注度。海地"博爱项目"（Renmen Project）采用伊岛咬鹃的形象作为标志，该项目旨在为联合国儿童基金会的地震后儿童保护项目（Haiti Earthquake Children's Appeal）筹集资金。为了支持这项计划，插画家山姆·吉尔比（Sam Gilbey）绘制了伊岛咬鹃的限量版画作。

观赏地点 人们可以在3个重点鸟类区域找到伊岛咬鹃。其中，乌康尼松（Aux Cornichons）位于拉维西特国家公园（Parc National La Visite）的塞勒峰（Massif de la Selle），布恩缪基先（Bois Musicien）位于奥特山（Massif de la Hotte）的马卡亚生物圈保护区（Macaya Biosphere Reserve）西南边缘，乌杰布鲁顿（Aux Diablotins）位于拉维西特国家公园的北部边界。

上图： 伊岛咬鹃的羽色宛若调色盘。该物种在洞穴中筑巢，是加勒比地区仅有的两种咬鹃之一。

左图： 1969年，海地发行了两枚以伊岛咬鹃为主题的鸟类邮票。其中一枚的面值为10分，另一枚为50分。

文化地位

国际鸟盟将海地称为"世界上环境退化最严重、人口最密集的国家之一"，伊岛咬鹃也处于生存环境不断恶化的压力之下。事实上，尽管伊岛咬鹃拥有国鸟的地位，但它仍然会遭到捕杀。

伊岛咬鹃的形象曾出现在海地发行的邮票上。

洪都拉斯（HONDURAS）

金刚鹦鹉

Scarlet Macaw, *Ara macao*

金刚鹦鹉在西班牙语中被称为"拉瓜拉罗亚"（La Guara Roja），而被洪都拉斯的原住民称为"阿普帕尼"（Apu Pauni）。1993 年 6 月 28 日，洪都拉斯全国代表大会将金刚鹦鹉选为国鸟，以提高人们对于该国丰富的鸟类多样性的认识。

观赏地点　由于洪都拉斯的野生金刚鹦鹉已经很少了，许多鸟类爱好者和游客都会前往科潘（Copán Ruinas）金刚鹦鹉山鸟类公园和自然保护区（Macaw Mountain Bird Park and Nature Reserve）。在那里，人们可以近距离观赏被救助或捐赠的金刚鹦鹉。该保护区认为，金刚鹦鹉和公园里的其他鸟类都是"地区性瑰宝"，为游客提供了"全面了解洪都拉斯的鹦鹉和巨嘴鸟的机会"。

● **物种濒危等级：低危**

保护现状：确切数量未知。据估计，野生成年个体只有 2 万 ~5 万只。由于栖息地的丧失和偷猎，总数量正在下降。该物种有 2 个亚种，其中亚种 *A. m. cyanoptera* 分布于洪都拉斯。尽管其保护现状还未被世界自然保护联盟正式认定，但该物种应处于受威胁状态。洪都拉斯可能只剩下 200 只左右的金刚鹦鹉。

体型：体长 84~89 厘米。

描述：一种色彩艳丽的大型鹦鹉。通体为红色、蓝色和黄色，具有一块脸部裸皮。白色的喙异常醒目，尾部长而尖。洪都拉斯的亚种与指名亚种的不同之处在于，其翼上的黄色覆羽末端为蓝色，而且没有分隔蓝黄部分的绿色翼斑。

食性：果实、种子、花和花蜜。

繁殖方式：在天然的大型树洞中筑巢，每一窝产 2~4 枚卵。

分布范围：很广。该物种原产于 19 个中美洲和南美洲国家，但中美洲的亚种只分布于墨西哥南部到尼加拉瓜的地区。

生境类型：低地雨林和稀树草原，曾出现在洪都拉斯境内海拔 1100 米处。集群栖息。

最左图：为了获得身体所需的钠元素，一对金刚鹦鹉正在舔舐泥土。

左图：飞舞的金刚鹦鹉为天空增添了一抹最艳丽的色彩。

文化地位

金刚鹦鹉在玛雅人中备受喜爱和尊敬，从公元 2 世纪开始，它们被广泛地应用在艺术创作当中。洪都拉斯的科潘考古遗址公园（Parque Arqueólogico Ruinas de Copán）是联合国教科文组织认定的世界遗产地，曾被誉为新世界的雅典。这里有世界上最好的鹦鹉雕像。科潘雕塑博物馆（Sculpture Museum of Copan）由政府管理，定期举办展览。展品中有石雕的鹦鹉头像、球场标记物，以及飞翔的金刚鹦鹉雕塑。

玛雅人非常热爱身边的鸟类。他们不仅被美丽的羽毛和优美的歌声所吸引，更为鸟类飞行的能力所着迷。金刚鹦鹉和凤尾绿咬鹃的羽毛可作为传统服装的饰物，具有很高的价值，是贸易中炙手可热的商品。

大量的金刚鹦鹉被贩卖到世界各处，人们甚至在美国科罗拉多州的普韦布洛民居（Pueblo）遗址中发现了它们的骨骼。另外，玛雅人似乎还把金刚鹦鹉带到了墨西哥的奇瓦瓦（Chihuahua）进行饲养，这离它们的原始栖息地至少有 700 公里。有人提出，人工繁殖和贩卖的金刚鹦鹉能在旱季尾声作为祈雨的祭品。

多年来，世界鹦鹉信托基金会（World Parrot Trust）进行了一系列关于金刚鹦鹉的研究和保护工作。获得博斯橙标（Boss Orange）[①] 的赞助之后，该基金会联合金刚鹦鹉山

① 博斯橙标来自德国，是雨果博斯（Hugo Boss）旗下的休闲服饰品牌。
——译者注

一座金刚鹦鹉石雕的特写，该雕塑位于洪都拉斯科潘的玛雅遗址。

鸟类公园和自然保护区、洪都拉斯人类学研究院（Honduran Institute of Anthropology）和科潘协会（Copan Association），制定了让金刚鹦鹉重返科潘遗址公园的计划。2011 年，公园内开放了喂食和放生设施，该地区数千名在校儿童接受了相关的生态教育。还有一群被放归的金刚鹦鹉生活在首都特古西加尔巴的南部。

劳拉基姆·乔伊纳博士（Lora-Kim Joyner）是拉斐波野生动物保护组织（Lafeber Conservation and Wildlife）和同一个地球协会（One Earth Conservation）的负责人，他与同事们正在拯救生活于蚊子海岸（Mosquito Coast）最东边的金刚鹦鹉。参与其中的有来自洪都拉斯林业部门的赫克托·博蒂略·雷耶斯（Hector Portillo Reyes）和玛利亚·尤金妮亚·蒙德拉贡·亨（Maria

研究人员正在测量一棵高大的松树，以便了解金刚鹦鹉所需的巢址大小。

Eugenia Mondragon Hung），以及鲁斯鲁斯（Rus Rus）、玛比塔（Mabita）和拉莫斯齐提亚（La Moskitia）几个原住民的村庄。目前的工作包括种群数量监测、巢址研究和保护。2003年，美国的"生而自由基金会"（Born Free USA）在这里出资建立了一座生物研究站，并热烈欢迎各界的捐款。该组织表示，一座成功的研究站不仅能够保障金刚鹦鹉的健康生活，也能保护其所在的雨林栖息地，守护其他野生动物的家园。他们还补充道，金刚鹦鹉正遭受着森林砍伐和偷猎的持续威胁。

当地原住民的领袖托马斯·曼萨纳雷斯（Tomas Manzanares）在保护公有土地时曾遭遇4次枪击。乔伊纳博士提道，对于当地人来说，穿行于祖先留下的松树草原和森林是一件令人惧怕的事情，但他们会为了金刚鹦鹉而义无反顾。

从盗猎者手中收缴的大量鹦鹉雏鸟已经被保护人员养大，并最终放归野外。

金刚鹦鹉山鸟类公园和自然保护区位于洪都拉斯西部高地，它的标志采用了金刚鹦鹉的形象，洪都拉斯境内发行的邮票也是如此。

上图： 一对从偷猎者手中救下的鹦鹉雏鸟。在放归野外之前，它们会在研究人员的照料下长大。

上图： 乔伊纳博士和研究站团队在洪都拉斯的莫斯齐提亚进行金刚鹦鹉的保护工作。

左图： 莫斯齐提亚的村民也参与到金刚鹦鹉的保护当中，图为村民们救助的一只亚成鸟。

右图： 2001年，美国发行了一套4种面值的鸟类邮票，金刚鹦鹉正是其一。

匈牙利（HUNGARY）

大鸨

Great Bustard, *Otis tarda*

● **物种濒危等级：易危**

保护现状： 自20世纪60年代中期以来，欧洲及其他地区的大鸨数量大幅下降。该物种面临的威胁包括栖息地的丧失和退化、电线造成的意外伤亡、鸟巢被农业机械破坏、鸟蛋和幼鸟遭到捕食，以及雏鸟的食物不足。成年个体的总数量约为45 000只。

体型： 世界上最重的飞行鸟类。雄鸟体长105厘米，体重5.8~18千克；雌鸟75厘米，体重3.3~5.3千克。雌鸟的体型和体重都小于雄鸟。

描述： 雄鸟的上体为棕色和黑色，下体为白色，头部和颈部为灰色，具有红褐色胸带。雌鸟的颜色比雄鸟黯淡一些。

大鸨、白鹳和猎隼都在匈牙利具有相当高的知名度。不过，出于种种原因，它们似乎都不是该国的官方或非官方鸟类象征。在这3个物种当中，大鸨是自然保护的重要标志，吸引了许多观鸟爱好者来到匈牙利。因此，本节内容将对其进行详细介绍。

食性： 草、豆科植物、无脊椎动物等。

观赏地点 匈牙利共有10个大鸨繁殖种群，最重要的一个位于基什孔沙戈（Kiskunsag），那里约有550只大鸨，占该国总数的三分之一。第二大种群约有500只，位于德瓦万亚平原（Devavanyai Plain）。

繁殖方式： 在地面产卵，窝卵数为2~3枚。在匈牙利，大鸨选取的巢址通常在小麦地或苜蓿地中。

分布范围： 分布于多个国家，包括英国、希腊、葡萄牙、阿富汗、格鲁吉亚、俄罗斯和中国。该物种原产于近40个国家，在包括匈牙利在内的15个欧洲国家繁殖。东部的种群为迁徙候鸟，其他地区的部分种群为留鸟。

生境类型： 主要为平坦、轻微起伏、阶梯式的草原和农田，也经常出没于伊利比亚西南部的软木橡树林和橄榄树林。

左图： 在过去，大鸨常常是欧洲贵族餐桌上的一道美食。

左图： 到了交配季节，雄性大鸨会向雌鸟做出炫耀行为，将身上的羽毛抖动得蓬松起来，并鼓起颈部的气囊。它们的求偶炫耀通常发生在"求偶场"。

上图： 1971年，世界狩猎博览会（World Hunting Exhibition）系列邮票上绘有大鸨的形象。

右图： 匈牙利鸟类和自然保护协会的标志也采用了大鸨的图案。

文化地位

大鸨在匈牙利语中的名字是"图佐克"（Tuzok），在国内具有很高的地位，并出现在一些古老的谚语中。例如，匈牙利有一句老话："今天的麻雀好过明天的大鸨。"

过去，人们将大鸨作为优质的猎禽，它们的肉曾是欧洲贵族餐桌上的一道美味佳肴。如今，在大鸨分布的所有地区，政府都已经明令禁止对它们的捕杀。匈牙利从1970年开始正式对大鸨进行立法保护。

匈牙利鸟类和自然保护协会（Hungarian Ornithological and Nature Conservation Society）的标志上绘有大鸨的形象。该协会是国际鸟盟在匈牙利的分部。

针对西古北界的大鸨种群，国际鸟盟代表欧盟委员会起草了一份国际行动计划，要求至少将大鸨的数量恢复到1979年的水平。这份文件称，近42年来，繁殖于匈牙利的大鸨不断减少，2009年的数量仅有1582只。

在2012年版的《英国鸟类》（British Birds）中，匈牙利鸟类和自然保护协会的盖尔盖伊·卡罗伊·科瓦奇（Gergely Karoly Kovacs）发表了一篇文章，题为《匈牙利的大鸨》（The Great Bustard in Hungary）。他在文中指出，许多喜爱大鸨的观鸟者来到匈牙利，生态友好型的旅游产业不仅有利于保护工作，也促进了当地的经济发展。

科瓦奇说，尽管大鸨不是匈牙利的国鸟，但它在自然保护者的心目中有很重要的地位。白鹳是该国另一种家喻户晓的鸟类，而猎隼在1100—1200年前就被原住民部落视为神圣的象征。在匈牙利语中，猎隼被称为图鲁尔（Turul）。据传说，图鲁尔遇见一位名为埃迈谢（Emese）的女子，趁其入睡时与之交配，他们生下的孩子正是匈牙利人的祖先。后来，图鲁尔的形象变成了秃鹫一般的凶狠模样。

多年来，大鸨出现在多张匈牙利邮票上，包括1994年世界自然基金的鸨科（Otididae）鸟类系列和2001年的国家公园系列。

冰岛（ICELAND）

矛隼

Gyrfalcon, *Falco rusticolus*

● **物种濒危等级：低危**

保护现状： 全球约有 11 万只成年个体。据认为，该物种的数量在总体上是稳定的（北美在 40 年间增长了 331%）。

体型： 为世界上最大的隼，体长 48~60 厘米。雌鸟的体型和体重都比雄鸟大，有些雌性个体的羽色较深。

描述： 体大、翼宽的隼，飞行能力极强，羽色变化很大。

食性： 主要在地面或飞行中捕食鸟类和哺乳动物。在冰岛，该物种的主要食物为岩雷鸟（*Lagopus muta*）。

繁殖方式： 在欧洲，多达三分之一的矛隼在冰岛繁殖。据估计，即便是在食物充足的年份，脆弱的冰岛种群也只有 400 对繁殖个体。该物种通常在悬崖或其他鸟类（尤其是渡鸦）的旧巢中繁殖，每一窝产 3~4 枚卵。

分布范围： 分布于北极圈附近和亚北极地区，从阿拉斯加一直到西伯利亚。部分地区的矛隼为候鸟，而另一些地区的矛隼为留鸟或部分迁徙。冰岛种群为留鸟，但亚成鸟会在大范围内游荡，甚至在冬季末出现于沿海地区。

生境类型： 悬崖、岩石海岸、近海岛屿、陡峭的高地、开阔的乡村和农田，海拔范围从海平面到 1500 米左右。

　　一直以来，矛隼深受鹰猎人士的尊崇，这种鸟也是献给王室的尊贵礼物。1903 年，丹麦国王下令，以矛隼为原型来设计冰岛的国徽。因此，该国的国徽上有一只蓝天背景下的白鸟。这只鸟被誉为"国王的珍宝"，人们认为，它比冰岛的鳕鱼更有资格成为该国的象征。

　　虽然矛隼国徽的使用时间很短（该国于 1919 年采用了一种没有矛隼形象的新国徽），但在 1920 年，这只标志性的猛禽又出现在了冰岛王室的旗帜上。19 世纪和 20 世纪初，冰岛独立运动的非官方旗帜也绘有该物种。

　　1944 年，在冰岛共和国成立之前，人们就曾讨论过矛隼是否应该重新出现在国徽上。后来，大家一致决定不做任何修改。

　　冰岛的数枚邮票都刻画了矛隼的形象，其中包括发行于 1930 年的冰岛议会一千周年纪念邮票，与世界自然基金会在 1992 年合作发行的一套

左图：矛隼是一种凶猛且飞行速度极快的掠食者，主要捕食岩雷鸟。

左下图：矛隼是世界上体型最大的隼。图中的矛隼刚刚猎杀了一只鸽子。

邮票，以及发行于 2004 年、纪念冰岛建立地方自治一百周年的邮票。

矛隼也出现在冰岛的多张纸币上——要么是纸币本身的图案，要么作为古老的"白鸟国徽"的一部分。

观赏地点 冰岛北部的米湖（Lake Myvatn）是夏天寻找矛隼的好地方，常有几对矛隼在那里捕猎。

文化地位

矛隼一直是鹰猎活动中的重要角色，在饲养、繁殖和放归人员心目中占据着特殊的地位。它在中世纪甚至代表了贵族阶级，只有国王才有资格猎捕矛隼。现在，人们对矛隼的需求量依然很大，它的价格也一直居高不下。

对于冰岛和丹麦的国王克里斯蒂安十世（King Christian X）来说，矛隼无疑是一种非常特别的鸟。20世纪中期，这位国王下令在冰岛的皇家旗帜上画出矛隼的图案。1921年，他设立了猎鹰勋章（Order of the Falcon），用以表彰臣民的功绩。猎鹰勋章有 5 个级别，由低到高分别为：骑士十字（Knight's Cross）、中校十字（Commander's Cross）、带星中校十字（Commander's Cross with Star）、大十字（Grand Cross）和带星大十字（Chain with Grand Cross Breast Star）。最高级别的勋章仅赋予国家元首。冰岛总统也是最高级别荣誉的获得者，他在每年的 1 月 1 日和 6 月 17 日向冰岛公民颁发猎鹰勋章。任何一个有贡献的男人或女人都可能获得猎鹰勋章的提名。勋章上，蓝色背景下的白色矛隼构成了十字架的中心。

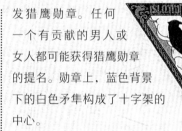

上图：图为1930年冰岛发行的两枚矛隼邮票之一。

左图：在冰岛的都皮沃古尔（Djupivogur），34枚用花岗岩制成的鸟蛋石雕排成一列，其中也有矛隼的鸟蛋。

印度（INDIA）
蓝孔雀
Indian Peafowl, *Pavo cristatus*

● **物种濒危等级：低危**

保护现状： 全球数量尚未明确，但该物种在当地十分常见。

体型： 体长180~230厘米。雄鸟比雌鸟大。雄鸟的华丽长尾有140~160厘米。

描述： 雄鸟色彩鲜艳，头部和胸部为蓝色，腹部白色，铜绿色的尾羽上点缀着大量眼斑，头顶有冠羽。

食性： 杂食。以谷物、水果、昆虫、小型哺乳动物和爬行动物为食。

繁殖方式： 通常在灌木丛中筑巢，每一窝产3~6枚卵。

分布范围： 非常广。原产于孟加拉国、不丹、印度、尼泊尔、巴基斯坦和斯里兰卡，后被引入各个国家，包括澳大利亚、英国和美国。

生境类型： 常出没于各种环境，包括河流附近的森林灌木丛、次生植被和耕地。

几千年来，蓝孔雀在印度次大陆上备受尊崇。1963年，它被选为印度的国鸟，受到法律保护。该物种在梵语中被称为"玛尤拉"（Mayura）。蓝孔雀的形象被广泛应用于各种标志，并经常出现在印度的艺术品中，包括陶器、绘画、雕塑、金属器皿、珠宝、纺织品和象牙制品。

观赏地点 作为一种常见且广布的鸟类，蓝孔雀并不难寻。它经常出没于城镇和村庄附近的耕地。

最左图： 与蓝孔雀雄鸟的华丽色彩相比，雌鸟和雏鸟简直是单调乏味。

左图： 蓝孔雀的长尾由尾上覆羽组成。当尾部呈扇形展开时，可用于吸引雌鸟。

文化地位

根据古老的梵文史诗《罗摩衍那》（Ramayana）记载，神王帝释天（Indra）未能击败印度教中全副武装的多头恶魔罗波那（Ravana），于是躲到孔雀的翅膀下寻求庇护。为表示感激，帝释天送出 1000 只眼睛，装点在雄性孔雀的长尾上。在另一个版本的传说中，帝释天自己变成了一只孔雀。

卡尔凯蒂耶（Karttikeya）是约德希亚（Yaudheyas）[1]的主神，常与

乌代普尔城市宫殿（City Palace of Udaipur）中的孔雀装饰。

金币，背面的图案是卡尔凯蒂耶坐在孔雀的背上，正面则是他正在喂孔雀。

除了卡尔凯蒂耶外，孔雀也与许多其他的印度教神明有关。在印度文明的悠久历史中，硬币、诗歌、音乐和寺庙装饰都少不了孔雀的身影。

17 世纪，莫卧儿帝国（Mughal）的君主沙·贾汗（Shah Jahan）建造了孔雀王座（Peacock Throne），但在 1739 年被波斯人从德里偷走。据说，这是有史以来最华丽的王座之

阿朱那之舞（Arjuna Nritham）是印度喀拉拉邦（Kerala）寺庙中的祭祀舞蹈。舞蹈服装的特色在于裙摆上的孔雀羽毛。

战争、武器和狩猎联系在一起。鸠摩罗·笈多一世（Kumara Gupta I，415—450 年）在位期间发行了一枚

---

[1] 约德希亚是存在于公元前 5 世纪到公元 4 世纪印度北部的军事联盟。
——译者注

一，由两扇镀金的孔雀羽毛构成，上面布满了珐琅和宝石。

作为骄傲、优雅和美丽的象征，孔雀以其惹人注目的求偶舞蹈而闻名。求偶时，雄性孔雀竖起并打开自己的扇形尾巴，以吸引外表平淡无奇的雌鸟。

19 世纪中期，印度人把早晨互相拜访的惯例叫作"雀访"（to peacock）。把人称为"孔雀"则意

味着他们非常骄傲或自负，而"孔雀般的"（peacockery）一词用来形容喜欢炫耀、自以为是和装腔作势的人。

克里希那·拉尔（Krishna Lal）从小就对蓝孔雀深深着迷。经过长期的研究工作，他撰写了《印度艺术、思想和文学中的孔雀》（Peacock in Indian Art, Thought and Literature）。这本书在 2006 年由新德里的阿比纳夫出版社（Abhinav Publications）出版。

不论是古代还是现代，蓝孔雀的图案以各种各样的形式被应用于众多物品上，包括硬币、纸钞和邮票，比如笈多王朝（Gupta Dynasty）的第纳尔金币和孔雀王朝（Mauryan Empire）的穿孔银币。

孔雀造型始终受到艺术家们的青睐，右图为 19 世纪早期的焚香炉。

印度各地区的鸟类象征

棕胸佛法僧

安得拉邦　棕胸佛法僧

Indian Roller, *Coracias benghalensis*

就像其余 12 种佛法僧一样，棕胸佛法僧也是一种美丽的鸟类，为农田、种植园、棕榈树和其他栖息地增添了灵动的色彩。

阿鲁纳恰尔邦　双角犀鸟

Great Hornbill, *Buceros bicornis*

由于栖息地的丧失和退化，以及捕猎者的迫害，双角犀鸟的数量正在以较快的速度下降，处于近危的状态。

阿萨姆邦　白翅栖鸭

White-winged Duck, *Asarcornis scutulata*

该物种为濒危鸟类。

比哈尔邦　家麻雀

House Sparrow, *Passer domesticus*

2013 年，比哈尔邦宣布濒危的家麻雀取代棕胸佛法僧，成为该邦的鸟类象征。

昌迪加尔　灰犀鸟

Indian Grey Hornbill, *Ocyceros birostris*

灰犀鸟是一种灰白色的小型犀鸟，且分布范围非常广。

恰蒂斯加尔邦　鹩哥

Common Hill Myna, *Gracula religiosa*

鹩哥是亚洲最受欢迎的宠物之一，因为它能模仿人类说话和其他的声音。在有鹩哥分布的国家，已经有约 17 万只野生个体被捕捉并出口。

德里　家麻雀

House Sparrow, *Passer domesticus*

2012 年，当地政府的行政部长宣布家麻雀成为德里的官方鸟类象征。曾经，德里的家麻雀十分常见；如今，该物种的数量正在逐渐下降。在某种程度上，政府的决议也是为了唤起人们对这一现象的重视。

果阿邦　黑冠黄鹎

Black-crested Bulbul, *Pycnonotus flaviventris*

尽管黑冠黄鹎被列为低危物种，但人们认为它的种群数量正在减少。

古吉拉特邦　大红鹳

Greater Flamingo, *Phoenicopterus roseus*

大红鹳是体型最大的一种红鹳。

哈里亚纳邦　黑鹧鸪

Black Francolin, *Francolinus francolinus*

黑鹧鸪的分布范围极广。

喜马偕尔邦　黑头角雉

Western Tragopan, *Tragopan melanocephalus*

黑头角雉仅分布于印度和巴基斯坦部分地区的高海拔森林。该物种仅有 3300 只左右的成年个体，分布范围小且种群分散，因此被人们列为易危物种。

贾坎德邦　噪鹃

Asian Koel, *Eudynamys scolopaceus*

噪鹃是一种尾部较长的大型杜鹃。指名亚种的雄鸟呈蓝黑色，并具有金属光泽。许多印度诗歌都描写过噪鹃。

卡纳塔克邦　棕胸佛法僧

Indian Roller, *Coracias benghalensis*

喀拉拉邦　双角犀鸟

Great Hornbill, *Buceros bicornis*

拉克沙群岛　乌燕鸥

Sooty Tern, *Onychoprion fuscatus*

乌燕鸥是一种引人注目、羽色黑白相间的鸟，尾部具有很深的分叉。它也是所有海鸟中最常见的一种，其全球数量估计超过 2500 万对。

中央邦　印缅寿带

Indian Paradise Flycatcher, *Terpsiphone paradisi*

印缅寿带有多重羽色变化，雄鸟具有很长的尾羽。

马哈拉施特拉邦　绿皇鸠

Green Imperial Pigeon, *Ducula aenea*

曼尼普尔邦　黑颈长尾雉

Mrs. Hume's Pheasant, *Syrmaticus humiae*

这种花纹独特的雉类正在减少，已被列为近危物种。其成年个体的数量只有 6000~15 000 只。

梅加拉亚邦　鹩哥

Common Hill Myna, *Gracula religiosa*

米佐拉姆邦　黑颈长尾雉

Mrs. Hume's Pheasant, *Syrmaticus humiae*

印缅寿带

那加兰邦　灰腹角雉

Blyth's Tragopan, *Tragopan blythii*

在所有角雉中，灰腹角雉的体型是最大的，也可能是最稀有的。由于数量稀少、分布零星且处于减少态势，人们将其列为易危物种。在印度东北部，森林砍伐是灰腹角雉面临的主要威胁。

奥里萨邦　棕胸佛法僧

Indian Roller, *Coracias benghalensis*

本地治里　噪鹃

Asian Koel, *Eudynamys scolopaceus*

据报道，噪鹃在 2007 年被本地治里认定为该地的鸟类象征。

旁遮普邦　苍鹰

Northern Goshawk, *Accipiter gentilis*

苍鹰是一种凶猛的大型猛禽，在旁遮普邦被称为"巴兹"（Baaz）。

拉贾斯坦邦　黑冠鹭鸨

Great Indian Bustard, *Ardeotis nigriceps*

黑冠鹭鸨是一种极度濒危的鸟类，主要生活在拉贾斯坦邦。据估计，成年个体的数量不超过 250 只。这种鸟棕白相间，头部和翼上有黑色斑纹，其种群数量下降得非常快。

绿翅金鸠

棕尾虹雉

锡金邦　血雉

Blood Pheasant, *Ithaginis cruentus*

血雉分布于喜马拉雅山和中国的部分山地，栖息于森林、竹林和高山灌木丛。在其分布的大部分地区，血雉的数量都正在减少。

泰米尔纳德邦　绿翅金鸠

Common Emerald Dove, *Chalcophaps indica*

绿翅金鸠的羽色十分艳丽，它们主要生活在森林中，以种子和掉落的果实为食。

特里普拉邦　绿皇鸠

Green Imperial Pigeon, *Ducula aenea*

绿皇鸠经常出没于各种生境，包括潮湿的常绿阔叶林、干燥的季风森林、可耕地、红树林和水椰（*Nypa fruticans*）沼泽。

北阿坎德邦　棕尾虹雉

Himalayan Monal, *Lophophorus impejanus*

北方邦　赤颈鹤

Sarus Crane, *Antigone Antigone*

赤颈鹤分布于印度、尼泊尔、巴基斯坦的北部和中部地区。该物种的数量正在迅速减少。北方邦是赤颈鹤的大本营，在 2008 年，当地的数量估计超过 8000 只。

西孟加拉邦　白胸翡翠

White-throated Kingfisher, *Halcyon smyrnensis*

这种中等体型的翠鸟主要以陆生昆虫为食。

白胸翡翠

印度尼西亚（INDONESIA）

爪哇鹰雕

Javan Hawk-Eagle, *Nisaetus bartelsi*

印度尼西亚的国徽应用于 1950 年，其图案是神话中的一只金色神鹰，名为"迦楼罗"（Garuda）。印度教和佛教的神话都曾描述过这只神鹰。据说，该国徽的设计灵感来源于爪哇鹰雕。

1993 年，爪哇鹰雕成为印度尼西亚的国家珍稀动物（National Rare/ Precious Animal），即该国的国鸟。自那时起，它的形象出现在各种各样的物品上，包括邮票、广告横幅和电话号码簿封面。

观赏地点 爪哇鹰雕广布于爪哇的大部分地区，但在爪哇北部的大部分地区都没有记录。这一物种曾出现在西爪哇省的哈利蒙－萨拉克山国家公园（Mount Halimun Salak National Park）和盖德－庞朗奥山国家公园（Mount Gede Pangrango National Park）。哈利蒙－萨拉克山坐拥西爪哇最大的山地雨林，而盖德－庞朗奥山是印度尼西亚境内游客最多的国家公园。

2011 年，东爪哇省巴图市的大索尔霍森林公园（Grand Soerjo Forest Park）中也有两对爪哇鹰雕（1997 年大约有 6 对）。

● **物种濒危等级：濒危**

保护现状： 野外仅剩 600~900 只成年个体。由于人口不断增长所带来的栖息地退化和破坏，以及宠物贸易造成的盗猎，爪哇鹰雕的种群数量正在逐渐下降。

体型： 体长 56~60 厘米。

描述： 一种外形独特的猛禽，具有醒目、威武的黑色羽冠。冠羽末端发白，常笔直竖立。雄鸟上体深棕色，下体发白且带有红褐色条纹。头部和颈部为栗色，灰褐色的尾部较长并带有横纹。

食性： 主要以小型哺乳动物为食（例如树鼩、蝙蝠、松鼠、老鼠和其他啮齿动物），以及一些鸟类、蛇和蜥蜴。

繁殖方式： 在树上用树枝和树叶筑造大型鸟巢，通常每一窝产 1 枚卵。

分布范围： 仅分布于爪哇岛。

生境类型： 主要为热带雨林。

印度尼西亚国徽的设计灵感很可能就来自爪哇鹰雕。该物种的雄鸟主要为棕色，与传说中的金色神鹰迦楼罗高度一致。

文化地位

爪哇鹰雕被印度尼西亚政府评定为国家珍稀动物，表明这种罕见且濒危的猛禽受到了前所未有的关注，并使它成为各种保护项目的焦点。然而，公众保护意识的缺位导致鸟类贸易的需求日益增加。据报道，每年鸟类市场上都有 30~40 只爪哇鹰雕被出售，真实的数字可能还要高得多。

根据文森特·尼曼（Vincent Nijman）、克里斯·谢泼德（Chris Shepherd）和 S. 范·巴伦（S. van Balen）于 2009 年在《羚羊》（*Oryx*）上发表的论文，国家珍稀动物的称号反而阻碍了爪哇鹰雕的保护工作。在印尼总统做出声明之前，爪哇鹰雕是世界上最不为人所知的猛禽之一。1993 年，该决议由总统苏哈托（Suharto）宣布，他的本意是提高爪哇鹰雕的知名度，进而促进对其的保护。然而，不怀好意的收藏家和动物园从中嗅到了利益的味道。

这项评定宣布之后，私人非法持有的爪哇鹰雕是否被送入了动物园和鸟类公园？动物园和收藏家是否会为了牟利而加大对爪哇鹰雕的需求，从而导致更多个体被猎捕？这些问题的答案我们不得而知。如果后者的假设是成立的，那么这项评定确实会对该物种的生存带来危机。

尼曼等人列出了几条限制鸟类贸易的建议：

- 只允许少数获得授权的动物园或鸟类公园展览爪哇鹰雕；
- 每只笼养的爪哇鹰雕都需要信息登记，并植入微芯片；
- 对鸟类交易市场进行定期检查；
- 没收非法交易中缴获的爪哇鹰雕，并起诉商贩；
- 对公众进行宣传教育：购买或饲养保护动物是非法行为。

印度尼西亚的国徽是古印度神话中的神鸟迦楼罗，它通体金色，胸前是一面带有纹章的盾牌。

印度尼西亚环保协会是致力于保护印尼森林和野生动物的非营利性组织。该组织希望在东爪哇的大索尔霍森林公园发起一场保护爪哇鹰雕的活动，但在计划起草之时他们仍未获得任何支持。不过，他们总是在中小学、高校和其他公共场所的宣传材料中应用爪哇鹰雕的形

上图： 1993 年，印度尼西亚发行了一套6种面值的环境保护系列邮票，其中一枚描绘了爪哇鹰雕。

左图： 国有航空公司印尼鹰航（Garuda Indonesia）采用了神鸟迦楼罗的名字，它与爪哇鹰雕实际上是同一种鸟。

象，例如海报和手册。

新几内亚岛上的西巴布亚省（Papua Barat）也属于印度尼西亚，该省的官方标志采用了鹤鸵的图案，却没有具体明确是3种鹤鸵中的哪一种。尽管栖息地有所差异，3种鹤鸵在新几内亚岛上都有分布。它肯定不是侏鹤鸵（*Casuarius bennetti*），只能是双垂鹤鸵（*Casuarius casuarius*）和单垂鹤鸵（*Casuarius unappendiculatus*）中的一种。虽然官方标志上的图案有些抽象，但与

表了最强大的伊班族（Iban）[①]主神之一——战神辛亚朗·布隆（Singalang Burong）。砂拉越州是著名的犀鸟之乡，该州的州徽上绘有一只犀鸟，官方说法是双角犀鸟，但看起来似乎更像马来犀鸟。

---

① 伊班族是婆罗洲原住民达雅克人（Dayak）中的一支，主要分布在马来西亚的砂拉越州与印尼的西加里曼丹省，是砂拉越州人口最多的民族。——译者注

上图： 这只爪哇鹰雕正在接受禽流感检查。在身体康复、放归野外前，它将留在日惹市红毛猩猩研究中心（Yogyakarta Orangutan Centre）。

左图： 印尼建筑物上的大型迦楼罗雕像。

下图： 这尊印尼雕塑刻画的是印度教神明毗湿奴坐在迦楼罗的背上。

分布在新几内亚北部的单垂鹤鸵最为相似。极危的长冠八哥（*Leucopsar rothschildi*）于1991年成为巴厘岛官方认定的吉祥物。

在邻国马来西亚，砂拉越州（Sarawak）的州鸟是马来犀鸟（*Buceros rhinoceros*），象征着力量和勇气，代

以色列（ISRAEL）

戴胜

Eurasian Hoopoe, *Upupa epops*

● **物种濒危等级：低危**

保护现状：尽管全球约有500万只成年个体，但由于栖息地的丧失和过度捕猎，戴胜的数量正在不断减少。

体型：体长26~32厘米。

描述：戴胜的外形不太可能与其他鸟类混淆。指名亚种的雄鸟具有弯曲的长喙、直立的羽冠、黑白相间的双翼和尾部，以及沙色的头部和身体。雌鸟的颜色更浅，体型较小。该物种有多个亚种，其中两个亚种被一些权威人士认为是独立的物种。戴胜一共有9个亚种，指名亚种 *U. e. epops* 分布于以色列。它也常因飞行姿态而被人们称为"蝴蝶鸟"。

食性：主要食物为大型昆虫和体大多汁的幼虫；主要在地面觅食，用长长的喙在土壤中寻找昆虫。

繁殖方式：通常在天然的洞穴中筑巢，比如树洞、墙壁、悬崖或旧建筑物的洞，甚至是闲置的养兔场。窝卵数为4~8枚。

分布范围：极广。分布于世界多个国家和地区，包括中国、印度尼西亚、缅甸、俄罗斯、阿拉伯联合酋长国、地中海地区、欧洲北部和整个非洲。

生境类型：开阔的乡村地带，包括生长着低矮植被且干燥的多石地面、草地、果园、橄榄园、软木橡树林和草坪。

戴胜在以色列被称为"惠法特"（תפיכוד）。2008年，特拉维夫大学（Tel Aviv University）的教授尤西·耶瑟姆（Yossi Yeshem）发起并领导了一项运动，号召人们关注以色列建国60周年来的自然保护问题，并将戴胜评选为该国的国鸟。

观赏地点 尽管戴胜的羽毛与众不同，但它们能像老虎一样与环境融为一体。它们经常在树木之间飞行，或在地面觅食，尤其是在草地上用长喙寻找无脊椎动物。

图中的戴胜成鸟正在用昆虫幼体喂养后代。无脊椎动物是戴胜的主要食物。

最左图： 戴胜雌鸟一窝产8~12枚卵，鸟巢通常隐藏在一堆岩石中。

左图： 戴胜偏爱无脊椎动物和昆虫。它们经常在地面觅食，把长长的喙伸到土壤深处。

文化地位

戴胜在2008年被选为以色列的国鸟。这项评选过程始于2007年12月，1000多名鸟类爱好者聚到一起，列出他们心目中最适合成为以色列象征的鸟类名单。

接着，政府邀请公众进行投票，在10种候选鸟类中选出最喜欢的一种。候选鸟类分别是：仓鸮（Tyto alba）、红额金翅雀（Carduelis carduelis）、优雅山鹪莺（Prinia gracilis）、兀鹫（Gyps fulvus）、黄爪隼（Falco naumanni）、黑胸麦鸡（Vanellus spinosus）、白胸翡翠（Halcyon smyrnensis）、北非橙簇太阳鸟（Cinnyris osea）、白眉黄臀鹎（Pycnonotus goiavier）和戴胜。国鸟应是以色列的留鸟，代表这个国家的品质，并具有犹太族的传统特

一枚发行于2009年的以色列纪念金币，上面刻有戴胜。

点。超过110万人参与了投票，最终的胜者就是戴胜。这场投票被誉为年度最佳活动，赢得了两个重要奖项。

在宣布戴胜的压倒性胜利时，总统西蒙·佩雷斯（Shimon Peres）说，以色列急需"绿色的风景、新鲜的空气，以及五颜六色的美丽鸟类"。许多在过去十分常见的鸟类已经逐渐变得稀少或彻底消失，他对此深表遗憾。佩雷斯还提到，他的票投给了圣经中的兀鹫，并惊讶于鸽子没有进入到候选名单。每年的春天和秋天，约有5亿只鸟迁徙经过以色列。

具有讽刺意味的是，戴胜并不是一种符合犹太教规的鸟。根据《利未记》（Book of Leviticus）的记载，戴胜和其他有翅膀的奇珍异兽（包括老鹰、秃鹫和鹈鹕）都是"可憎、令人嫌恶且不可食用的"。传说中，戴胜能用长长的喙切开石头，当喙断掉之后，它可以用头顶合拢的羽冠来代替。"惠法特"在阿拉米语（Aramaic）[1]里就是"两支鸟嘴"

2010年，以色列发行了3枚鸟类邮票，戴胜也是其中之一。

的意思。

埃塞俄比亚的犹太人把戴胜称为"摩西鸟"（Moses bird），并相信有朝一日这种鸟会带领着他们前往圣城耶路撒冷。

据说，一只戴胜帮助所罗门王（King Solomon）[2]找到了示巴女王（Queen of Sheba）。一群戴胜用双翼保护他免受太阳的伤害。

2009年，为纪念建国61周年，以色列发行了两枚带有戴胜图案的纪念币，这款纪念币有金银两个版本。戴胜的形象也出现在2010年的邮票上。

---

[1] 阿拉米语是耶稣基督时代的犹太人的日常用语。——译者注

[2] 所罗门王是古以色列联合王国第三任君主。——译者注

红嘴长尾蜂鸟

Red-billed Streamertail, *Trochilus polytmus*

红嘴长尾蜂鸟是牙买加的官方鸟类象征，在该国享有很高的知名度。它的形象出现在数枚邮票上，包括 1956 年独立前的面值 6 便士的普通标准型邮票，以及发行于 2004 年、面值 10 美元的国际鸟盟系列邮票。除此之外，1969 年正式发行、1991 年退出市场的 2 美元纸币，以及 1997 年停止流通的 25 分硬币背面都采用了红嘴长尾蜂鸟的图案。它还出现在牙买加航空公司的新标志上。

观赏地点 红嘴长尾蜂鸟遍布于牙买加的大部分地区，在蓝山地区尤为常见。在离蒙特哥贝（Montego Bay）约 5 公里的地方，有一个名为罗克兰鸟类保护区（Rocklands Bird Sanctuary）的著名旅游景点。在那里，红嘴长尾蜂鸟可以停在游客的手指上，从喂食器吸食蜜水。它们经常出没于花园（尤其是那些装有喂食器的后院）和公园，令牙买加的鸟类爱好者倍感欣喜。

● **物种濒危等级：低危**

保护现状： 尽管成年个体的数量未知，但根据《世界鸟类手册》的描述，该物种是一种常见的留鸟。

体型： 雄鸟的体长为 22~30 厘米，其中 13~17 厘米为尾部的长度。

描述： 雄鸟具有十分华丽的外形，身体为色彩斑斓的翡翠绿色，头部黑色，红色的喙末端发黑，黑色的流线型尾部极长且分叉。该物种在飞行时会发出独特的嗡鸣声。

食性： 以花蜜和昆虫为食。

繁殖方式： 全年繁殖。通常在离地面 1~3 米的细树枝上筑巢，用细小的植物材料和蜘蛛网筑造杯状巢，每一窝产 2 枚卵。

分布范围： 牙买加特有种。

生境类型： 可分布于各个海拔的多种栖息地，包括人造环境和小树林。最常见于海拔 1000 米的地方。

与所有蜂鸟一样，红嘴长尾蜂鸟就像一粒闪闪发光的鸟类宝石。

左图：图中的红嘴长尾蜂鸟正悬停于半空中，伸出小巧的长舌头，从一朵娇艳的花中吸食花蜜。

文化地位

牙买加人把红嘴长尾蜂鸟称作"鸟医生"。其中的原因尚不明确，但有一种观点认为，古时候的医生头戴高帽、身披黑色斗篷，与雄性蜂鸟的黑色羽冠和长尾十分相似，因此岛民将红嘴长尾蜂鸟当作医生的象征。

网络上流传着一首民歌《鸟医生》，歌词中写道："蜂鸟是一种聪明且不容易被杀死的鸟。"[①]

根据蕾贝卡·托特洛（Rebecca Tortello）博士的说法，牙买加的泰诺族（Taino）[②]原住民把红嘴长尾蜂鸟称为"神鸟"，认为它们是亡灵的化身。

到了现代，"鸟医生"这个名字在牙买加的各行各业被广泛应用。比如，美国项目管理协会（Project Management Institute）设有牙买加鸟医生分会（Jamaica Doctor Bird Chapter），两艘发电船被命名为"鸟医生一号"和"鸟医生二号"（Dr Bird I & Dr Bird II），一种由水果和奶油芝士糖霜做成的甜品名为"鸟医生蛋糕"（Doctor Bird Cake）。另外，鸟医生也是2011年"食在牙买加"活动（Eat Jamaican Campaign）的吉祥物。

鸟医生陶瓷榨汁器的灵感来源于牙买加的国鸟，它的中央部分是一只蜂鸟的形状，在伊恩·弗莱明（Ian Fleming）所著的詹姆斯·邦德系列短篇小说《只为你的眼睛》（For Your Eyes Only）中也有提及。

凯伦·史密斯·罗斯（Karen Smith-Rose）[③]在诗作《舞动的鸟医生》（Delightful Dancing Dr Bird）中写道，"你在空中舞动：一个跳跃，一个翻转——一场胜利的表演。"

---

③ 凯伦·史密斯·罗斯是出生在宾夕法尼亚州的一名美国作家。——译者注

上图：红嘴长尾蜂鸟出现在牙买加于1956年发行的限量版面值6便士的邮票上。

下图：牙买加的2元纸币上绘有红嘴长尾蜂鸟。

① 歌词的原文是"Doctor Bud a cunny bud, hard bud fe dead"。——译者注
② 泰诺人是加勒比地区主要原住民之一，也是牙买加的主要居民。——译者注

日本（JAPAN）

绿雉

Green Pheasant, *Phasianus versicolor*

●●

　　绿雉在日本被称为"柯几"（キジ）。1947年，日本文部科学省将每年的4月4日定为全国鸟类日（Bird Day）。随后，日本鸟类学会（Ornithological Society of Japan）正式宣布绿雉成为本国的国鸟。

　　观赏地点　绿雉出没于各种环境中，包括一些靠近人类居住区的地方。

● **物种濒危等级：低危**

保护现状：常见且广布于日本群岛的所有主要岛屿上。

体型：雄鸟的体长为75~89厘米，雌鸟的体长为53~62厘米。

描述：雄鸟体色丰富、极具吸引力，头部、喉部和上颈部为带有金属光泽的黑紫色，面部皮肤为鲜红色，下体为蓝绿色。雌鸟通体为暖色调的沙褐色，并带有许多黑色斑纹。该物种共有3个亚种，分别为 *P. v. versicolor*（指名亚种）、*P. v. tanensis* 和 *P. v. robustipes*，全都分布于日本。

食性：主要以植物种子、果实、浆果和坚果为食。

繁殖方式：通常在地面的隐蔽处产卵，窝卵数为6~12枚。

分布范围：日本特有种，被引入北美部分地区，包括夏威夷主岛。在夏威夷，该物种与雉鸡（*Phasianus colchicus*）发生了杂交。

生境类型：农田、公园和其他开阔地带。

文化地位

　　1950年，绿雉的形象出现在一套5枚不同面值的航空邮票上。1984—1993年，10 000日元纸币的背面也装饰着绿雉的图案。

　　冈山绿雉（Fagiano Okayama）是日本冈山市的一个足球俱乐部，其吉祥物的设计灵感也来源于绿雉。

　　不过，丹顶鹤也经常出现在日本的邮票上，有些人认为它才是日本的国鸟。

发行于1984年和1993年的10 000日元纸币描绘了绿雉的形象。

约旦（JORDAN）

西奈淡色朱雀

Sinai Rosefinch, *Carpodacus synoicus*

● 物种濒危等级：**低危**

保护现状： 全球数量尚未明确，但该物种被认为是罕见、不常见或地域性常见的。

体型： 体长14.5~16厘米。

描述： 指名亚种的雄鸟体型紧凑，脸部和上胸为鲜艳的玫瑰色，下体浅粉色，上体沙黄色。相比之下，雌鸟是单调的浅褐色，通常不带一丝粉色。该物种为单型种。

食性： 主要以植物种子、花蕾、嫩芽和树叶为食。

繁殖方式： 在岩石或其他缝隙中筑造大型的杯状巢，通常每一窝产4~5枚卵。

分布范围： 很广。原产于埃及、以色列、约旦和沙特阿拉伯。

生境类型： 干旱的岩石地带或灌木丛生的环境。

西奈淡色朱雀是约旦的国鸟，而雄鸟的颜色与约旦的砂岩景观完美契合。

观赏地点 西奈淡色朱雀是大裂谷边缘南部和瓦地朗姆沙漠（Wadi Rum）的留鸟。约旦皇家自然保护协会（Jordan's Royal Society for the Conservation of Nature）的塔里克·卡内尔（Tariq Kaneir）说："佩特拉古城（Petra）的峡谷和纪念碑是观赏西奈淡色朱雀的最佳之选。"

上图： 佩特拉古城是联合国科教文组织评定的世界遗产，也是观赏西奈淡色朱雀的最佳地点之一。

右上图： 2009年，约旦发行了一套8枚的本土鸟类邮票，西奈淡色朱雀正是其中之一。

文化地位

西奈淡色朱雀是其生境的典型代表。著名的佩特拉古城是联合国科教文组织评定的世界遗产，是纳巴泰人（Natabaeans）[1]在两千多年前用粉色砂岩雕刻而成的。西奈淡色朱雀的雄鸟拥有美丽的粉色羽毛，与佩特拉古城的颜色完美契合。

西奈淡色朱雀的形象出现在约旦于1987年、1997年和2009年发行的邮票上。

① 纳巴泰人是在约旦、迦南的南部和阿拉伯北部营商的古代商人。——译者注

拉脱维亚（LATVIA）

白鹡鸰

White Wagtail, *Motacilla alba*

白鹡鸰拥有令人钦佩的品质，深受人们的喜爱。1960 年，国际鸟类保护委员会将其选为拉脱维亚的国鸟。

Motacilla 是该物种学名的一部分，也是拉脱维亚鸟类学会（Latvijas Ornitologijas Biedriba）所建立的一家公司的名称。该公司旨在促进和发展拉脱维亚的鸟类生态旅游业。

观赏地点　在拉脱维亚，白鹡鸰是一种非常常见的鸟类，出没于各种类型的栖息地，包括花园、城市公园、农田和乡村，尤其是人类居住区周围。

● **物种濒危等级：低危**

保护现状： 据估计，全球成年个体的数量为 5000 万 ~5 亿只。

体型： 体长 16.5~18 厘米。

描述： 该物种有多个亚种，指名亚种 *M. a. alba* 分布于拉脱维亚和欧洲大陆其他地区。指名亚种主要为灰色、白色和黑色，整体颜色比英国和爱尔兰的亚种 *M. a. yarrellii* 更浅。

食性： 以各种陆生和水生无脊椎动物为食，包括苍蝇、蜻蜓、甲虫、蜘蛛、蚂蚁和小型蜗牛；也可取食人类厨余。

繁殖方式： 用小树枝、草茎和其他植物材料筑造杯状巢，以毛发、羽毛或羊毛作为鸟巢的内衬，通常一窝产 3~8 枚卵。

分布范围： 极广，分布于世界大多数地区。

生境类型： 极为多样，包括农田、开阔的乡村、花园、公园，以及其他乡镇和城市环境。

上图： 白鹡鸰还出现在拉脱维亚于 2003 年发行的邮票上。

左图： 拉脱维亚鸟类协会的标志中心是一只白鹡鸰。

文化地位

拉脱维亚鸟类协会的标志就是一只白鹡鸰，该协会是拉脱维亚境内最大的非政府自然保护组织。

利比里亚（LIBERIA）

黑眼鹎

Common Bulbul, *Pycnonotus barbatus*

● 物种濒危等级：**低危**

保护现状：尽管总数量尚未明确，但该物种属于常见鸟类。事实上，它是非洲最常见的鸟类之一。据估计，利比里亚的黑眼鹎数量至少有150万只。

体型：体长15~20厘米。

描述：一种通体棕色的大型鹎科鸟类。其背部、头部、喉部和上胸为灰棕色（头部较暗），腹部为灰白色，喙、眼睛和腿部为黑色。雌雄同型。该物种一共有10个亚种。无论是《世界鸟类手册》，还是国际鸟盟的数据库，都没有对分布于利比里亚的亚种进行明确的认定。《世界鸟类手册》第10卷提到，该物种需要进一步的研究。另外，黑眼鹎内部的各个亚种之间存在大量的杂交现象。

食性：主要以植物果实为食，也可取食无脊椎动物（如白蚁、甲虫、蝴蝶、蜻蜓和蚱蜢）、花朵、花蜜和小型脊椎动物（如壁虎和蜥蜴）。

繁殖方式：通常在距离地面1~5米处筑造杯状巢，每一窝产2~5枚卵。

分布范围：非常广。原产于50个国家和地区，包括利比里亚。

生境类型：多样，包括林地、灌木丛、林缘、草地、河岸地带、种植园和花园。

　　尽管利比里亚自然保护协会（Society for the Conservation of Nature of Liberia）表示该国并没有国鸟，但网络上的参考资料显示，黑眼鹎与利比里亚的渊源匪浅，并在某种程度上被视为该国的象征。在利比里亚，黑眼鹎被当地人称为"胡椒鸟"，因为它们总喜欢在野生胡椒树上觅食。

左图： 黑眼鹎偏好植物的果实，包括埃及榄果（*Balanites aegyptiaca*）、无花果、杏和石榴。根据《世界鸟类手册》第10卷，一份来自津巴布韦的研究发现，黑眼鹎的食谱包括50种植物的果实。

下图： 黑眼鹎是一种典型的鸣禽。它能发出许多种不同的声音，包括一种听起来像机关枪的报警声。

观赏地点　黑眼鹎在利比里亚几乎随处可见。作为一种为人熟知的鸟类，它经常出没于人类居住区附近。它也时常光顾花园中的喂食器，或在建筑物上寻找昆虫。

文化地位

黑眼鹎又被称为"胡椒鸟"，常发出高亢洪亮的鸣声，因此它曾一度被视为西非人的闹钟。

根据非洲的传说，疲劳的孩子们会迷失在黑夜之父（Old Father Night）那安全和梦幻的怀抱中。清晨，胡椒鸟站在黑夜之父的肩膀上，催促他将孩子还给白昼之父（Father Day）。但黑夜之父不愿意这么做，他不想让孩子们面对白昼之父带来的重担和折磨。胡椒鸟的尖叫声越来越响，他反而把孩子们抱得更紧，假装听不见。

胡椒鸟基金会（Pepper Bird Foundation）成立于1987年，是美国维吉尼亚州威廉斯堡的一个非营利机构，致力于促进美国的多元文化意识。该组织表示，胡椒鸟是利比里亚共和国独一无二的国家象征，拥有令人觉醒和鼓舞的奇妙能力。为了激发人们的兴趣，唤醒大家心中的历史感，他们借用了这只鸟的名字。

希德尼·德拉罗（Sidney De La Rue）所著的《胡椒鸟的国度：利比里亚》（*The Land of the Pepper Bird: Liberia*）是一本关于利比里亚共和国的书，而胡椒鸟工作室

1953年，利比里亚发行了一套6枚的鸟类邮票。黑眼鹎和其他两种鸟出现在其中的三角形款式上。

（Pepper Bird Studios）则为该国制作小成本的剧情电影。

黑眼鹎的形象出现在1953年、1977年和1979年的邮票上，也是利比里亚航空公司（Air Liberia）标志的一部分，但利比里亚的国旗上是一只不明种类的鸽子。

利比里亚自然保护协会旗下报纸也采用了黑眼鹎作为标志。

立陶宛（LITHUANIA）

白鹳

White Stork, *Ciconia ciconia*

● **物种濒危等级：低危**

保护现状： 全球有 50 万 ~52 万只成年个体。虽然有些种群的数量在减少或维持稳定，但总体的数量处于增加态势。

体型： 体长 110~115 厘米的大型鸟类。

描述： 颈部、喙和腿较长。成鸟通体黑白相间，喙和腿为鲜红色。特征鲜明，不易误认，尤其是在飞行的时候。

食性： 多样。以多种猎物为食，包括大型昆虫、蚯蚓、小型哺乳动物、两栖动物、爬行动物和鱼类。

繁殖方式： 用树枝在树木或人造建筑物（房屋、烟囱、电塔、电线杆等）顶部建造巨型鸟巢，平均窝卵数为 4 枚。近几十年来，在欧洲西部和南部的部分地区，白鹳的数量不断减少。因此，一些国家开始为白鹳修建人工筑巢平台。

分布范围： 广泛。主要在欧洲繁殖，在非洲越冬。欧洲的白鹳利用上升热气流，在 8 月末开始南迁，通常会在10 月初抵达非洲。

生境类型： 开阔的低地。在繁殖季偏好潮湿地带，而在冬季选择干燥的地区，包括潮湿的牧场、池塘、沼泽地区、耕地、草场和草原，有时也在城镇中筑巢。

　　1973 年，白鹳成为了立陶宛的国鸟。每年都有 12 500~13 000 对成年个体在立陶宛繁殖——这是白鹳在欧洲各国中分布密度最高的地区。

　　每一年的繁殖季，白鹳都会回到乡村的房屋或电线杆上筑巢。人们殷切期盼并热烈欢迎它们的回归。因此，每年的 3 月 25 日被定为"国家白鹳日"（Stork Day）。在这一天，狂热的立陶宛人民会穿上带有白鹳形象的服饰、举着白鹳的剪贴画进行庆祝活动。

　　观赏地点　繁殖季节是观赏白鹳的最佳时期。它们或在安静地孵卵，或在又大又显眼的鸟巢中喂养雏鸟，或在农耕地带觅食。

文化地位

立陶宛人民非常喜爱白鹳，这种鸟深深地根植于该国的传统和文化当中。

立陶宛有许多关于白鹳的谚语、信仰和习俗。比如，白鹳会把婴孩放在卷心菜里，白鹳繁殖地的居民都十分诚实，白鹳在谷仓屋顶的杷上筑巢能带来好收成，白鹳朝人飞来意味着一年的好运气，与白鹳相邻的人能获得幸福。从前，为了帮助白鹳筑巢，村民们会在树杈上放一个轮胎，并往轮胎里扔铜币，好让白鹳在寒冷的春日里用金属暖脚。

立陶宛鸟类协会（Lithuanian Ornithological Society）的标志就是一只白鹳。该协会在 2009 年推出了一项为期 4 年的立陶宛白鹳保护项目，旨在对该物种进行长期有效的保护，形成可持续的良好态势。具体的目标包括：

- 准备行动计划；
- 对立陶宛境内的白鹳巢进行详细调查，并据此建立数据库；
- 在高架电线杆上架设至少 1760 个筑巢平台，以取代现有的鸟巢；
- 在建筑物的屋顶搭建至少 500 个筑巢平台，以取代有问题的鸟巢；
- 评估白鹳的保护现状，并确定该物种的关键区域；
- 提高公众对于白鹳生理、生态和保护方面的认知。

为了提高白鹳的地位，唤起公众对国鸟的关注，该协会将 2010 年定为白鹳之年（the Year of the White Stork）。这一举措的目的在于提醒人们：由于集约化农业和快速的经济增长，白鹳的栖息地可能会消失。约有 1000 人来到立陶宛的首都维尔纽斯，参加白鹳之年嘉年华。超过 300 名维尔纽斯居民在全国最大的人造白鹳巢里"被环志"，并拍照留念。这座人造白鹳巢位于文卡斯库迪卡广场（Vincas Kudirka Square），占地 20 平方米。

虽然白鹳受到人们的喜爱和推崇，但它并没有出现在立陶宛的国旗上。立陶宛航空公司（Air Lithuania）国内航线的飞机上装饰着白鹳的喷绘，立陶宛农民与绿色联盟（Lithuanian Farmers and Greens Union）的标志也运用了白鹳的元素。白鹳的形象还出现在许多公共宣传品上，包括邮票、海报和传单。

左图：图为立陶宛在2013年发行的国鸟邮票。

上图：立陶宛鸟类协会将白鹳作为该协会的吉祥物。

下图：在维尔纽斯的白鹳之年活动上，村民和鸟类爱好者们表达了对白鹳的支持。

卢森堡（LUXEMBOURG）

戴菊

Goldcrest, *Regulus regulus*

••••••••••••••••••••••••••••••••••••••

戴菊是卢森堡的非官方国鸟。

观赏地点 戴菊是一种很常见的鸟类，人们可以在一年当中的任何时间听到或看到它们。在春天和夏天，戴菊主要活动于以云杉和冷杉为主的北方森林；到了冬天，它们对于栖息环境的选择变得较为多样化，可包括混交林、落叶林、公园和花园。

文化地位

戴菊的体型很小，外表也平淡无奇，在众多国鸟中显得有些奇怪。事实上，尽管是卢森堡大公国的非官方鸟类象征，戴菊在该国内的曝光度似乎并不高。不过，在某种程度上，戴菊确实是卢森堡国鸟的不二之选。卢森堡自然与鸟类保护联盟（Letzebueger Natura Vulleschutzliga）是国际鸟盟的合作伙伴，该机构称："戴菊是欧洲最小的鸟，而卢森堡也是欧洲最小的国家。"

1954 年，该联盟用戴菊的学名（*Regulus*）为旗下杂志命名，这个词也有"小国王"的含义。

戴菊并不是一般的常见物种，偶遇的概率很低，往往需要人们仔细寻找。但对于熟悉戴菊鸣声的人来说，这种美丽的小鸟实际上还是相对常见且分布较广的。

● **物种濒危等级：低危**

保护现状： 全球数量为8000万~2亿只。据估计，在 2004 年，欧洲有 1 万 ~ 2 万对繁殖的戴菊——相当于 3 万 ~ 6 万只个体。

体型： 欧洲最小的鸟类，体长 9 厘米。

描述： 一种身形娇小的鸣禽。该物种一共有 14 个亚种，指名亚种 *R. r. regulus* 分布于欧洲和西伯利亚西部。雄鸟的上体为橄榄绿色，下体为灰白色；头顶有两道黑色的侧冠纹，其中央是一道明黄色的顶冠纹；翅膀上具有两道白色翼斑，眼睛为黑色，喙为针状。雌鸟的顶冠纹颜色较浅。

食性： 主要以小型节肢动物为食，比如跳虫、蜘蛛、蚜虫和蛾类。

繁殖方式： 该物种的鸟巢十分精致，由多达 2500 根小羽毛构成，并且外层覆盖着苔藓。窝卵数为 6~13 枚。

分布范围： 很广，原产于 60 多个国家。

生境类型： 在繁殖季节，主要活动于欧洲的针叶林和森林，但在一年中的其他时间里，可出现于各种类型的栖息地（例如落叶林和混交林，以及林地、灌木丛、公园和花园）。

这枚绘有戴菊的邮票发行于1970年，以纪念法国的非政府组织鸟类保护联盟成立50周年。

来源：卢森堡邮局

马拉维（MALAWI）

吼海雕
African Fish Eagle, *Haliaeetus vocifer*

● **物种濒危等级：低危**

保护现状： 成熟个体的数量高达 30 万只，处于稳定态势。

体型： 体长 63~75 厘米，属中等体型的海雕。

描述： 成鸟为白色、栗色和黑色的奇特组合。其翅膀长而宽，尾部短而圆，头部较大，喙十分显眼。

食性： 主要以活的鱼类为食，常俯冲到水里用爪子抓鱼；也捕食一些雏鸟或成鸟。该物种也具有掠夺行为，有时会骚扰其他鸟类，迫使其放弃嘴中的猎物，如鹳、鹭和翠鸟。

繁殖方式： 通常在水边的树上用树枝筑造大型鸟巢，窝卵数为 2 枚。

分布范围： 分布于撒哈拉以南非洲的大部分地区和南非最南部，为地方性常见或罕见。

生境类型： 多样。包括湖泊、河流、河漫滩和内陆水坝，以及沿海地区的河口、溪流和红树林潟湖。

　　吼海雕是马拉维的国鸟，并出现在该国的国徽上。它站立在国徽的盾牌之上，利爪下是蓝白相间的波浪线。吼海雕与蓝白波浪线是马拉维湖（Lake Malawi）的象征。这个湖泊是非洲最大的淡水水体之一，也是

右图： 一只吼海雕向前伸出利爪，准备捕鱼。

最右图： 正如鹗（*Pandion haliaetus*）一样，吼海雕也非常擅长捕鱼——它们低飞于水面之上，用巨大的双爪把水面下的猎物牢牢抓起。

世界上最深的湖泊之一。吼海雕的图案也被应用于马拉维警方的旗帜上。

多年来，马拉维的数枚邮票都描绘了吼海雕的形象。例如，该国于1983年发行了一套5枚的同面值邮票，展现了吼海雕的多种姿态。该物种还出现在至少一枚克瓦查（kwacha）① 硬币上。

观赏地点　毫无疑问，观赏吼海雕的最佳地点正是马拉维湖。

_____
① 克瓦查是赞比亚和马拉维的货币名称。——译者注

上图： 这张照片完美地捕捉到了吼海雕的力与美：巨大、强壮的双翼，栗色和白色的美丽羽毛，势不可挡的利爪和喙。

左图： 马拉维湖位于马拉维、坦桑尼亚和莫桑比克之间，是吼海雕最钟爱的栖息地。该物种原产于撒哈拉以南的非洲地区。

文化地位

不仅是马拉维，吼海雕在非洲的许多地区都是相当常见的，所以它是当地人日常生活中非常熟悉的一部分。

马拉维湖有587公里长、84公里宽，是非洲第三大湖，宛若内陆的海洋。这里的渔民也是最经常与吼海雕打交道的人。马拉维的旅游部门称，生活在马拉维湖的吼海雕比世界上任何地方的都要多。人们经常能看到吼海雕伸着爪子跃入湖中捕鱼，也经常能听到它们站在树上或掠过水面时发出的叫声。

马拉维湖以丰富的鱼类多样性著称。湖中的5种岩栖慈鲷都是当地的特有种，它们色彩鲜艳、性格好斗，是深受水族馆喜爱的淡水鱼类。马拉维湖内共有大约1000种不同的鱼类，可以称得上世界之最了。

马拉维湖是许多吼海雕栖息觅食的地方，也是1000种鱼类的家。

马耳他（MALTA）

蓝矶鸫

Blue Rock Thrush, *Monticola solitarius*

马耳他鸟类学会（Malta Ornithological Society）是马耳他鸟盟（BirdLife Malta）的前身。在该组织的要求下，马耳他政府将蓝矶鸫选为该国的国鸟。蓝矶鸫曾是马耳他鸟类学会的会徽图案。

● **物种濒危等级：低危**

保护现状： 根据国际鸟盟在 2004 年的统计，欧洲有 12 万 ~26 万对繁殖个体。全球总数量 73.5 万 ~312 万对，欧洲的种群数量占总数的 25%~49%。

体型： 体长 20~23 厘米。

描述： 一种深蓝色的中型鸟类。雌鸟的羽色较为多样，通常比雄鸟暗淡。该物种共有 5 个亚种，指名亚种 *M. s. solitarius* 分布于马耳他。

食性： 主要以昆虫（蚱蜢、蝗虫、甲虫、蚂蚁和蝇类等）为食，也捕食蠕虫、蜗牛、蜘蛛、小型蜥蜴、蛇、青蛙、蟾蜍和老鼠，采食植物果实、浆果和种子。

繁殖方式： 在洞穴或石缝中筑巢，例如悬崖、峡谷、山洞或废弃建筑物的墙壁内。该物种的鸟巢为浅杯状，或只是简单地铺一层植物材料。窝卵数为 3~6 枚。

分布范围： 非常广，从地中海一直延伸到日本和菲律宾。该物种原产于近 90 个国家。

生境类型： 通常出现在悬崖、峡谷、沟壑、岩石山坡或类似的环境。

照片中的蓝矶鸫叼着满满的一嘴食物——大概是为了给一窝发育中的雏鸟喂食。蓝矶鸫主要以昆虫为食，如蚱蜢、蚂蚁和蝇类。

103

上图：蓝矶鸫主要活动于干旱的岩石地带，如悬崖、峡谷和峭壁。尽管雄鸟是深蓝色的，但即使它们发出悠扬的鸣唱，我们也很难发现它们的踪迹。

右图：雌鸟的颜色要比雄鸟暗淡得多，但它们都以无脊椎动物（如蜘蛛和蚯蚓）为食，也捕食小型脊椎动物（如老鼠和青蛙）。

观赏地点　蓝矶鸫在马耳他繁殖，也是当地的留鸟，能唱出优美动听的歌声。这是一种相当常见的物种，最常出没于多岩石的沿海地区。有时候，人们会看到它一动不动地站在一块石头或卵石上。当人类靠得太近时，它就会飞走。

蓝矶鸫是科米诺（Comino）小岛上的特色鸟类之一，这里是一个鸟类保护区和国际重要鸟类区域。

文化地位

尽管蓝矶鸫受到法律的保护，但它们的雏鸟经常被非法掠夺，成为供人摆弄的宠物。在马耳他，捕捉、笼养野生鸣禽是一个很普遍的现象。2009年11月，马耳他鸟盟、英国皇家鸟类学会（Royal Society for the Protection of Birds）和媒体联合发布了一份关于鸟类迁徙和人为捕捉的"生命＋项目"（Life+Project）报告。报告指出："大部分捕鸟人也非常喜爱他们从野外捉到的鸟类，但却浑然不知自己对自然环境造成了怎样的伤害。这些捕鸟人并不会故意杀死鸟类，因此普通人很难理解欧盟的鸟类法规。既然政府允许人们在繁殖季之外捕猎（射杀）某些特定种类的鸟，那活捉野鸟为什么就是违法行为呢？"根据这份报告，常有蓝矶鸫死在无人看管的捕鸟网上。

蓝矶鸫的形象出现在马耳他的硬币和邮票上，包括2001年发行的一套鸟类邮票。

1971年，马耳他发行了一套4种面值的植物与鸟类邮票，其中面值5便士和10便士的邮票上绘有蓝矶鸫。
来源：马耳他邮政股份有限公司

毛里求斯（MAURITIUS）
渡渡鸟

Dodo, *Raphus cucullatus*

● 物种濒危等级：灭绝

保护现状： 该物种灭绝的确切时间尚不明确，但人们认为，最后的种群是在 1662—1693 年消失的。

体型： 体长 70~75 厘米。

描述： 一种体态矮胖、无法飞行的鸟类。其羽色包括褐色、黑色、浅灰色和白色；脸部没有羽毛，被一支黄色、醒目、巨大的喙所占据。雌鸟的体型比雄鸟大。

食性： 虽然早期的水手在渡渡鸟体内发现了巨大的胃石，并将其用于打磨工具，但人们并不了解该物种的食性。胃石的存在表明，坚硬的种子是其饮食的关键组成部分。不过，一位荷兰水手在 1631 年写道，渡渡鸟以水果为食。

繁殖方式： 未知。鸟类古生物学家朱利安·P·休姆（Julian P. Hume）博士在《灭绝的鸟类》（*Extinct Birds*）一书中引用了 1651 年的描述，即渡渡鸟在森林中繁殖，每次只产下一枚白色的卵。但他也补充说，这段描述的作者并没有真正到过毛里求斯，"他或许将渡渡鸟的繁殖方式与鹤鸵搞混了"。

分布范围： 仅分布于马斯卡伦群岛的毛里求斯。与其亲缘关系较近的罗德里格斯渡渡鸟（*Pezophaps solitaria*）生活在附近的罗德里格斯岛。

生境类型： 最新研究发现，渡渡鸟生活在以大栌榄树（*Sideroxylon grandiflorum*）和棕榈植物为主的森林中。

令人遗憾的是，真正的渡渡鸟已经消失很久了。作为世界上最著名的灭绝鸟类，它以毛里求斯国鸟的形象存在于当地人的生活中。在毛里求斯的国徽（正对着一只梅花鹿）、邮票和纸币的三维水印（头部特写）上，我们都能看到渡渡鸟的身影。毛里求斯中央银行还发行了一套 22 开金的"渡渡鸟纪念币"。

除此之外，该国还有渡渡鸟的绘画作品、明信片、木雕玩具和柔软的毛绒玩具。留尼旺岛（Reunion Island）对渡渡鸟的名字更加热衷，甚至用它来给一种啤酒命名。

从这张渡渡鸟的骨骼照片中，我们可以清晰地看到其喙与头部的比例。

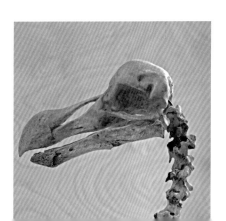

这幅创作于1757年的彩色雕版展现了渡渡鸟和豚鼠的体型对比。

观赏地点　1990 年，理发师艾蒂安·西利欧（Etienne Thirioux）收藏了一具渡渡鸟的完整骨架。如今，这具骨架陈列在毛里求斯学院大楼一层的毛里求斯自然历史博物馆中，该博物馆位于首都路易港（Port Louis）。它的每一块骨骼都来自同一只渡渡鸟，是一具独一无二的骨架。

在毛里求斯野生动物基金会管理的伊鲁西格瑞（Île aux Aigrettes）自然保护区，人们可以看到一尊渡渡鸟的青铜像。这是毛里求斯灭绝动物的众多复原制品之一。这些复原制品被捐赠给了基金会，其目的是呼吁人们关注物种灭绝的悲剧和人类行为的意义，同时激发人们进一步思考保护生态的必要性。

文化地位

艾伦·格里豪（Alan Grihault）[1]讲述了渡渡鸟的传奇故事：它们在毛里求斯快乐地生活了数千年，直到人类的出现将它们从这个世界上彻底抹去。

[1]　艾伦·格里豪出生于英国，是一名教师、儿童读物作者和儿童电视节目制作人。——译者注

除了毛里求斯外，世上没有哪个国家将已经灭绝的鸟作为国鸟。英语语言和文学作品让渡渡鸟闻名于世、永垂不朽，而毛里求斯正是它们曾经的家园。

在路易斯·卡罗尔（Lewis Carroll）所著的畅销儿童读物《爱丽丝漫游仙境》（*Alice's Adventures in Wonderland*）中，渡渡鸟以故事角色的形式出现。长久以来，人们常用"死得像渡渡鸟一样"（as dead as a Dodo）

毛里求斯在1965年发行了一套15枚的限量版鸟类邮票，渡渡鸟也是其中之一。

来表达过时、死亡或灭绝的含义。

渡渡鸟的灭绝常被归咎于水手和早期殖民者的猎杀。然而，鸟类古生物学家休姆博士在《灭绝的鸟类》一书中写道，黑家鼠（*Rattus rattus*）、家猪、山羊和猴子等外来物种的入侵对渡渡鸟的卵和雏鸟造成了直接的威胁，也加剧了对食物资源的竞争。或许，这才是渡渡鸟灭绝的根本原因。

渡渡鸟灭绝于毛里求斯的荷兰殖民时期，它在荷兰语中被称为"肮脏之鸟"（Walghvogel）。由于渡渡鸟的肉非常难吃，荷兰水手也称其为"恶心的鸟"。一位名为雅各布·范·内克（Jacob van Neck）的海军上校在 1599 年发表了世上首份关于渡渡鸟的书面描述，他认为这种鸟的胃部和胸部在经过烹饪后会变得十分美味。不过，这位海军上校和他的手下似乎更喜欢吃欧斑鸠（*Streptopelia turtur*）。

巨隼

Northern crested caracara, *Caracara cheriway*

● **物种濒危等级：低危**

保护现状： 具体数量尚未明确，但该物种的种群数量非常大，且处于不断增加的态势。

体型： 体型最大的巨隼，体长51~64厘米。

描述： 裸露的脸部为红色，头部和喙较大，头顶和羽冠为黑色，粗长的腿部为黄色。身体其余部分为褐黑色和白色，带有许多横纹。该物种为单型种。

食性： 该物种主要是一种机会主义的食腐鸟类，以道路上的动物尸体或其他兽体为食，也会侵扰秃鹫，迫使对方在半空中吐出食物。巨隼也捕食活的动物，比如甲虫、蠕虫、雏鸟、淡水龟、螃蟹和蛇类。

繁殖方式： 通常在树木、仙人掌或地面上筑造庞大、笨重、凌乱的鸟巢，窝卵数为2枚。

分布范围： 非常广。原产于27个国家，包括墨西哥。

生境类型： 开阔地带，常出没于牧场、农田、草原、灌木丛和路边。

巨隼是墨西哥的非官方国鸟，不过有些人则认为这一地位应属于金雕。

观赏地点 巨隼是一种常见且广布的鸟类。作为一种机会主义食腐者，它们总会被腐肉所吸引——不论是被车辆撞死的尸体，还是被捕食者猎杀的残骸，或是以其他方式死亡的动物。它们能从大型动物尸体上撕下血肉，也能小心翼翼地从腐烂的肉里挑出蛆虫，还能在地面上搜寻无脊椎动物。

作为体型最大的巨隼，该物种具有鲜黄色的长腿，能够在地面上自如地行走和奔跑，就如飞翔和滑行一般轻松。

上图： 在中美洲，巨隼繁殖于每年的12月到次年的4月。它们用树枝、稻草等材料筑造出一个杂乱无章的鸟巢，用于养育幼雏。鸟巢的直径可达100厘米以上，深度可达40厘米。

右图： 巨隼仔细地在一具动物尸体上挑拣腐肉。

文化地位

　　人们对于墨西哥国鸟的身份似乎表现得有些模棱两可。尽管网上的大部分文献资料都认为巨隼是这个国家的鸟类象征，但有一部分人坚持认为应该是金雕。遗憾的是，墨西哥的官方部门也没能给出一个明确的答案。

　　许多国鸟的图案只以抽象的形式出现在旗帜、货币和官方印章之类的物件上。一只巨大的猛禽占据了墨西哥的国徽的主要部分，这只猛禽站在一棵刺梨仙人掌（Opuntia）上，嘴和爪子里抓着一条蛇。据说，阿兹特克人的首领在梦中来到了特诺奇蒂特兰城（Tenochtitlan），看到一只站在刺梨仙人掌上的雄鹰与蛇

纠缠扭打，于是阿兹特克人选择定都于此。这座城市建于1325年，如今它已经成为了现代的墨西哥市。

　　巨隼也被称为"墨西哥鹰"，但它根本不是一种鹰，而是隼科（Falconidae）的一员。那么，源自阿兹特克传说的猛禽是巨隼，还是某些人认定的金雕呢？墨西哥国徽和国旗上的猛禽图案看起来确实更像金雕，但无人知晓它究竟代表了哪一个物种。这只猛禽出现在1996年发行的一套邮票中，倡导人们关注墨西哥的野生动物保护。

尽管墨西哥的国鸟是巨隼，但国徽上的猛禽看起来更像是一只金雕。

蒙古国（MONGOLIA）

猎隼

Saker Falcon, *Falco cherrug*

● 物种濒危等级：濒危

保护现状： 由于不可持续的鹰猎文化、栖息地退化和农用化学品的影响，该物种正在迅速减少。这种情况在中亚尤为严重。据估计，全球有 12 800~30 800 只成年个体。

体型： 体长 45~55 厘米，雌鸟的体重要比雄鸟大得多。

描述： 一种体型紧凑、健壮的隼，羽色极为多样，可能是巧克力色或带有条纹的沙褐色。

食性： 主要以小型哺乳动物为食，尤其是鼠类和兔类（包括家兔、野兔和鼠兔），也可捕食鸟类。

繁殖方式： 通常在悬崖边缘、峭壁或高大的树木上筑巢，窝卵数为 3~5 枚。

分布范围： 非常广，分布于欧洲东部到中国西部。该物种在多个国家繁殖，包括蒙古国。

生境类型： 偏好荒凉和开阔地带（例如草原、多岩石地区和高原）。在繁殖季节之外，该物种对于栖息地的选择较为多样化。

在编写本书的时候，猎隼刚刚被评选为蒙古国的国鸟。2012 年底，它被该国政府评为"国家荣誉鸟类"（National Bird of Glory）。

观赏地点 虽然猎隼在蒙古国和中国西藏更常见，但它的实际分布范围很广，可能出现在任何具有合适生境的地方。

右图： 猎隼是出色的飞行员，能在低空出其不意地抓住猎物，或像石头般从高处垂直落下，然后俯身扑向猎物。

最右图： 猎隼是一种中等体型的猛禽，生活在荒凉、开阔的环境中，主要捕食小型哺乳动物、鸟类、爬行动物和昆虫。如照片所示，猎隼通常会停栖一个较高的有利位置，以便寻找猎物。

文化地位

猎隼已经被正式选为蒙古国的国鸟，它的形象将出现在越来越多的官方和商业用途中。

2009年，蒙古国立大学（National University of Mongolia）和蒙古国鸟类学会（Mongolian Ornithological Society）的鸟类学家们发起了国鸟的评选活动，其中也包括松德夫·贡博巴塔（Sundev Gombobaatar）博士。民意调查显示，超过一半的受访者都选择了猎隼。贡博巴塔博士曾说过，一个国家的动物象征必须和本国有历史文化渊源。蒙古人将鸟类视为天空的生灵，而成吉思汗和忽必烈都是用猎隼来打猎的。国鸟象征着一个国家的力量与荣耀，最好不与其他国家重复，国民也应学习和了解相关的知识。

贡博巴塔博士还提到，有成千上万的猎隼死于高压电线，人们应该为它们筑起保护的屏障。他呼吁政府对猎隼进行全国范围的调查，以明确该物种在蒙古国境内的种群数量是否处于可持续状态。

安德鲁·迪克逊（Andrew Dixon）、亚姆巴亚·巴特巴亚（Nyambayar Batbayar）、冈呼亚格·普力·敖其尔（Gankhuyag Purev-Ochir）和尼克·福克斯（Nick Fox）共同发表了一篇题为《为蒙古国鹰猎创造可持续的猎隼贸易》（Developing a Sustainable Harvest of Saker Falcons for Falconry in Mongolia）的学术论文，文中写道，蒙古国在1997年到2010年之间共出口了3141只猎隼，其中有1472只被运往科威特，每年的出口量为25~402只。作者表示，在2010年，一只猎隼的贸易许可就有高达11 760美元。对于蒙古国来说，猎隼贸易的真正利益在于和阿拉伯国家领导人建立关系，从而为本国引入投资。

在蒙古国的全国运动会上，摔跤手们通过模仿鹰隼的振翅动作来热身。

猎隼一直都是蒙古国生活、文

化和历史中不可或缺的一部分。2012年10月20日，在第63届蒙古国部长会议上，猎隼正式被认定为本国的国鸟。

据报道，猎隼不仅象征着该国的文化、力量和团结，还将成为自然保护的代言人。此外，政府要求国民参与到保护国鸟的行动中来，以减少走私和所谓的"非生产性损失"。

上图： 1999年，猎隼出现在一套12枚的隼类邮票中。2013年，蒙古国发行了一套6枚的猎隼专题邮票，宣示其正式成为本国的国鸟。

下图： 鹰猎是一项历史悠久的运动，也是蒙古国的传统文化。猎隼甚至受到了战神成吉思汗的尊敬。

蒙岛拟鹂

Montserrat Oriole, *Icterus oberi*

1982 年，蒙特塞拉特宣布蒙岛拟鹂成为该地区的鸟类象征。根据 2005—2009 年的物种行动计划（Species Action Plan），该物种是"当地的骄傲和魅力之源"。

蒙岛拟鹂的形象出现在徽章、保险杠贴纸、海报和广告牌等物品上。人们对该物种的高关注度是一项重大教育活动的成果，该活动旨在培养人们对于鸟类象征的了解和自豪感，激发人们对于该物种及其栖息地的关注。

观赏地点 蒙岛拟鹂几乎都集中分布在中央山（Centre Hills）。这是一座休眠的火山，有一片郁郁葱葱、生活着许多野生动物的陡峭山谷。拟鹂步道（Oriole Walkway）穿过这片山区，被人们称为观鸟者的天堂。经验丰富的护林员可以模仿蒙岛拟鹂的叫声，把这些好奇的鸟儿吸引过来。

● 物种濒危等级：极危

保护现状： 蒙岛拟鹂已经被人类对森林的滥砍滥伐逼到了灭绝的边缘，而苏弗里耶尔火山（Soufriere Hills Volcano）的反复爆发更是雪上加霜。人为引入的家鼠和本地的珠眼嘲鸫（*Margarops fuscatus*）捕食蒙岛拟鹂的鸟蛋和雏鸟，令该物种的处境变得更为艰难。据估计，现存的成年个体仅有 920~1180 只。

体型： 体长 20~22 厘米。

描述： 雄鸟的外形十分醒目，其头部、后颈、胸部、尾部、喙、腿和脚均为黑色，而腹部、下背部和臀部为黄色。雌鸟是橄榄黄色。

食性： 主要以昆虫为食。

繁殖方式： 该物种的鸟巢为篮子状，且悬挂在半空中，窝卵数为 2~3 枚。

分布范围： 仅分布于小安的列斯群岛的蒙特塞拉特。

生境类型： 潮湿的森林。

右图：雌性蒙岛拟鹂看起来是单调的橄榄黄色。

最右图：雄性蒙岛拟鹂的羽色十分显眼，主要为黑色和黄色。

文化地位

尽管每年都有许多观鸟爱好者来到蒙特塞拉特，但根据2005—2009年的物种行动计划，蒙岛拟鹂对该岛的经济价值依然未被估算。决策者们没有意识到这一物种及其生境对于蒙特塞拉特经济的重要贡献。物种行动计划负责人表示，如果蒙岛拟鹂灭绝了，蒙特塞拉特对于自然爱好者的吸引力将大幅降低，将对旅游业、导赏业、保护部门的经济和就业产生不良的连锁反应。

1995—1997年，苏弗里耶尔火山数次爆发，摧毁了三分之二的栖息地，几乎将苏弗里耶尔山和南苏弗里耶尔山（South Soufrière Hills）的蒙岛拟鹂消灭殆尽。如今，这种鸟仅生存于中央山和南苏弗里耶尔山的一小片森林里。

英国皇家鸟类学会的资深保护学家斯蒂芬·欧佩尔（Steffen

1995—1997年的火山喷发摧毁了蒙岛拟鹂三分之二的栖息地。

Oppel）表示，在2012年，蒙岛拟鹂的数量被认为"呈现出较为稳定的态势，但却受到了年波动的剧烈影响"，这是由于火山灰的肆虐给成鸟带来了很高的死亡率。目前，为了应对可能发生的野外灭绝，研究人员已经开始人工饲养蒙岛拟鹂。

1990年，为了提高人们对蒙岛拟鹂的认识和关注，蒙特塞拉特政府开展了一项创新型的教育活动，采取各种各样的方式来宣传该物种的保护。年轻人打扮成蒙岛拟鹂和代表性植物赫蕉（Heliconia）的模样，在首都普利茅斯游行，还有木偶表演、顺口溜、歌曲、音乐剧、幻灯片、演讲和布道等一系列活动。泰德·乔丹（Ted Jordan）在歌曲《翡翠岛之鹂》（*Oriole of the Emerald Isle*）中

描绘了一只名叫蒙提（Monty）的蒙岛拟鹂。传统的宣传工具有海报、徽章、贴纸、广告牌、传单和调查问卷。

蒙特塞拉特自然信托基金会（Montserrat National Trust）的标志和多枚邮票都采用了蒙岛拟鹂的形象，政府办公室附近的一家咖啡馆也以它命名。

1970年，蒙岛拟鹂出现在一套13枚的鸟类邮票中，面值为25分，该系列采用了粉面纸。1971年，蒙岛拟鹂再次出现在一套10枚的鸟类邮票中，面值仍为25分，不过该系列采用的是蜡光纸。

纳米比亚（NAMIBIA）

吼海雕
African Fish Eagle, *Haliaeetus vocifer*

吼海雕并非一直是纳米比亚的国鸟。事实上，美丽的红胸黑鵙（*Laniarius atrococcineus*）曾一度占据这个位置。据说，红胸黑鵙是由于国家层面的敏感性才失去了这个地位。它的颜色特别像德国国旗（黑色、红色和金色），而纳米比亚曾经被德国占领。该国在1990年3月21日脱离南非，成为独立国家。

因此，吼海雕可能是一种更为合适的国鸟。它备受瞩目，也更受到纳米比亚人民的广泛喜爱。在纳米比亚的国徽上，有一只张开双翼的吼海雕。据说，这象征着该国领导人的远见卓识。而国徽也出现在总统的旗帜和该国的国玺上。

由于特殊的标志性地位，吼海雕的形象被应用于生活的各个领域。例如，它是纳米比亚国家橄榄球联盟队的标志。该球队还有另一个绰号，名为千岁兰（*Welwitschia*）。它也是海雕制片公司（Fish Eagle Productions）的标志，这是一家制作网站、视频、光盘和广播的公司。

● **物种濒危等级：低危**

保护现状： 成熟个体的数量高达30万只，处于稳定态势。

体型： 体长63~75厘米，属中等体型的海雕。

描述： 成鸟为白色、栗色和黑色的奇特组合。其翅膀长而宽，尾部短而圆，头部较大，喙十分显眼。该物种的鸣叫是非洲最独特的鸟叫之一。

食性： 主要以活的鱼类为食，常俯冲到水里用爪子抓鱼；也捕食一些雏鸟或成鸟。该物种也具有掠夺行为，有时会骚扰其他鸟类，迫使其放弃嘴中的猎物，如鹳、鹭和翠鸟。

繁殖方式： 通常在水边的树上用树枝筑造大型鸟巢，窝卵数为2枚。尽管雌雄两性在外表上没有太大的差异，但雌鸟要更大一些。

分布范围： 分布于撒哈拉以南非洲的大部分地区，为地方性常见或罕见。

生境类型： 多样。包括湖泊、河流、河漫滩和内陆水坝，以及沿海地区的河口、溪流和红树林潟湖。它们大部分时间都栖息在适合的生境中。

观赏地点 吼海雕是非洲最常见的鸟类之一，原产于至少 41 个位于这片大陆的国家。

从淡水湖泊、河流、水坝到沼泽、溪流、河口、碱性湖泊和红树林潟湖——只要是有水的地方，就有可能生活着吼海雕。

文化地位

吼海雕的形象出现在 5 美元硬币的背面。为了展现卡普里维区（Caprivi）的动植物风采，纳米比亚发行了一套主题邮票，其中也有吼海雕。这套卡普里维主题邮票由玛丽·简·佛克曼（Mary Jane Volkmann）设计，在 1999 年的巴黎邮票世界杯（Stamp World Cup）中获得了"非洲与中东最美邮票"的地理类别一等奖，以及"世界最美邮票"三等奖。1998 年，佛克曼设计的面值为 60 分的吼海雕邮票还被选为"纳米比亚最受欢迎的邮票"。

最上图： 吼海雕的羽色主要为栗色和白色。其飞行时的健壮身影是一道美丽的风景。

上图： 在大部分时间里，吼海雕都会停栖在同一个地方，关注猎物的动向。

右下图： 纳米比亚的国徽和官方纹章上描绘了一对羚羊与一只展翅的吼海雕。这个纹章是在1990年宣告独立后启用的。

下图： 纳米比亚橄榄球联盟（Namibia Rugby Union）是国内橄榄球俱乐部的主管机构，它的标志是一只飞翔的吼海雕。

尼泊尔（NEPAL）

棕尾虹雉

Himalayan Monal, *Lophophorus impejanus*

🦠 **物种濒危等级：低危**

保护现状： 尽管整体数量尚未明确，但人们认为，只要有合适的生境，该物种在其分布范围内是常见且广布的。然而，由于栖息地的破坏和退化，以及出于食用目的的过度捕猎，该物种的数量正在下降。

体型： 体长 63~72 厘米。

描述： 成年雄鸟具有十分华丽的彩虹色，头部和羽冠为金属绿色，喉部黑色，上体为铜色、黄绿色和紫色，下体为天鹅绒般的黑色，尾部为栗色。雌鸟通体深褐色，喉部白色。

食性： 以块茎、种子、嫩芽和浆果为食，也捕食昆虫及其幼体。

繁殖方式： 通常在地面刮出浅坑作为鸟巢，每一窝产 3~5 枚卵。

分布范围： 非常广，原产于不丹、中国、印度、缅甸、尼泊尔和巴基斯坦。人们认为，该物种是喜马拉雅山雉类中分布海拔范围最广的。

生境类型： 林下层（杜鹃花、竹子或其他植被）茂密的针叶林、混交林内部的草地或空地。

棕尾虹雉也被称为"英庇虹雉"（Impeyan Pheasant），这个名字来源于孟加拉前首席法官伊利亚·英庇（Elijah Impey）的妻子——玛丽·英庇（Mary Impey）。它不仅是尼泊尔的国鸟，也是印度北阿坎德邦的州鸟。这种鸟类在当地民间传说中占有显著的地位，也是尼泊尔古老国徽（使用于 2006 年 12 月 30 日之前）的组成部分。

观赏地点 人们可以在以下几个地方看到棕尾虹雉：尼泊尔西部的卡普塔德国家公园（Khaptad National Park）、东部的马卡鲁巴伦国家公园

棕尾虹雉的雄成鸟就像是一个彩虹色的万花筒。

雌鸟主要为深褐色。

（Makalu Barun National Park）和西北部的拉腊国家公园（Rara National Park）。根据《世界鸟类手册》第 2 卷，棕尾虹雉是所有喜马拉雅山雉类中活动区域覆盖海拔范围最大的。20 世纪 70 年代末和 80 年代初，科学家在印度西北部进行了一项相关研究。结果显示，棕尾虹雉在 12 月和次年 1 月生活在海拔 2100~3300 米的地方，但在 2 月和 3 月，它们的活动范围变成了海拔 1700~2900 米。到了 4 月，大多数棕尾虹雉从低海拔针叶林迁移到 2000~3500 米的高海拔橡树林。随着春天的临近，它们继续向上迁徙。大部分个体都在 5 月间来到了海拔 2700 米以上的地方——要么在高海拔森林中，要么在林线以上的高山草甸上。

文化地位

2007 年，尼泊尔鸟类保护协会（Bird Conservation Nepal）的首席鸟类学家汉姆·萨加尔·巴拉尔（Hem Sagar Baral）博士在中国参加了第四届国际鸡形目研讨会（International Galliformes Symposium）。他在会上发表了一篇论文，其中提及，尼泊尔的每个部落都有各自熟悉的鸡形目鸟类，并为每个物种都起了独特的俗名。这些鸟被运用于各种品牌名称或商标上。尼泊尔人将棕尾虹雉称为"达斐"（Danphe）。事实上，这也是尼泊尔鸟类保护协会旗下的简报的名字。

巴拉尔博士说，棕尾虹雉的英文名并不准确，因为 Monal 一词在喜马拉雅人眼中指的是角雉；用尼泊尔语中的 Danphe 为棕尾虹雉命名才更加合适。

他还补充道，由于外形优雅、气度威严，且拥有迷人的冠羽，棕尾虹雉在尼泊尔的文学作品和民间传说中被描述为"色彩最艳丽的鸟"。当地人认为它的身体上有 9 种主要的颜色。对于尼泊尔人来说，生活于喜马拉雅山高海拔地区的棕尾虹雉亲切而美丽，这或许就是它被选为国鸟的原因。

在苏格兰魔怪（Mogwai）乐队发行于 2008 年的专辑《鹰唳》（The Hawk is Howling）中，有一首名为《虹雉与头脑》（Danphe and the Brain）的纯音乐曲目。2009 年，迪士尼与皮克斯联合出品了《飞屋环游记》（Up）。电影中有一只不会飞的热带鸟凯文（Kevin），该角色的创作灵感正是来源于萨克拉门托动物园（Sacramento Zoo）中的一只雄性棕尾虹雉。

根据尼泊尔鸟类保护协会的资料，棕尾虹雉因其美丽的羽毛和肥厚的肉质而被捕猎。

棕尾虹雉分别出现在 1959 年和 1979 年的两枚邮票上。2005 年，为庆祝尼泊尔国家银行（Nepal Rastra Bank）成立 50 周年，政府发行了绘有棕尾虹雉的 50 卢比纪念钞，类似的还有 1974 年发行的 25 卢比硬币。

1979 年，为纪念国际鸡形目研讨会的召开，尼泊尔发行了一套 3 枚的鸟类邮票，其中一枚描绘了棕尾虹雉。

新喀里多尼亚（NEW CALEDONIA）

鹭鹤

Kagu, Rhynochetos jubatus

● **物种濒危等级：濒危**

保护现状： 根据国际鸟盟的说法，在新喀里多尼亚，野生鹭鹤"非常稀少，极为分散"，只有 850 多只。虽然该物种在整体上处于减少态势，但由于保护工作的进行，一些种群的数量正在增加。

体型： 体长 55 厘米。

描述： 该物种不具备飞行能力，是一种难以误认的珠灰色鸟类，具有暗红色的大眼睛和独特的羽冠，后者可以像扇子一样升起并打开。其黑白相间的双翼也同样醒目，喙和腿为橙红色。它是鹭鹤科（Rhynochetidae）唯一的现存物种。

食性： 以多种小型动物为食，包括蠕虫、马陆、甲虫、蜗牛和蜥蜴；主要在落叶和土壤中觅食。该物种常像哨兵一样一动不动地站着，直到通过视觉或听觉发现猎物。有时，它们也会用脚轻扫落叶，寻找无脊椎动物。

繁殖方式： 在地面用树叶制造简易鸟巢，或直接不筑巢；每年产 1 枚卵。多数个体在 7 月产卵，孵化期为 33~37 天。雌鸟和雄鸟共同承担抚育雏鸟的工作。

分布范围： 仅分布于新喀里多尼亚的格朗特尔岛（Grand Terre）。

生境类型： 潮湿和干燥的森林，以及某些灌木丛生的地带。该物种是一种行动敏捷的鸟类，能够以较快的速度进行长距离移动。人们曾记录过一只鹭鹤在两天内爬升了 750 米的高度。

鹭鹤是新喀里多尼亚的标志性鸟类，在该地是十分知名的公众形象。在过去的一个多世纪里，它曾出现在许多邮票上，包括数枚普通标准型邮票（例如 1905 年、1948 年、1989 年和 2005 年发行的邮票）；世界自然基金会于 1998 年发行的 4 款不同面值的邮票；国际鸟盟在 2007 年发行的一枚邮票（一套 3 枚的系列邮票之一）；以及发行于 2011 年的蓝河省立公园（Blue River National Park）系列套票。

除此之外，分管邮政电信的政府机关也在旗帜上应用了鹭鹤的图案。这种鸟类也是新喀里多尼亚国际鸟类学会（Société Calédonienne d'Ornithologie）标志的组成部分，该学会是国际鸟盟在新喀里多尼亚的分支机构。鹭鹤的纪念品随处可见。

观赏地点 大多数鹭鹤生活在蓝河省立公园。根据 2007 年的统计，那里的数量约有 500 只。

当鹭鹤张开翅膀炫耀黑白分明的飞羽时，它的美丽就完全展现在我们的面前。

文化地位

根据《世界鸟类手册》第3卷，新喀里多尼亚原住民卡纳克人（Kanak）的部落首领会用鹭鹤的羽毛来装饰战帽，原住民的战斗之舞往往也伴随着鹭鹤的鸣唱。在过去，卡纳克人和欧洲殖民者都会捕捉鹭鹤来食用。

1860年，博物学家首次对鹭鹤进行了系统的描述。很快，鹭鹤就受到了动物园和博物馆的热烈追捧，被当地人大量活捉并作为宠物卖给欧洲人。

在19世纪，由于欧洲贵族女帽的装饰需求，鹭鹤冠羽的价格居高不下。因此，大量鹭鹤被捕杀，几乎到了灭绝的地步。

船长詹姆斯·库克（James Cook）在1774年将狗带到了新喀里多尼亚，对鹭鹤的生存造成了威胁。其他的威胁还包括林业建设、采矿、火灾和入侵的鹿。波路帕里（Boulouparis）是蓝河省立公园之外最重要的鹭鹤栖息地之一，鹿的存在严重损害了这里的植被。

2008年，在伙伴机构的支持下，新喀里多尼亚鸟类学会推出了"鹭鹤恢复计划"（Kagu Recovery Plan），旨在深入了解鹭鹤的分布与种群趋势。

传统的鸟类普查方法是在黎明时分记下鸣唱的个体数。然而，这种方法不适用于鹭鹤，因为这种神出鬼没的鸟并不是每天都会鸣唱。因此，研究人员必须对监测点进行多次观察。但许多监测点的位置十分偏僻，难以进行定期调查。为了解决这一问题，鸟类研究人员在监测点布设了多个鸣唱记录仪，建立起一个监测网络，在每天日出前后的两小时对鸟类鸣唱进行录制。7天后，研究人员再回收记录仪、下载录音、分析声谱图，从中找出鹭鹤的鸣唱。然后，这些记录仪被安装到下一个监测点，重复之前的操作。目前，该计划已经收集了超过100个监测点的录音，蓝河省立公园中的9个保护站也进行着人为监测。不过，研究人员希望能把鸣唱记录仪运用到新喀里多尼亚全境。

图为新喀里多尼亚在1948年发行的3枚鹭鹤限量版邮票之一。

新西兰（NEW ZEALAND）

几维鸟

Kiwi, *Apteryx* spp.

● 物种濒危等级因种而异

保护现状： 几维鸟一共有 5 种。大斑几维（*Apteryx haastii*）处于易危状态，小斑几维（*Apteryx owenii*）为近危，北岛褐几维鸟（*Apteryx mantelli*）为濒危，褐几维（*Apteryx australis*）为易危。欧加里托几维鸟（*Apteryx rowi*）在 1994 年成为一个独立的物种，在编写本书时，鸟类学家正在核查该物种的受威胁等级。不过，新西兰将欧加里托几维鸟归入了国家级重要鸟类。

体型： 大斑几维的体型最大，体长 45 厘米。小斑几维体型最小，只有 30 厘米。北岛褐几维鸟、褐几维和欧加里托几维鸟介于二者之间，体长约为 40 厘米。

描述： 尽管不同种类的几维鸟在体型和羽色上各不相同，但它们都主要在夜间活动，且具有一些独特的共同特征。它们都无法飞行，残留的羽毛被人们描述为毛发或毛皮。它们拥有像猫一样的胡须，骨骼中含有骨髓，鼻孔位于长喙的末端，不同于其他鸟类。与自身的体型相比，它们的卵是所有鸟类中最大的，卵黄的含量也更高。

食性： 杂食，主要以蠕虫为食。它们的食物十分多样，包括木虱、蜘蛛、蜗牛、蛞蝓、蛆、种子、浆果和植物的其他部位。

繁殖方式： 在洞穴中筑巢，每一窝只产 1 枚卵（大约是雌鸟体重的四分之一）。雏鸟在孵化的时候就已经发育出完整的羽毛，很快就能脱离父母独立生活。

　　提及国鸟与国家之间的紧密联系，没有什么能比得上几维鸟与新西兰。几维鸟是新西兰的官方国鸟，就连新西兰人也被世界人民亲切地称为"几维人"（Kiwis）。这个昵称源于第一次世界大战（1914—1918 年），来自世界各国的军队用"几维"来称呼新西兰士兵。当这场战争即将结束的时候，在英格兰威尔特郡的索尔斯堡平原（Salisbury Plain），吊索营地（Sling Camp）中的新西兰军队在附近的低山丘陵上刻下了一只巨大的几维鸟。如今，不论职业、社会背景、年龄和性别，所有的新西兰人都可以被称为"几维人"。

　　几维鸟的形象在新西兰的官方和非官方领域中被广泛使用。在某些地方，几维鸟被描绘成一个简单的剪影，比如新西兰皇家空军的圆形标志。在其他领域，几维鸟的图案呈现出别样的风格，比如新西兰银行旗下的"拯救几维鸟"信托基金（Save the Kiwi Trust）所采用的机构标识，或萨摩亚裔新西兰人迈克尔·塔弗里（Michael Tuffrey）为新西兰广播电台设计的卡通吉祥物。

分布范围： 几维鸟是新西兰的特有种。大斑几维仅分布于南岛（共有 22 000 只成年个体，处于下降态势），小斑几维已经被重新引入 5 个近海岛屿和一个大陆地区（共有 1200 只成年个体，数量稳定），北岛褐几维鸟主要分布于北岛（共有 35 000 只成年个体，数量正在下降），褐几维仅分布于南岛的部分地区（共有 27 000 只成年个体，数量正在下降），欧加里托几维鸟主要分布于南岛的欧加里托几维鸟保护区（仅剩 375 只）。大部分几维鸟所面临的主要威胁是人为引入的捕食者，比如白鼬（*Mustela erminea*）。

生境类型： 因种而异，比如森林、草地、灌木丛和牧场。

上图： 几维鸟在洞穴中繁殖。它们每一窝只产 1 枚卵，卵的体积很大。

左图： 几维鸟具有敏锐的嗅觉，是世界上已知的唯一一种鼻孔长在喙末端的鸟类。

上图： 几维鸟是夜行性鸟类。当夜幕降临时，它们从洞穴中出来觅食，寻找蠕虫、昆虫或掉落的果实等。

在以几维鸟为标志的商品中，最著名的要数一款同名擦鞋膏。尽管这款擦鞋膏是在澳大利亚研发的，但它的创造者威廉·拉姆齐（William Ramsay）为了纪念出生于新西兰的妻子安妮（Annie），选择用几维鸟来为之命名。这款擦鞋膏上市于 1906 年。如今，世界各地都有它的制造商。

观赏地点 在新西兰北岛的罗托鲁瓦（Rotorua），彩虹泉原始生态园（Rainbow Springs Kiwi Wildlife Park）是一个观察几维鸟的好去处。这里是新西兰"最大和最成功的几维鸟保护中心"。自 1995 年以来，已经有 1000 多只人工饲养的北岛褐几维鸟被放归野外。来到彩虹泉的游客可以在暗房和夜间的室外参观区中与几维鸟亲密接触。

在北岛的奥托罗杭格（Otorohanga），人们也可以到奥托罗杭格几维鸟屋和本土鸟类公园（Otorohanga Kiwi House and Native Bird Park）的夜间围场观赏几维鸟。该公园号称拥有全国"最大的本土鸟类收藏"。

文化地位

对于毛利人（Maori）来说，几维鸟是森林之神塔尼·玛胡塔（Tane Mahuta）手下的隐秘之鸟。显然，这些新西兰原住民知道几维鸟并不只是一个物种，而是一个类群里的多个物种，因此他们为这些几维鸟都取了不同的名字。比如，大斑几维被毛利人称作"罗罗亚"（Roroa），而小斑几维则是"普库普库几维鸟"（Kiwi Pukupuku）。至于极为罕见的欧加里托几维鸟，它的俗名"罗维"（Rowi）反而比从前的通用名更为人熟知。

几维鸟是毛利人的宝贵资源。原住民利用狗和陷阱来捕捉它们，并为此举行隆重的仪式。不过，捕猎的成功率是非常低的。人们把几维鸟的肉放在土灶里熏制，这可是得来不易的蛋白质资源。

毛利人还用几维鸟的羽毛来制

几维鸟出现在新西兰的硬币和邮票上，该国的货币也通常被称为"几维纽币"。1998年，新西兰发行了一套8枚的本土鸟类邮票，图中的褐几维正是这8枚邮票之一。

40c
NEW ZEALAND

作斗篷，要么把羽毛缝在亚麻布上，要么把几块带着羽毛的皮缝在一起。一般只有部落首领才有资格穿这种斗篷。根据"拯救几维鸟"信托基金会的官方资料，这种服饰名为"喀胡几维"（Kahu-Kiwi），带有几维鸟的精神与灵魂。每逢死亡、婚姻或其他重要时刻，部落首领将喀胡几维披在肩上，象征着领袖的权力与高贵的出身。这个传统一直延续到了今天，但如今的羽毛来源于交通意外、自然死亡或捕猎获得的几维鸟尸体。

在新西兰，几维鸟的栖息地附近都竖有特殊的路标。

"拯救几维鸟"信托基金会与新西兰国家银行、新西兰环保部和皇家森林与鸟类保护学会（Royal Forest and Bird Protection Society）合作，以保护几维鸟及其生境为目标，确保它们能在未来更好地繁衍生息。

1934 年，新 西 兰 储 备 银 行（Reserve Bank of New Zealand）正式成立，并发行了一枚绘有几维鸟

这个几维鸟形的大型波状钢雕塑位于新西兰的奥托罗杭格。

的 5 英镑纸币，几维鸟也出现在该银行发行的 1 纽元硬币上。新西兰的货币常常被人们称为"几维纽币"（kiwi dollar）。

新西兰的邮票总少不了几维鸟的身影，包括 1898 年的面值 6 便士的邮票和 2011 年重新发行的收藏版圆形邮票。为了给国内的弱势儿童筹集善款，新西兰在 2011 年还发行了面值为 10 分和 60 分的附加邮票，这两枚邮票也绘有几维鸟的形象。

右图： 几维鸟也是新西兰国家银行标志的一部分。

BANK OF NEW ZEALAND

1906年，新西兰推出了世界闻名的几维牌擦鞋膏。

尼加拉瓜（NICARAGUA）
绿眉翠鴗
Turquoise-browed Motmot, *Eumomota superciliosa*

● **物种濒危等级：低危**

保护现状： 成鸟的数量可能高达 50 万只。

体型： 体长 33~38 厘米。

描述： 最显著的特征是尾部细长，末端发黑且呈球拍状。外形独特，雌雄同型，主要羽色为蓝绿色、绿色和棕色。其他识别特征还包括黑色的脸罩和硕大的喙。

食性： 多种昆虫（如蝴蝶、蜜蜂、蜻蜓）、蜘蛛、蠕虫、小型蜗牛和其他无脊椎动物，蜥蜴，植物果实。

繁殖方式： 通常在土堤或低矮的悬崖挖掘较深的洞穴，于洞穴的尽头筑巢，每一窝产 4 枚卵。

分布范围： 非常广。原产于 6 个中美洲国家：哥斯达黎加、萨尔瓦多、危地马拉、洪都拉斯、墨西哥和尼加拉瓜。

生境类型： 林地、灌木丛、种植园和花园。

尼加拉瓜人将绿眉翠鴗称为"瓜达巴兰科"（Guardabarranco），意为"峡谷守卫"。1990 年，卡蒂亚·卡尔德纳（Katia Cardenal）和萨尔瓦多·卡尔德纳（Salvador Cardenal）成立了一支二人乐队。他们用祖国的国鸟"瓜达巴兰科"来为自己的乐队命名。

观赏地点 人们可以在尼加拉瓜的许多地方看到绿眉翠鴗，尤其是在格拉纳省（Granada）、马萨亚省（Masaya）、卡拉索省（Carazo）和里瓦斯省（Rivas），以及首都马拉瓜（Managua）。

文化地位

尼加拉瓜的多枚邮票，以及发行于 2007 年的 200 科多巴（Córdoba）① 纸币都绘有绿眉翠鴗的图案。

在尼加拉瓜，一款五颜六色的冰箱贴汇聚了本国的特色元素，包括绿眉翠鴗、国花红花缅栀（*Plumeria rubra*）、咖啡树、湖泊和火山。

① 科多巴是尼加拉瓜共和国法定货币。——译者注

1989 年，为了纪念在巴西举办的国际集邮博览会，人们发行了一套7枚的特色鸟类邮票。这枚绘有绿眉翠鴗的邮票正是其中之一。

尼日利亚（NIGERIA）

黑冕鹤

Black Crowned Crane, *Balearica pavonina*

黑冕鹤是尼日利亚的官方国鸟。该物种的雌鸟和雄鸟都具有独特而高耸的金色冠羽。但在尼日利亚的日常生活中，这种鸟的形象似乎很少被人们使用。

观赏地点　尼日利亚鹤类基金会（Nigerian Crane Foundation）表示，出于安全考虑，人们无法进入黑冕鹤所在的区域。因此，黑冕鹤在其他国家的可见率要更高一些。

物种濒危等级：易危

保护现状： 该物种有 2 个亚种，分布于尼日利亚的是亚种 *B. p. pavonina*，又称西非冕鹤。据估计，该亚种的总数量已经下降到 15 000 只。而在尼日利亚，它们正处于灭绝的边缘。

体型： 体长 100~105 厘米。

描述： 头部和身体主要为黑色，并带有一些白色、黄色和棕色的羽毛。最引人注目的特征是高耸的金色冠羽。西非亚种与东非亚种的区别在于，它的颊斑只有下半部分是红色的，而东部亚种的红色延伸到了颊斑的上半部分。

食性： 与其他鹤类一样，黑冕鹤也是杂食性鸟类。其主要食物包括草尖、农作物种子、昆虫和其他无脊椎动物，以及小型脊椎动物。

繁殖方式： 在植被茂密的湿地内或附近繁殖，每一窝产数枚卵。该物种的鸟巢为用草和莎草搭建的圆形平台。

分布范围： 西非亚种分布于非洲中北部的塞内加尔到乍得。

生境类型： 经常出没于潮湿或干燥的开阔地区，但更喜欢淡水沼泽、湿润的草地和水体边缘。

飞行中的黑冕鹤几乎不可能与其他鸟类混淆。

黑冕鹤喜欢淡水沼泽和湿地，以及湖泊或池塘边，但也会出现在干燥的环境中。

文化地位

根据国际鹤类基金会（ICF）提供的资料，在尼日利亚，活禽捕捉和鸟类贸易是黑冕鹤面临的最大威胁。人们将活鸟出售至本地、区域性乃至国际市场，能够获得不菲的利润。

北非、中东和欧洲对于鹤类的进口需求相当大，为参与贸易的各个群体带来了重要的收入。

黑冕鹤在 1992 年被列入了《濒危野生动植物国际贸易公约》（*Convention on International Trade in Endangered Species of Wild Fauna and Flora*）附录 2，表示该物种的出口需要官方许可证。但 ICF 表示，未经许可的国际贸易依然不断地蚕食着黑冕鹤的野生种群。

当地传统鼓励人们对西非的鹤类进行驯养，因为它们象征着高贵的社会地位、财富、幸福和权力，且能阻挡邪灵的侵害。当地人也会为了果腹和传统药用而捕杀黑冕鹤，但它们在多数地区的种群数量已经不足以维持这种做法了。

2001 年，一项针对尼日利亚北部贸易的调查显示，卡诺（Kano）[①]市场的卖家能从每只黑冕鹤身上赚取 150 美元的利润。这些鸟从卡诺出口到沙特阿拉伯、卡塔尔、阿曼等国家。另外，黑冕鹤的头部和羽毛还被用于传统疗法。

ICF 提出，还有许多因素间接地威胁了黑冕鹤的生存，包括执法不力、对违法偷猎的惩罚力度不足、对重要栖息地的保护政策及立法不足，以及对湿地重要性的保护教育缺失等。

来自尼日利亚自然保护基金会（Nigerian Conservation Foundation）的露丝·阿卡古（Ruth Akagu）表示，根据 ICF 和湿地国际（Wetland International）在 2001 年做的调查，黑冕鹤的数量显著下降，人们在曾经的主要栖息地中也找不到它们的身影了。尽管黑冕鹤在尼日利亚备受尊崇，但国鸟的身份并未对它们的现状带来任何积极的改变。她还补充道，由于安全问题，研究人员无法进入黑冕鹤的现存区域，因此无法确定它们的种群现状。

---

① 卡诺是尼日利亚北部的一座城市。——译者注

这枚邮票发行于1966年。据说，邮票上描绘的是灰冕鹤而不是黑冕鹤。

挪威（NORWAY）

河乌

White-throated Dipper, *Cinclus cinclus*

河乌在 1963 年被票选为挪威的国鸟。

观赏地点 河乌总是待在湍急的河流或小溪中。在潜水觅食的间隙，它们会停栖在裸露的岩石或水坝上。这种非比寻常的鸟类可以把翅膀当作鳍，从而在水下游泳，甚至可以在河床上行走。

文化地位

在 1963 年的 3 月到 5 月，国际鸟类保护理事会（International Council for Bird Preservation）[①] 挪威分会与挪威广播公司（Norwegian Broadcasting Company）开展了 5 次活动，邀请民众选出自己心目中的国鸟。同年，在 4819 张有效选票中，河乌赢得了的 1182 票，占总数的 24.5%，被正式提名为挪威的国鸟。

河乌能够潜水、在水下游泳，甚至还能在溪流中、河床上行走与觅食。这种魅力非凡的小鸟常与河流边的居民和建筑物联系在一起，拥有积极的公众形象。

① 该机构是国际鸟盟的前身。——译者注

● **物种濒危等级：低危**

保护现状： 据估计，全球共有 100 万~400 万只成年个体。其中，有 17 万~33 万对成年个体在欧洲繁殖。

体型： 体长 17~20 厘米。

描述： 指名亚种是一种矮胖的深褐色鸟类，带有一块白色的"围兜"。雌雄同型。指名亚种 *C. c. cinclus* 分布于斯堪的纳维亚。

食性： 水生昆虫及其幼体，尤其是蜉蝣、石蝇若虫和毛翅目幼虫。

繁殖方式： 通常在流动的水体附近（例如磨坊、桥下、天然或人造的裂缝或岩架，甚至是瀑布后方）繁殖。该物种的鸟巢为大型圆顶巢，出入口位于侧方。窝卵数为 3~6 枚。

分布范围： 极广。原产于至少 63 个国家，其分布范围从阿富汗延伸到奥地利，从中国大陆到塞浦路斯，从伊拉克到爱尔兰，从乌克兰到英国。

生境类型： 主要为无脊椎动物丰富、水流湍急、岩石外露的溪流和河流。

1984年，挪威发行了一套4枚的本土鸟类邮票，其中一枚描绘了河乌的形象。

巴基斯坦（PAKISTAN）

石鸡

Chukar Partridge, *Alectoris chukar*

石鸡是巴基斯坦的鸟类象征。它的名字 chukar 来源于乌尔都语（Urdu）[①] 中的 chakhoor 一词。

观赏地点　只要有合适的生境，人们就有可能看到石鸡。据说，在一些人烟罕至的地方，这种鸟类随处可见。

---

① 乌尔都语是巴基斯坦的国语，也是印度宪法承认的语言之一。——译者注

文化地位

　　在巴基斯坦，石鸡是爱情的象征。神话中，一只石鸡为月亮而着迷，常常仰头盯着月亮看。

　　在殖民时期的印度，英国殖民者将猎杀石鸡视为一项有益身心的运动。幸运的是，这种打猎活动并没有对石鸡产生太多负面影响。

　　2003 年和 2009 年发行的邮票上都绘有石鸡的形象。

● **物种濒危等级：低危**

保护现状： 根据 2004 年的统计，全球数量约为 200 万只。

体型： 体长 32~39 厘米。

描述： 一种别具特色、带有醒目花纹、身型矮胖的鸟类。颈部有黑色斑纹，体侧具有粗厚的横纹，喙和腿为红色，下体为棕色和蓝灰色。雌雄同型。该物种一共有 14 个亚种，其中亚种 *A. c. koroviakovi* 分布于巴基斯坦。

食性： 以植物的根、芽，以及谷物和昆虫为食。

繁殖方式： 在地面刮出浅坑作为鸟巢，通常每一窝产 7~12 枚卵。

分布范围： 该物种是分布最广的雉类之一，原产于包括巴基斯坦在内的 31 个国家，如今已经被引入许多其他国家。

生境类型： 在巴基斯坦，该物种出没于植被稀少、多岩石的干旱地带。

与其他种类的雏鸟一样，石鸡雏鸟看起来比成鸟邋遢得多。

2009 年，巴基斯坦发行了这枚三角形的石鸡邮票，以纪念国家环境年（National Environment Year）。

帕劳（PALAU）

帕岛果鸠

Palau Fruit Dove, *Ptilinopus pelewensis*

● 物种濒危等级：低危

保护现状： 根据国际鸟盟的描述，该物种的数量可能处于中等水平和稳定态势。1991 年的数量约有 45 000 只。

体型： 体长 23~25 厘米。

描述： 除了头顶的紫色斑块，头部的其余部分、颈部和胸部都是灰色的。腹部具有橙色的横带，背部、翅膀和尾部为橄榄绿色，喙灰色，腿部深红色。

食性： 主要在树冠层觅食，以植物果实为食。

繁殖方式： 在树木或灌木丛中用小树枝搭建平台型的鸟巢，每一窝产 1 枚卵。

分布范围： 狭域分布。该物种为太平洋岛国帕劳的特有种。

生境类型： 森林。

在一次全国性的评选中，帕岛果鸠被学生们选为帕劳的国鸟。1994 年，帕劳群岛成为一个独立的共和国，并成立了帕劳自然保护协会（Palau Conservation Society）。国鸟评选活动正是该协会成立后的首要工作之一。

观赏地点 帕岛果鸠生活在帕劳群岛的森林中，而帕劳群岛由大约 340 个岛屿和小岛组成。根据《世界鸠鸽手册》（*Pigeons and Doves: A Guide to the Pigeons and Doves of the World*）的说法，帕岛果鸠来自于巴伯尔图阿普岛（Babelthuap）、科罗尔岛（Koror）、佩莱利乌岛（Peleiu）和安加尔岛（Angaur）。

帕岛果鸠和它所生活的环境一样独特而多彩。

这张照片展示了帕岛果鸠的紫色头顶和橄榄绿色的背部。

帕岛果鸠的形象出现在1983年发行的一枚面值为20分的邮票上。

文化地位

多年来，帕劳的邮票总少不了帕岛果鸠的身影。该国在1991年发行了一套11枚的鸟类邮票，其中的一枚就绘有帕岛果鸠。同样的还有帕劳自然保护协会的标志。

帕岛果鸠也被称为"碧比"（Biib）。根据自然保护协会官网的资料，帕岛果鸠是帕劳最受欢迎的特有鸟种之一。

传说中，帕岛果鸠曾是一位名叫碧比的年轻美女，浑身散发着优雅与妩媚的气息，她深爱着一个名叫马特克鲁姆斯（Matkerumes）的男人。后来，碧比被迫嫁给巫龙部落（Ulong）的首领奥西力克（Osilek），她对丈夫的厌恶和恨意与日俱增。当碧比染上麻风病后，

奥西力克对她避而远之。她的脸和身体被疾病折磨得丑陋不堪，连自己的母亲看了都无法忍受。

马特克鲁姆斯将碧比的身体浸入生长着朱蕉（Cordyline fruticosa）的水中。这种植物带有神明赐予的魔力，于是她奇迹般地恢复了健康和美貌。当这对爱侣乘着独木舟离开时，碧比的母亲决定投河自尽。她朝碧比喊道："再看我最后一眼！

跳入水中后，我就会变为一只蛤蜊。亲爱的女儿，记得千万不要吃蛤蜊。"碧比看见这一幕，也选择以同样的方式自杀了。

帕劳自然保护协会的工作人员称，如果饲养帕岛果鸠的主人吃了蛤蜊或把蛤蜊带进屋内，帕岛果鸠就会死去，因为那曾是碧比的母亲。他们还补充道，在帕劳的森林里，人们可以听见这种害羞的鸟儿不断发出悲伤的咕咕声。

帕劳自然保护协会的标志就是一只帕岛果鸠。

128

巴勒斯坦（PALESTINE）
北非橙簇花蜜鸟
Palestine Sunbird, *Cinnyris osea*

● **物种濒危等级：低危**

保护现状： 全球数量尚未明确，但似乎处于稳定态势。虽然该物种在其分布范围内的大部分地区并不常见，但在某些地区属于常见鸟类。

体型： 体长 8~10 厘米。

描述： 从远处看，雄鸟似乎是深色的，但在特写镜头中，只要光线适宜，其彩虹般的羽色（主要为蓝绿色、紫色和黑色）就会变得十分明显。喙和腿部都为黑色。雌鸟的羽色是一种难以描述的灰褐色。该物种有两个亚种，其中指名亚种 *C. o. osea* 分布于巴勒斯坦。

食性： 多种开花植物的花蜜、果实、种子、蜘蛛和昆虫。

繁殖方式： 雌鸟单独完成筑巢工作，通常在灌木丛中建造一个梨形的鸟巢，窝卵数为 1~3 枚。

分布范围： 非常广。原产于 15 个国家和地区，包括巴勒斯坦。

生境类型： 干燥的草地、河边的灌丛、多岩石的地区，以及公园、花园和果园。

在编写本书时，北非橙簇花蜜鸟还不是巴勒斯坦当局所认定的官方鸟类象征，但在不久的将来，它很有可能获得这一地位。该物种深受当地人民的喜爱，为了帮助它成为鸟类象征，人们正在采取各项行动，以获得当局的支持。

巴勒斯坦艺术家兼摄影师哈立德·贾拉尔（Khaled Jarrar）设计了一款非官方的"巴勒斯坦"护照印章和一枚面值 750 费尔（先前的巴勒斯坦货币）的非正式邮票。前者采用了北非橙簇花蜜鸟的抽象图案，而后者是贾拉尔私人印制的作品，包含了该物种的照片。

观赏地点 北非橙簇花蜜鸟不仅常见于自然环境中，也时常出没于鲜花盛开的花园。巴勒斯坦游客信息中心（Palestine Visitor Information Centre）表示，"人们不需要为了寻找北非橙簇花蜜鸟而远离城市。开满鲜花的家庭花园就像一所完美的餐厅，它们会聚集到这里鸣唱和觅食。"

北非橙簇花蜜鸟通常停栖在花朵旁边觅食，但它也可以在吸食花蜜或捕食昆虫的时候悬停。

文化地位

左图和左下图：英国文化协会在2012年举办了国际建筑与设计展览，重头展品就是图中的北非橙簇花蜜鸟——一尊由激光切割木料制成的高大塑像。

的原木制成。这种木料常见于世上最重要的鸟类迁徙路线之一。这只北非橙簇花蜜鸟还象征着行动自由与希望。英国文化协会表示，花蜜鸟的身体结构和旺盛的活力都代表了一种行动的自由，以及不愿受到任何强权控制的希望。

巴勒斯坦的盾徽是"萨拉丁之鹰"（Eagle of Saladin），象征着该地区的独立。萨拉丁（Saladin，1138—1193年）是一名拥有库尔德族（Kurdish）[2]血统的穆斯林，也是埃及和叙利亚的第一位苏丹[3]（Sultan），他曾领导伊斯兰人民反抗欧洲十字军。

---

[2] 相传库尔德族是古代米底亚人的后代，在中东是一个人口仅次于阿拉伯人、土耳其人和波斯人的第四大民族。——译者注

[3] 苏丹指的是伊斯兰教历史上一个类似总督的官职。——译者注

巴勒斯坦盾徽的主体部分是萨拉丁之鹰。

巴勒斯坦游客信息中心位于伯利恒（Bethlehem）[1]，该机构称北非橙簇花蜜鸟是巴勒斯坦的象征。艺术家们对于这种鸟青睐有加。已故的伊斯梅尔·沙姆奥特（Ismail Shammout, 1930—2006年）是巴勒斯坦的一名难民和艺术家，他为北非橙簇花蜜鸟创作了一幅著名的画作。

---

[1] 伯利恒是巴勒斯坦中部城市，也是耶稣诞生之地。——译者注

2012年，英国文化协会（British Council）在伦敦的梦想空间画廊（Dreamspace Gallery）举办了国际建筑与设计展览（International Architecture and Design Showcase），其目的在于展示巴勒斯坦复兴工作组（Palestine Regeneration Team）在约旦河西岸和加沙地带的最新作品。该展览的重头展品是一只巨大的北非橙簇花蜜鸟，这只鸟由激光切割

巴拿马（PANAMA）

角雕

Harpy Eagle, *Harpia harpyja*

● **物种濒危等级：近危**

保护现状： 据估计，成年个体的总数量不足 5 万只。由于捕猎和栖息地的丧失，该物种的数量正在以中等速度下降。

体型： 一种体型庞大的鸟类，是世界上最大、最强壮的猛禽之一。体长 89~105 厘米，翼展长达 2 米；雌鸟的体重为 7.6~9 千克，雄鸟为 4~4.8 千克。

描述： 一种羽色亮眼的猛禽，雌雄同型。成鸟的羽毛主要为黑色、白色和灰色。头部和颈部为灰色（当颈后的冠羽展开时，头部会显得比较大），具有深色胸带。上体深色，下体白色，尾部较长且带有横斑。喙和爪子都很大，后爪可长达 7 厘米。

食性： 主要以猴子和树懒为食，以及其他生活在树上或地面的哺乳动物、爬行动物和大型鸟类，包括冠雉和金刚鹦鹉。该物种是快速而敏捷的捕食者，能在穿越森林的过程中捕获许多猎物，也可埋伏在河流和盐碱地捕食。

繁殖方式： 通常在高大的树木上用树枝筑造大型鸟巢。每一窝产 2 枚卵，但只有一只雏鸟能被抚养长大。根据《世界鸟类手册》第 2 卷，该物种每三年才繁殖一次。

分部范围： 中美洲和南美洲。但该物种为零星分布，通常很罕见。

生境类型： 低地热带森林。

在巴拿马共和国的国徽上，一只形似角雕的大型猛禽张开双翼、冠羽高耸。不过，这只被刻画在国徽上的雕究竟是哪一物种呢？直到 2006 年，这个谜题才终于被解开。巴拿马当局通过了一项法律，确认国徽上的猛禽确实是角雕。在 2002 年，另一项法律将角雕认定为该国的国鸟。

观赏地点 达连国家公园（Darién National Park）是目前已知的角雕数量最多的地方。在这里，游隼基金会正致力于增强环境教育、当地社区的参与和针对种群生态学的基础研究，以保护该物种及其栖息地。

在索韦拉尼亚国家公园（Soberania National Park）内的萨米特动植物园（Summit Botanical Garden and Zoo），人们可以在由索尼公司赞助的角雕展览会中看到真实大小的鸟巢、相关信息展示板和影像资料。

文化地位

角雕的英文名取得十分贴切；Harpy 一词来源于希腊语，意为"掠夺者"。这种猛禽擅长在树林中悄声飞行，掠夺猴子、树懒和其他动物的食物。在希腊神话中，哈耳庇埃（Harpy）是个半鸟半人的鹰身女妖。她残忍贪婪，常抢夺食物或其他物品，甚至会绑架人类。

自从角雕被选为国鸟，巴拿马政府开始做出各项努力，以提高公众对角雕的认识，并深入了解该物种在野外环境中面临的威胁。2011 年 4 月 10 日，巴拿马人民在萨米特动植物园隆重庆祝"角雕节"（FestiHarpia）。

巴拿马奥杜邦协会（Audubon Society of Panama）和角雕之友基金会（Harpy Eagle Friends Foundation）将加拿大野生动物画家大卫·基特勒（David Kitler）的角雕画作制成了书签，这 5000 枚书签旨在提高在校生对于该物种的认识。

2005 年 11 月，为了支持角雕的保护工作、帮助该物种恢复到历史水平，以及提高民众关注度、宣传这种顶级捕食者在生态系统中起到的关键作用，大卫和他的妻子莱（Ly）在巴拿马的达连省（Darien）度过了一个月。他们的大部分时间都是在拉诺伯尼托村（Llano Bonito）度过的。在此期间，为了在画中呈现出真实的角雕，大卫对其进行了迄今为止最全面的艺术考察。

大卫的巴拿马之行由自然保护艺术家协会（Artists for Conservation）出资赞助。随后，他们第二次前往达连省，为拉诺波尼托村捐赠了学校用品和棒球装备。村中的恩波拉（Embera）部落沿袭了祖先的生活方式，靠务农、打猎和捕鱼为生。大卫和莱夫妇是第一批住在这个村子的外来人员。棒球在村民中很受欢迎，大卫和莱希望这些棒球装备能为拉诺波尼托村和附近其他村庄的孩子们带来欢乐，从而令他们改掉侵扰野生动物的坏习惯。

人们捕杀角雕的原因各异，可能是为了果腹或取得羽毛，也可能是出于恐惧。角雕的尾羽被装点在传统的祭祀头饰上，巫医也会在治疗仪式中使用它们的羽毛。据自然保护艺术家协会称，一只成年雌性角雕被巴拿马村民射杀，仅仅是因为村民害怕这种巨大而强壮的猛禽

图为画家大卫·基特勒与他的妻子莱，以及部落中的原住民。这对夫妇为提高公众保护意识和支持角雕保护工作付出了巨大的努力。

会攻击或吃掉小孩。但事实上，角雕从未有过这样的攻击行为。

大卫·基特勒的角雕画作之一。

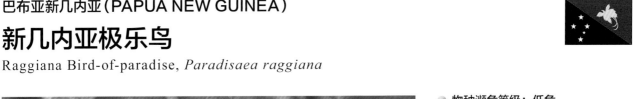

巴布亚新几内亚（PAPUA NEW GUINEA）

新几内亚极乐鸟

Raggiana Bird-of-paradise, *Paradisaea raggiana*

物种濒危等级：低危

保护现状： 尽管野生种群的具体数量尚未明确，但人们认为该物种十分常见且数量稳定。

体型： 体长34厘米。

描述： 与其他几十种极乐鸟一样，新几内亚极乐鸟的美丽令人叹为观止。雄鸟的头部和饰领为黄色，喉部深绿色，喙蓝灰色，上胸黑色。胁部的羽毛为肉粉色到橙红色，具有两根极长的、电线般的黑色尾羽。相比之下，雌鸟的羽色就显得单调许多。

食性： 植物果实（该物种是一些桃花心木和肉豆蔻类植物的种子的主要传播者）和节肢动物（比如昆虫、蜘蛛和甲壳动物）。

繁殖方式： 通常在离地面2~11米高的树枝上筑造碗状鸟巢，窝卵数为2枚。在传统的公共求偶场中，每次都有2~10只雄鸟展开竞争，以吸引雌鸟的注意。为了达到最佳效果，这些雄鸟会摆出各种浮夸的姿势，炫耀自己的橙红色羽毛。

分布范围： 广泛分布于巴布亚新几内亚的南部和东北部。

生境类型： 主要为湿润的低地森林。其他合适的生境还包括退化的前森林地带和乡村花园。

　　在当地，新几内亚极乐鸟也被称为"库穆尔"（Kumul），而其英文名中的Raggiana一词来源于意大利热那亚的侯爵弗朗西斯·拉吉（Francis Raggi）。该物种在1971年成为巴布亚新几内亚的国鸟。

　　新几内亚极乐鸟的形象被描绘在该国的国旗上。国旗左下方是代表南十字星座的五颗星星，而右上方是一只张开双翼的极乐鸟剪影，其黄色的羽毛映衬着红色的背景。在国徽上，极乐鸟栖息于一面鼓和一支矛上，

上图：这张照片展示了极乐鸟的美丽身姿——就像身着及地新衣的约瑟（Joseph）①一样，雄鸟披着一身五颜六色的华丽羽衣。

下图：一只正在求偶的雄性新几内亚极乐鸟弯下身子，用胁部的红色羽毛吸引雌鸟。

---

① 约瑟是《旧约圣经》中的人物，为雅各与拉结所生之子，是雅各的第十一个儿子。他天生聪颖，获得雅各的偏爱。父亲还为他造了一件长袖的及地新衣，于是他遭到了众弟兄的嫉恨。——译者注

将翅膀和尾羽完全展开。

邮票、硬币、纸币和巴布亚新几内亚航空（Air Nuigini）的飞机上都有新几内亚极乐鸟的图案。

根据蒂姆·拉曼（Tim Laman）和埃德温·斯科尔斯（Edwin Scholes）所著的《极乐鸟：揭秘世界上最非凡的鸟类》（*Birds of Paradise: Revealing the World's Most Extraordinary Birds*）一书，新几内亚极乐鸟的形象被广泛应用于国内和出口的商品上。

观赏地点 在巴布亚新几内亚，观赏新几内亚极乐鸟的最佳地点之一是拜耶河野生动物保护区（Baiyer River Wildlife Sanctuary）。该保护区位于西部高地省（Western Highlands Province）的首府芒特哈根（Mount Hagen）北部。

文化地位

极乐鸟具有奇特的外表和华丽的羽毛，在巴布亚新几内亚的部落文化中始终占据着特殊的地位。原住民十分喜爱极乐鸟的羽毛，并将它们装点到头饰或其他衣物上，尤其是那些用于仪式、祭祀的服装。据说，在17世纪初，威尼斯探险家和学者安东尼奥·皮加费塔（Antonio Pigafetta）是第一批看到极乐鸟的欧洲人之一。他在日记中写道，他遇到的原住民认为极乐鸟起源于人间天堂，被称为"神之鸟"（Bolon Diuata）。

第一只被运往欧洲的极乐鸟没有腿，因此人们以为这种神奇的生物能够在云端无止境地飞行。这也是传说中的极乐鸟不需要腿的原因。它以云露为生，让阳光为自己的羽毛着色，死去的时候才会掉落到地上。

19世纪，由于女帽的风行，设计师们对于极乐鸟羽毛有着庞大的需求，导致它们的数量直线下降。据消息人士称，到了20世纪早期，每年有至少50 000只极乐鸟遭到捕杀和买卖。直到1922年的出口禁令颁布后，它们的种群才开始逐渐恢复。

巴布亚新几内亚生物研究所（Papua New Guinea Institute of Biological Research）的主任米莉亚姆·索佩娜（Miriam Superna）表示，尽管对极乐鸟的商业开发已经被禁止，但当地人之间的交易依然存在。研究所的调查显示，一些巴布亚人通过购买或租用带有极乐鸟羽毛的传统装饰品来庆祝节日，而有些人将这类装饰品保存在竹筒或手提箱里，代代相传。

巴布亚新几内亚塔里高地（Tari Highlands）的原住民部落胡里威格曼（Huli Wigmen）以狩猎和采集为生。他们的头饰色彩丰富、十分精致，并装点着新几内亚极乐鸟和其他极乐鸟的羽毛。这个部落以一种模仿极乐鸟动作的"鸟之舞"而闻名，他们模仿的极乐鸟正是与其生活在同一个地区的种类。

人们把巴布亚新几内亚国家橄

巴布亚新几内亚航空公司的标志正是一只新几内亚极乐鸟。

榄球联队亲切地称为"库穆尔"，意为极乐鸟。而球队的标志也是一只黄色的极乐鸟。20世纪40年代末，橄榄球联队首次在巴布亚新几内亚境内比赛。这项运动是由澳大利亚士兵引进的。

巴布亚新几内亚的原住民部落常把极乐鸟的羽毛插在头饰上。

新几内亚极乐鸟出现在1984年发行的限量版邮票上。

巴拉圭（PARAGUAY）

裸喉钟伞鸟

Bare-throated Bellbird, *Procnias nudicollis*

● **物种濒危等级：易危**

保护现状： 由于森林砍伐和笼鸟贸易造成的大规模诱捕，该物种正在迅速减少。据认为，野生成年个体已经不足1万只。

体型： 体长25.5~31厘米。

描述： 雄鸟的外形十分惹眼，除了蓝绿色的眼部裸皮和黑色的喙之外，身体其余部分都是白色的。相比之下，雌鸟看起来就单调得多。

食性： 仅以植物果实为食。

繁殖方式： 相关数据缺乏。在目前发现的少量鸟巢中，有一个是由附生植物的小根所组成的杯状结构。人们认为，该物种的窝卵数为1枚。

分布范围： 仅分布于巴西、巴拉圭和阿根廷。

生境类型： 大西洋热带雨林。

在一次公众投票中，裸喉钟伞鸟被选为巴拉圭的国鸟。该物种在当地被称为"盖拉彭"（Guyra Pong），人们往往未见其鸟先闻其声。

观赏地点 博斯克–姆巴拉卡尤生物圈保护区（Bosque Mbaracayu Biosphere Reserve）经过了联合国教科文组织的认定，是巴拉圭的第一个自然保护区。人们可以在这个保护区中的热带森林看到裸喉钟伞鸟。

文化地位

巴拉圭在2004年发行了一枚绘有裸喉钟伞鸟的邮票。它也是巴拉圭动物门户网（FAUNA Paraguay）网站的标志，该网站是一个旨在促进巴拉圭动物和栖息地保护的在线社区。

裸喉钟伞鸟可谓是鸟如其名。它的叫声带有金属音色，并且震耳欲聋，在3公里之外都能清楚地听见。就算裸喉钟伞鸟的叫声一点儿也不动听，但依然有人将其作为笼鸟饲养，这着实令人费解。

巴拉圭动物门户网的保罗·史密斯（Paul Smith）称，裸喉钟伞鸟深深地根植于巴拉圭的民间文化中，原住民瓜拉尼人（Guarani）中就流传着关于这种鸟的传说。著名的瓜拉尼歌曲《帕杰罗康帕纳》（*Pajaro Campana*）把裸喉钟伞鸟的鸣唱融入了音乐之中，这首曲子通常是用竖琴演奏的。

裸喉钟伞鸟被巴拉圭动物门户网站评为最受观鸟者欢迎的10种鸟类之一。

巴拉圭动物门户网是致力于野生动物保护的在线社区，它的标志采用了裸喉钟伞鸟的图案。

秘鲁（PERU）

安第斯冠伞鸟

Andean Cock-of-the-rock, *Rupicola peruvianus*

雌性安第斯冠伞鸟的羽冠比雄鸟小，
羽毛主要为橙棕色。

安第斯冠伞鸟是秘鲁的国鸟，也是该国最受摄影师欢迎的鸟类之一。它出现在数枚秘鲁的邮票上。安第斯冠伞鸟拥有超凡脱俗的美丽羽毛，以及独特的交配仪式。在繁殖季节，雄鸟会聚集在一起求偶，用舞蹈表演来吸引围观的雌鸟。最强的舞者通常最先获得雌鸟的青睐。

● **物种濒危等级：低危**

保护现状： 不常见，且为零星分布。虽然全球数量尚未明确，但应处于稳定态势。该物种一共有 4 个亚种，其中有 3 个亚种分布于秘鲁的不同地区，包括指名亚种 *R. p. peruvianus*。后者分布于秘鲁中部。

体型： 体长 30~32 厘米。

描述： 雄鸟的外形十分奇特，却也极为迷人，是南美洲最接近极乐鸟的一种鸟类。除了黑色的翅膀和尾部以外，雄鸟还具有鲜艳的橙色或绯红色羽毛，而最引人注目的特征是半圆形的羽冠。雌鸟的羽冠较小，身上的羽毛为不太亮眼的橙棕色。安第斯冠伞鸟不易与圭亚那冠伞鸟(*Rupicola rupicola*)混淆，后者是另一个完全独立的物种。

食性： 主要以植物果实为食，也捕食大型昆虫。雏鸟对食物的选择较为多样化，其中青蛙和小型蜥蜴似乎是其食谱的重要组成部分。

繁殖方式： 雄鸟以其不可思议的求偶炫耀而闻名。在求偶期间，它们会兴奋地摆动、弹跳、点头、拍打翅膀、不断开合自己的喙，并发出各种咕哝和粗厉的叫声。该物种通常在岩石表面筑造锥形的泥巢，窝卵数为 2 枚。

分布范围： 分布于 5 个南美国家——玻利维亚、哥伦比亚、厄瓜多尔、秘鲁和委内瑞拉。

生境类型： 山地森林。

左图： 巢中的雌性安第斯冠伞鸟和它的雏鸟。

下图： 安第斯冠伞鸟被誉为新热带区的极乐鸟。它们会发出各种没有韵律的声响，包括猪一般的觅食和飞行鸣叫。

观赏地点 观赏安第斯冠伞鸟的最佳地点之一是"冠伞鸟小屋"（Cock-of-the-rock Lodge）。它距离安第斯山脉东坡的库斯科（Cusco）165公里，位于海拔1600米的云雾森林中。这个地方可绝不是浪得虚名，作为观察、聆听雄性安第斯冠伞鸟求偶的著名场所，这个小屋支撑并保护着一个50.6平方公里的云雾森林保护区。

这枚绘有安第斯冠伞鸟的邮票发行于1972年。

安第斯冠伞鸟的古怪外形无疑要归功于那醒目的羽冠，其头顶的羽毛构成了一个半圆形的盔状隆起。

文化地位

　　由于国际观鸟活动的盛行，安第斯冠伞鸟在境外的知名度可能比在秘鲁还大。秘鲁以其丰富的鸟类多样性著称，而安第斯冠伞鸟正是最受观鸟者欢迎的秘鲁鸟类之一。因此，这种鸟也是一种宝贵的旅游资源。它的形象至少出现在3枚邮票上，包括1972年的一套秘鲁鸟类邮票、2003年的安第斯冠伞鸟邮票，以及2004年的国家生物多样性日（National Biodiversity Day）纪念邮票。

菲律宾（PHILIPPINES）

菲律宾雕

Philippine Eagle, *Pithecophaga jefferyi*

● **物种濒危等级：极危**

保护现状： 据估计，现在野外只剩下180~500只成年个体。在过去的半个世纪里，该物种的数量急剧下降。森林砍伐、刀耕火种的农业活动和无限制的盗猎都是其面临的主要威胁。

体型： 世界上最大、最强壮和最稀有的雕之一，体长86~102厘米。

描述： 一种威武的猛禽，长有巨大的喙、深色的脸部、如鬃毛般蓬松的冠羽；上体深棕色，下体乳白色。

食性： 主要以哺乳动物为食，尤其是鼯猴（*Cynocephalus volans*）和椰子猫（*Paradoxurus hermaphroditus*）；也捕食其他鸟类和爬行动物，比如棕犀鸟（*Buceros hydrocorax*）。

繁殖方式： 该物种实行终身配对制。在距离地面27~50米的坚固树枝或树杈上繁殖，用树枝搭建一个巨大的平台型鸟巢，每次只产1枚卵。孵卵期持续58~68天。在孵化四五个月之后，幼鸟发育出完整的羽毛，但还会在鸟巢附近逗留将近一年半的时间。人工圈养的个体能存活40年以上。

分布范围： 菲律宾特有种。仅分布于吕宋岛（Luzon）、萨马岛（Samar）、莱特岛（Leyte）和棉兰老岛（Mindanao），其中棉兰老岛为该物种的主要栖息地。

生境类型： 主要生活于原始的龙脑香科（生长周期较长的大型乔木，多为常绿热带树种）林中，也常出没于次生林和廊道林中。在棉兰老岛，每对菲律宾雕平均占地133平方公里。

　　尽管菲律宾雕很早就是菲律宾的官方鸟类象征，但在1995年7月4日，菲律宾总统菲德尔·拉莫斯（Fidel Ramos）宣布了一项新公告，正式将菲律宾雕认定为该国的国鸟。因为，在此之前，这种鸟类的通用名称并不是菲律宾雕，而是食猿雕（Monkey-eating Eagle）。1978年，时任菲律宾总统的费迪南德·马可斯（Ferdinand Marcos）曾宣布后者为该国的国鸟。

文化地位

菲律宾中央银行（Bangko Sentral ng Pilipinas）的新标志中央是一只用白色曲线勾勒的菲律宾雕。这种鸟象征着力量、自由与明确的目标，也是该银行所追求的品质。

多年来，菲律宾雕出现在多枚邮票上，包括世界自然基金会在1991年、1997年和2004年发行的邮票。该国的50分硬币和菲律宾雕基金会（Philippine Eagle Foundation）的标志也采用了这种鸟的形象。

菲律宾雕基金会位于达沃城（Davao City）①附近，是菲律宾主要的猛禽保护组织。作为非营利组织，该基金会依靠各界的捐款，致力于拯救菲律宾雕及其雨林栖息地。他们认为，菲律宾雕的命运、自然环境的健康和菲律宾人民的生活质量是紧紧联系在一起的。因此，基金会通过拯救菲律宾雕来保护其代表的生物多样性，并为子孙后代留下可持续利用的森林资源。

该基金会的工作计划涵盖了多个方面，包括菲律宾雕的人工繁殖、放归、救助、实地调查、以社区为基础的保护措施和宣传教育等。1992年，人工繁殖计划首次孵化出两只菲律宾雕雏鸟，它们的名字分别为"希望"和"团结"。

基金会的菲律宾雕中心（Philippine Eagle Centre）是该国内的一个教育基地，也是一个主要的旅游景点。这里有人工繁殖和野生的菲律宾雕，也有其他的鸟类和动物。保育人员会定期组织参观活动、野外考察、学校出游和公众展览。

为了强调菲律宾雕作为旗舰种和生物多样性变化指标的价值，

---

① 达沃城位于菲律宾棉兰老岛，是一个高度城市化的一线城市。——译者注

菲律宾国家银行（Philippine National Bank）的标志上绘有一只鸟，与菲律宾雕十分相似。

政府将每年的6月4日至10日定为"菲律宾雕周"（Philippine Eagle Week）。

左下图： 菲律宾雕基金会承担了各种各样的工作，包括野生菲律宾雕的救助和放归。

下图： 菲律宾雕基金会对菲律宾雕开展了人工繁殖。

波多黎各（PUERTO RICO）
波多纹头唐纳雀
Puerto Rican Spindalis, *Spindalis portoricensis*

● **物种濒危等级：低危**

保护现状： 尽管成年个体的数量尚未明确，但该物种属于常见且广布的鸟类。

体型： 体长 16.5 厘米。

描述： 雄鸟体型紧凑、色彩艳丽，其辨识特征是黑色的头部和眼部上下方的白色条纹。颈部和胸部为橙黄色，背部绿色，翅膀和尾部为黑色。雌鸟的颜色比雄鸟暗淡许多，通体呈橄榄绿色，下体带有条纹。

食性： 主要以植物果实和花蕾为食。

繁殖方式： 在较低的树木或灌木丛中筑造杯状巢，每一窝产 2~4 枚卵。

分布范围： 仅分布于波多黎各，为当地的留鸟，也是英属维尔京群岛的迷鸟。

生境类型： 森林、种植园和灌木丛。

波多纹头唐纳雀是这个波多黎各的象征性鸟类。该物种十分常见，遍布整个波多黎各。来到这里的观鸟爱好者也对之趋之若鹜，因为波多纹头唐纳雀是这里的特有种。

观赏地点　人们可以在任何一个环境合适的地方看到波多纹头唐纳雀，包括花园。

波多纹头唐纳雀具有雌雄二型性，这意味着雌鸟和雄鸟的羽毛完全不同。雄鸟颜色鲜艳，在叶片当中显得十分醒目；相比之下，雌鸟的羽色则单调许多。

文化地位

波多黎各的时装设计师玛尔塔·内格隆（Marta Negron）非常喜爱波多纹头唐纳雀。她将自己设计的女士礼服系列命名为"蕾纳莫拉"（Reina Mora），这也是波多黎各人对波多纹头唐纳雀的称呼。

一只漂亮的雄性波多纹头唐纳雀。它的辨识特征是黑色的头部以及两条显眼的白色条纹。

齿嘴鸠

Tooth-billed Pigeon, *Didunculus strigirostris*

● **物种濒危等级：濒危**

保护现状： 该物种的数量急剧下降，面临着森林砍伐、飓风（毁灭性的风暴摧毁或破坏了许多本地树木）、侵略性极强的外来树种和非法盗猎等威胁。具体数量尚未明确，但野生个体可能仅剩几百只。学者在 2012 年对其进行了一次大范围的种群调查。

体型： 体长 31~38 厘米。

描述： 一种深色的神秘鸟类。通体为具有金属光泽的墨绿色和栗褐色，腿部为红色。该物种的名字来源于那厚重、钩状且带有锯齿的喙。喙的基部为红色，其余部分为橙黄色。雌鸟和雄鸟的外形相似，但雌鸟的颜色较为暗淡。

食性： 以植物果实为食，尤其偏爱桃花心木科樫木属（*Dysoxylum*）的果实。它可以用特化的喙来打开坚硬的木质蒴果或果皮。

繁殖方式： 相关资料缺乏。

分布范围： 萨摩亚特有种。

生境类型： 栖息于成熟的原始森林边缘，倾向于待在林中，而不在森林上空飞行。

　　齿嘴鸠是萨摩亚的国鸟。目前，该国政府将齿嘴鸠作为物种恢复计划的主要对象，以帮助其脱离濒临灭绝的困境。维持萨摩亚的两个主要岛屿——萨瓦伊岛（Savi'i Island）和乌波卢岛（Upolu Island）上的种群数量，最终让齿嘴鸠重返更多地区的森林。

　　当地人将齿嘴鸠称为"马努米亚"（Manumea）。它也是 2007 年在萨摩亚巨型的第 13 届南太平洋运动会的官方吉祥物。

　　观赏地点 萨摩亚有 6 个生活着齿嘴鸠的国际重要鸟类区域：萨瓦伊岛上的萨瓦伊中部雨林（Central Savai'i Rainforest）、乌波卢岛的欧勒普普皮尤国家公园（O Le Pu Pu-Pu'e National Park）、阿皮亚集水区（Apia Catchments）、阿里帕塔海洋保护区（Aleipata Marine Protected Area）、东乌波卢火山口（Eastern Upolo Craters）和瓦法托 - 蒂尔维亚森林（Uafato-Tiavea Forest）。

齿嘴鸠是一种强壮而敏捷的飞行鸟类。当它们的翅膀划过植被时，会发出响亮的拍击声。

文化地位

齿嘴鸠在萨摩亚拥有很高的人气。一项市场调查发现，最初有84%的受访者支持齿嘴鸠成为萨摩亚国鸟。等到为期一年的宣传活动结束后，它的支持率上升到了96%。

对于"马努米亚"这个俗名的起源，坊间有多种不同的说法。"马努"（manu）在萨摩亚语中的意思是鸟，而"米亚"（mea）可能表示美丽、活泼、具有装饰性，或者只是单纯地指鸟的颜色。

一些部落的长者认为，"马努米亚"源于齿嘴鸠的不同寻常之处。例如，它们的体型比其他鸠鸽都要大，拥有与众不同的喙和更为洪亮的叫声，力量也更强。

自然资源和环境部在2006年推出了一项为期10年的齿嘴鸠恢复计划（Tooth-billed Pigeon Recovery Plan）。该计划希望，大多数萨摩亚人能够意识到齿嘴鸠是本国自然遗产的重要组成部分，并能在保护齿嘴鸠的过程中发挥自己的作用。

这项计划有许多具体的目标，包括对乌波卢岛和萨瓦伊岛上的重要森林进行监管、消除偷猎现象，在没有老鼠的岛屿和大陆寻找合适的栖息地，建立新的齿嘴鸠种群，并进行人工繁殖。乌波卢岛上有5个齿嘴鸠监测点，萨瓦伊岛上有3个。尽管萨摩亚已经立法保护齿嘴鸠，但偷猎的情况仍时有发生。

人们对于齿嘴鸠的生理特性和生活习性依然知之甚少，因此该计划也包括了多项研究。研究的目标包括加深对这个物种的了解，以及通过开展宣传教育来提高公众保护意识。

该计划的负责人称，"我们有20项优先行动，将对齿嘴鸠的长远未来起到很大的帮助作用。"

齿嘴鸠对这个国家和人民来说都是非常重要的。从前，它是一种宝贵的食物资源，常供给高级首领食用。据说，有些来自优势部落的人若要在下属部落的村庄落脚，就会命令村庄首领提前一晚准备好齿嘴鸠的肉。如果下属部落没能提供鸟肉，等待他们的将是一场如狂风暴雨般的棒打。另外，齿嘴鸠曾被大量猎杀，手段包括粘鸟胶和弓箭。

如今，猎人们的目标转向了味道更好的其他鸠鸽，但齿嘴鸠也时常会被误杀。不过，齿嘴鸠恢复计划的工作人员认为这种说法十分可疑。

他们还表示，在萨摩亚的特有种里，齿嘴鸠是唯一受到外界广泛关注的鸟类，也是外来观鸟者的头号目标。早期的生物学家认为，齿嘴鸠和已经灭绝的渡渡鸟拥有相似的喙，从而推测这两个物种有近缘关系。从此，萨摩亚的齿嘴鸠变得广为人知。事实上，齿嘴鸠的属名 *Didunculus* 也正是小渡渡鸟的意思。现在的人们普遍认为，这种相似性是两个物种对于同一类食物的适应。渡渡鸟和齿嘴鸠都以大型果实为食，因此进化出了类似的喙。同时，基因的分析结果显示，渡渡鸟的起源确实与齿嘴鸠有着某种关联，它们很可能是由非洲飞到毛里求斯的鸠鸽进化而成的。

齿嘴鸠能够帮助原生植被传播种子，在萨摩亚的雨林中起着非常关键的生态作用。

1967年，萨摩亚发行了一套10枚的本土鸟类邮票，齿嘴鸠也是其中之一。

苏格兰（SCOTLAND）

金雕

Golden Eagle, *Aquila chrysaetos*

● **物种濒危等级：低危**

保护现状：数量稳定。

体型：英国第二大猛禽，体型仅次于白尾海雕（*Haliaeetus albicilla*）。根据《世界鸟类手册》第 2 卷，其体长为 75~90 厘米，翼展 190~227 厘米。雌鸟的体长比雄鸟大 10%，体重大 50%；但在野外，人们很难从外形区分该物种的性别。

描述：羽毛主要为深棕色到黑棕色，而羽冠和颈部的颜色较浅，为黄褐色，拥有巨大的喙、宽而长的翅膀和强有力的爪子，后者可达 4~6 厘米。

食性：以各种中等体型的哺乳动物为食，包括啮齿动物、小鹿、小绵羊和山羊，有时也捕食鸟类（尤其是雉类）、爬行动物、昆虫和其他动物；经常吃腐肉。

繁殖方式：在岩架、峭壁或树上繁殖，用树枝搭建庞大而笨重的鸟巢，每一窝产 1~3 枚卵。

分布范围：极广。原产于数十个国家，包括英国。全球数量约有 17 万只，但英国皇家鸟类学会表示，英国只有 442 对繁殖个体。

生境类型：在苏格兰，该物种常出没于开阔的荒野、高山、偏远的峡谷和某些岛屿。

　　2013 年，当金雕被公众选为苏格兰最受欢迎的动物时，它就一举成为当时世界上最新的国鸟——尽管不是正式的。在"五大野生动物"（Big 5）竞选活动之后，这只猛禽获得了近 40% 的选票。人们可能会在官方和非官方领域越来越多地使用金雕的形象。该物种有许多亚种，其中指名亚种 *A. c. chrysaetos* 分布于苏格兰。

　　观赏地点　在苏格兰，观赏金雕的地方包括拜恩艾格（Beinn Eighe）、阿伯内西（Abernethy）、朗姆（Rum）、因弗雷西和因斯里亚赫（Invereshie and Inshriach）自然保护区，以及穆尔岛（Mull）、斯凯岛（Skye）和艾雷岛（Islay）。

文化地位

金雕在 2013 年被选为"非官方"鸟类象征。这一年，苏格兰举行了"五大野生动物"（简称"五大"）竞选活动，数千人参与了在线投票。该活动由两家机构和苏格兰政府出资，由苏格兰自然遗产（Scottish Natural Heritage）和苏格兰旅游局（VisitScotland）联合主办，也是苏格兰 2013 自然之年（the Year of Natural Scotland）庆祝活动的一部分。

这项投票从春季进行到秋季，于 2013 年 10 月 31 日结束，共收到 12 417 张选票。其中，金雕获得了 4773 票、欧亚红松鼠（*Sciurus vulgaris*）2523 票、马鹿（*Cervus elaphus*）1819 票、欧亚水獭（*Eurasian otter*）1794 票、港海豹（*Phoca vitulina*）725 票。于是，它们正式

成为了苏格兰的五大野生动物。在剩下的 783 张选票中，前三名分别是欧洲野猫（*Felis silvestris*）、松貂（*Martes martes*）和北极海鹦（*Fratercula arctica*）。

苏格兰环境与气候变化部（Environment and Climage Change）的部长保罗·威尔豪斯（Paul Wheelhouse）说道，"苏格兰本土的所有野生动物都令我们感到骄傲，而金雕在投票中摘得了桂冠，也绝对是实至名归的。"

威尔豪斯还表示，英国境内所有繁殖的金雕都会在苏格兰栖息，政府有责任保护它们免受非法侵害，为后代留住这种美丽的猛禽。在过去的两个世纪里，这个物种几乎到了灭绝的地步，好在它们的种群数

量已经恢复了。

苏格兰的五大野生动物具有分布广、受关注度高的特点，并与文化有着各种各样的联系，这也是它们被选为官方象征的主要原因。在曼彻斯特、利物浦、纽卡斯尔、格拉斯哥和爱丁堡，政府利用大量的广告牌为"五大"竞选活动进行宣传造势。电视名人尼尔·奥利弗（Neil Oliver）也受邀参加了相关的大型广播活动、媒体采访和线上报道。

苏格兰自然遗产的首席执行官伊恩·贾丁（Ian Jardine）表示，"五大野生动物"竞选活动得到了十分热烈的反响，海鸟、狩猎动物也出现在候选名单中，而松貂和欧洲野猫这样的罕见物种也得到了支持。他说："这项活动掀起了讨论野生动物的热潮，让人们开始思考。不仅仅是对于高票当选的 5 个物种，苏格兰所有的野生动物都让人们感到愉悦与自豪。"

据苏格兰旅游局的主席迈克·坎特雷（Mike Cantlay）称，"五大"竞选活动是苏格兰 2013 自然之年庆祝活动的基础。该活动鼓励居民走出家门，到苏格兰的偏远地区进行探索，这也是自然之年最重要的活动之一。

在苏格兰的"五大野生动物"竞选活动中，金雕以高票当选鸟类象征，紧随其后的是欧亚红松鼠、马鹿、欧亚水獭和港海豹。

塞席尔鹦鹉

Seychelles Black Parrot, *Coracopsis barklyi*

● **物种濒危等级：低危**

保护现状： 尽管该物种的保护级别被官方认定为低危，但人们认为，它正处于极危状态。其面临的主要威胁有：栖息地的丧失和人为引入的鼠类，后者会捕食塞席尔鹦鹉的鸟蛋和雏鸟。

体型： 体长 35~40 厘米。

描述： 通体深棕色，喙发白。该物种是单型种，其初级飞羽外侧为蓝灰色，头顶带有浅浅的条纹。雌雄同型。塞席尔鹦鹉的鸣叫弥补了羽色的单调，它们能发出长笛般的悠扬哨声。

食性： 棕榈树和其他植物的果实，包括浆果、花朵和种子。

繁殖方式： 在树洞或人类提供的防鼠巢箱中繁殖，每一窝产 2~3 枚卵。

分布范围： 该物种原产于科摩罗、马达加斯加和塞舌尔，但该物种仅分布于塞舌尔群岛的普拉兰岛（Praslin）和屈里厄斯岛（Curieuse）。据估计，普拉兰岛上仅剩不足 100 对。该物种繁殖于普拉兰岛，却只在屈里厄斯岛觅食。

生境类型： 森林、灌木丛和花园。

在克里奥尔语（ Creole ）[1] 中，塞席尔鹦鹉也被称为"卡图恩瓦尔"（ Kato Nwar ）。它是世界上最稀有的鸟类之一，也是塞舌尔的国鸟。塞席尔鹦鹉是普拉兰岛的象征，塞席尔鹦鹉酒店（ Black Parrot Hotel ）和海椰子酒店（ Coco de Mer Hotel ）的塞席尔鹦鹉豪华套房（ Black Parrot Suites ）都是以它命名的。

观赏地点 在普拉兰岛，人们可以在普拉兰国家公园（ Praslin National Park ）中的马埃谷地自然保护区（ Vallée de Mai Nature Reserve ）看到塞席尔鹦鹉。1983 年，作为塞舌尔特有的中低海拔棕榈树林，马埃谷地被联合国教科文组织评定为世界遗产。这片保护区还维持着接近原始森林的状态。

塞舌尔群岛基金会（ Seychelles Island Foundation ）在其官网上称，马埃谷地是这种稀有鸟类的专属居所。目前，世界上仅剩 100~200 对塞席尔鹦鹉，它们依靠成熟棕榈树林的果实和花朵为生。在最新的研究中，科学家都将注意力集中在这一物种的保护、生态和植被研究上。

这一物种的大本营是一片占地 0.2 平方公里的古老棕榈树林，这里拥有世界上最大的海椰子（ *Locoicea maldivica* ）种群，而海椰子以拥有世界上最大的果实而闻名。

---

① 克里奥尔语是一种混合语言，泛指世界上那些由葡萄牙语、英语、法语以及非洲语言混合并简化而生的语言。——译者注

文化地位

世界鹦鹉基金会表示："没有人知道塞席尔鹦鹉在野外的确切数量，它们可能面临着巨大的危机。现在，我们只能在普拉兰岛和屈里厄斯岛上发现它的踪迹。一些本土植物的种子依赖鹦鹉传播，塞席尔鹦鹉的消失将对当地的生态系统带来强烈的冲击。"

该基金会为英国研究员艾伦·沃尔福德（Ellen Walford）的研究发起筹款。沃尔福德与塞舌尔群岛基金会正在联手开展一项重要的工作：在普拉兰岛和屈里厄斯岛上调查塞席尔鹦鹉的确切数量，并

左图：图为塞舌尔群岛基金会的标志，该机构对马埃谷地自然保护区和阿尔达布拉环礁（Aldabra）①进行监管和保护。

① 阿尔达布拉环礁是世界第二大珊瑚环礁，也是塞舌尔群岛的一部分。其所处位置偏僻，人为干扰程度低，有多种特有生物，在1982年被列入联合国教科文组织的世界遗产名录。——译者注

掌握其食物和巢址的现状。

多年来，塞席尔鹦鹉和马岛小鹦鹉（*Coracopsis nigra*）出现在多枚塞舌尔邮票上。例如，为纪念1976年第四届泛非鸟类大会（Pan African Ornithological Congress）而发行一套4枚邮票，以及1989年以岛屿鸟类为主题发行的一套4枚邮票。塞席尔鹦鹉的形象也被用于25分硬币的背面。

1989年，塞舌尔发行了一套4枚的"岛屿鸟类"主题邮票，其中一枚绘有塞席尔鹦鹉。

黄腰太阳鸟

Crimson Sunbird, *Aethopyga siparaja*

● **物种濒危等级：低危**

保护现状： 尽管总体数量尚未明确，但人们认为该物种属于常见鸟类。

体型： 雄鸟的体长为 11.7~15 厘米，雌鸟为 10 厘米。

描述： 指名亚种的雄鸟的上胸、颈背和头顶的大部分区域均为红色，前额为具有金属光泽的紫绿色，下体的其余部分为橄榄灰色。雌鸟通体为橄榄色。二者的喙都向下弯曲。常有人将其与猩红太阳鸟（*Aethopyga vigorsii*）视为同一个物种。该物种有多个亚种，其中指名亚种 *A. s. siparaja* 分布于新加坡。

食性： 昆虫、蜘蛛和花蜜。

繁殖方式： 该物种的鸟巢为精心编制的梨形巢，窝卵数为 1~3 枚。

分布范围： 极广。原产于 15 个国家，包括中国、印度、印度尼西亚、马来西亚、菲律宾和新加坡等。

生境类型： 多样，包括森林、灌木丛、种植园、公园和花园。

在 2002 年的自然之日（Nature Day）庆祝活动中，一个名为自然协会（Nature Society）的本土非营利机构发起了一场非正式的民意调查。在这项活动中，黄腰太阳鸟被当地民众选为新加坡的非官方国鸟。

黄腰太阳鸟是一种小型鸟类，雄鸟的色彩十分鲜艳，拥有醒目的鲜红色头部、颈部、喉部和背部。雌鸟的背部为橄榄绿色，胸部为黄色。

它们的喙细长而向下弯曲，舌头为管状，舌尖犹如刷子一般——这

最左图： 黄腰太阳鸟的雄成鸟具有华丽的羽毛。非繁殖期的雄鸟会失去头部和胸部的鲜红色。

左图： 黄腰太阳鸟的雌鸟身上没有一点儿红色，只有平淡无奇的橄榄绿色。

都是专门为了吸食花蜜而形成的结构适应。另外，舌头的长度远远超过喙的长度。它们还将昆虫和蜘蛛作为食物的补充。

黄腰太阳鸟可以在空中悬停，但只能维持一两秒钟。如果需要的话，它们也会在飞行中觅食，但通常还是以停栖为主。它们的飞行速度很快，且飞行路线笔直。

观赏地点 黄腰太阳鸟在新加坡的森林和耕地附近随处可见。具体的观赏点包括：武吉巴督自然公园（Bukit Batok Nature Park）、武吉知马自然保护区（Bukit Timah Nature Reserve）、中央集水区自然保护区（Central Catchment Nature Reserve）、巴西立公园（Pasir Ris Park）、德光岛（Pulau Tekong）、乌敏岛（Pulau Ubin）、圣淘沙岛（Sentosa）、新加坡植物园（Singapore Botanic Gardens）和双溪布洛湿地保护区（Sungei Buloh Wetland Reserve）。

众所周知，黄腰太阳鸟喜欢在蛇草（*Gutierrezia*）、火炬姜（*Etlingera elatior*）、赫蕉（*Heliconia*）、檄树（*Morinda citrifolia*）和大蒲桃（*Syzygium grande*）上觅食。

黄腰太阳鸟喜欢吸食植物产生的花蜜。

文化地位

在新加坡的国鸟评选活动中，有 6 种鸟进入候选名单，供民众参考，它们分别是威风凛凛的白腹海雕（*Haliaeetus leucogaster*）、美丽优雅的大盘尾（*Dicrurus paradiseus*）、明亮欢快的黑枕黄鹂（*Oriolus chinensis*）、亲切熟悉的褐喉食蜜鸟（*Anthreptes malacensis*）、蓝宝石般的和平鸟（*Irena puella*）和袖珍可爱的黄腰太阳鸟。最终，黄腰太阳鸟赢得了最高票数。

这次的民众投票由自然协会的理事会成员桑尼·杨（Sunny Yeo）组织，其目的在于激发市民对自然和野生动物的兴趣。自然协会的艾伦·奥永（Alan OwYong）称，前印尼总统哈比比（Habibie）将新加坡比作一个"小红点"（little red dot），黄腰太阳鸟的体型虽小，但颜色明亮、充满活力，是这个岛国最好的象征。艾伦还表示，由于黄腰太阳鸟还未得到新加坡旅游局的认可，所以它目前只是非官方国鸟。

2007 年、2008 年的面值 5 分邮票和 2013 年的城市花园系列邮票上都绘有黄腰太阳鸟。在国鸟评选活动中，新加坡自然协会也将黄腰太阳鸟的图样应用于印花。

Nature Society (Singapore)

2002年，黄腰太阳鸟在新加坡自然协会举办的评选中赢得了非官方国鸟的头衔。

南非（SOUTH AFRICA）

蓝蓑羽鹤

Blue Crane, *Anthropoides paradisea*

● **物种濒危等级：易危**

保护现状： 据估计，全球共有 26 000 只成年个体。由于撞击电线事故、中毒、人类活动的侵扰、非法贸易和栖息地的丧失，该物种的数量急剧下降。从全国范围看，其种群数量已经比 20 世纪 70 年代减少了一半。

体型： 体长 100~120 厘米。

描述： 一种优雅的鹤类。通体蓝灰色，腿部细长，头部呈球状且顶部发白，拖着又长又弯的蓑羽。

食性： 杂食。其食物包括种子、根、块茎、多种无脊椎动物（如蝗虫、蚱蜢和白蚁）、鱼类、青蛙、爬行动物和小型哺乳动物。

繁殖方式： 通常在植被、哺乳动物的粪便或裸露的地面上产卵，窝卵数为 2 枚。

分布范围： 几乎仅分布于南非。

生境类型： 天然的草地、牧场或农业用地（包括生长着作物的农田和休耕地）。

    蓝蓑羽鹤是南非的国鸟。不论是写实还是抽象，它的形象一直被人们广泛运用。蓝蓑羽鹤曾出现在数枚邮票上，包括非洲南部的 8 个国家在 2004 年联合发行的一套国鸟系列邮票，以及发行于 2008 年的南非"五大鸟类"邮票。该国的 5 分硬币上也有蓝蓑羽鹤的图案，同样的还有发行于 2011 年、纪念世界自然基金会成立 50 周年的限量版 2 兰特（南非的货币单位）硬币，以及一些教育海报。2002 年的沙索科学节（Sasol SciFest）关注的正是蓝蓑羽鹤的困境，并在活动的海报和 T 恤印上了这种鸟的图案。

    蓝蓑羽鹤还装饰着一些组织机构的标志，例如宽德私人狩猎区（Kwande Private Game Reserve）、奥弗贝格蓝蓑羽鹤工作组（Overberg Blue Crane Group）和印德维风险服务公司（Indwe Risk Services）。南非土木工程学院（South African Institution of Civil Engineering）的盾形纹章上也有它的身影。然而，奇怪的是，被描绘在南非国徽上的鸟类不是蓝蓑羽鹤，而是蛇鹫（*Sagittarius serpentarius*）。

    观赏地点 蓝蓑羽鹤的部分个体为候鸟，在南非境内进行季节性迁

优雅的蓝蓑羽鹤可见于南非的许多地区，它们在国内进行季节性迁徙。该物种也是世界上活动范围最小的鹤。

151

徙。它们的迁徙活动发生于该国的许多地区，尤其是西开普省（Western Cape）。不过，不同地区的迁徙数量差异很大。

西开普省有多条蓝蓑羽鹤观赏路线：位于印度洋和大西洋交汇处的卡利登（Caledon）或奥弗贝格（Overberg）、海德堡镇（Heidelberg）中心的泽伊鲁（Xairu）、以所在城镇命名的波特维尔（Porterville）、最南端的厄加勒斯角（Cape Agulhas）。宽德私人狩猎区位于东开普省的格雷厄姆斯敦（Grahamstown）附近，也是著名的蓝蓑羽鹤观赏地。

在生命之初，蓝蓑羽鹤的雏鸟以昆虫幼体和蠕虫为食，3~4个月后，它们就能够飞行了。亲鸟会为雏鸟提供全方位的保护。

南非的祖鲁族一直将蓝蓑羽鹤的羽毛视为珍贵的装饰品。

文化地位

蓝蓑羽鹤在南非的历史、文化和传统中占有重要地位。科萨族（Xhosa）①将蓝蓑羽鹤称为"印德维"（Indwe），这也是他们对祖鲁族（Zulu）②的称呼。从过去到现在，有两种鸟类一直备受祖鲁王室的尊崇，一种是蓝蓑羽鹤，另一种则是尼斯那蕉鹃（Tauraco corythaix）。据说，在沙卡国王（King Shaka，1787—1828年）执政之前，祖鲁的历代国王都佩戴尼斯那蕉鹃的冠羽，但沙卡国王更

① 科萨族是南非一个说班图语族科萨语的民族，主要分布在东开普省。——译者注
② 祖鲁族是非洲一个说班图语族祖鲁语的民族，主要居住于南非的夸祖鲁-纳塔尔省。——译者注

奥弗贝格蓝蓑羽鹤工作组的标志就是一只蓝蓑羽鹤。

偏爱蓝蓑羽鹤的冠羽，现在的祖鲁国王古德维尔·兹维里提尼（Goodwill Zwelithini）也是如此。2011年，位于德班的沙卡国王国际机场（King Shaka International Airport）委托艺术家彼得·霍尔（Peter Hall）设计一尊沙卡国王的雕像。该机场刚刚落成，代表了国家最先进的技术水平。这尊雕像气势威严，沙卡国王以战士的姿态昂首挺立，头上佩戴着一根高耸的蓝蓑羽鹤羽毛，但它的造价高达数百万，一直备受争议。

为了表彰在战斗或其他方面做出突出贡献的英雄，科萨族的首领会举办一种名为"巫库德扎贝拉"（ukundzabela）的特殊仪式，将蓝蓑羽鹤的羽毛作为奖励赐予他们。这些英雄会把得到的珍贵羽毛佩戴在头发上。

东开普省的一个村庄和南非航空公司（South African Express Airways）的月刊也采用了"印德维"这个名字。

开普自然委员会（CapeNature）与奥弗贝格社区组建了奥弗贝格蓝蓑羽鹤工作组。该组织位于西开普省的奥弗贝格和斯瓦特兰（Swartland）地区，旨在保护当地的蓝蓑羽鹤种群。这两个地区栖息着12 000只蓝蓑羽鹤，占全国总数的一半。

据非洲鹤类保育计划（African Crane Conservation Programme）负责人科瑞恩·莫里森（Kerryn Morrison）称，濒危野生动物基金会（Endangered Wildlife Trust）和政府都强烈地希望通过基因测序为南非所有圈养的鹤类建立起家族谱系。非洲动物园和水族馆协会（African Association of Zoos and Aquaria）已经开展人工繁殖蓝蓑羽鹤的项目，其目标在于建立一个可持续的圈养种群。

蓝喉原鸡

Sri Lanka Junglefowl, *Gallus lafayettii*

● **物种濒危等级：低危**

保护现状： 尽管在斯里兰卡境内的确切数量尚未明确，但该物种在当地的种群很大。

体型： 雄鸟的体长为66~72厘米，雌鸟为35厘米。

描述： 一种色彩丰富而优雅的雉类。身体为锈红色，两翼为具有光泽的黑色，红色鸡冠的中央带有一块黄色，腿部为红色，可能会与家养的公鸡混淆。雌鸟的体型较小，通体呈棕色，密布斑点和条纹，远不及雄鸟鲜艳。

食性： 种子、浆果、花瓣和无脊椎动物，常在清晨和傍晚于林间小道上觅食。

繁殖方式： 通常在地面上产卵，窝卵数为2枚。

分布范围： 斯里兰卡特有种，分布于该岛国的许多地区。

生境类型： 森林、矮树丛、竹丛和种植园。

蓝喉原鸡也称斯里兰卡原鸡。在殖民时代，它曾被人们叫作"锡兰原鸡"（Ceylon Junglefowl）。如今，它已经成为了斯里兰卡的官方国鸟，被当地人亲切地唤作"瓦力库库拉"（Walikukula）。

观赏地点 蓝喉原鸡性格羞怯。人们可以到斯里兰卡的国家公园和森林中寻找它们的踪影，例如辛哈拉加森林保护区（Sinharaja Forest Reserve）。该保护区是世界自然遗产地，也是该国的国家公园和生态圈保护区。寻找蓝喉原鸡的最佳时间是清晨和傍晚。

文化地位

蓝喉原鸡的曝光率似乎并不高。不过，斯里兰卡在1966年和1967年的邮票中采用了它的形象。该物种的命名在于纪念法国贵族吉尔伯特·杜·莫蒂埃（Gilbert du Motier），即拉斐特侯爵（Lafayette）。

斯里兰卡在1996年发行了一套4枚的本土鸟类邮票，其中也有蓝喉原鸡。

蓝喉原鸡看起来和家鸡很像，它们具有红色的脸部裸皮，而红色鸡冠的中央还有一个黄色的斑块。

圣赫勒拿岛（ST HELENA）

圣岛沙鸻

St. Helena Plover, *Charadrius sanctaehelenae*

● **物种濒危等级：极危**

保护现状： 根据过去几年的种群调查，该物种的个体数量约为 350 只。其面临的威胁包括栖息地改变，以及猫、老鼠和家八哥（*Acridotheres tristis*）的捕食。

体型： 体长 15 厘米。

描述： 喙为中等长度，而腿部较长，二者均为黑色。具有独特的眼纹和脸纹。下体为浅皮黄色，上体为较深的黄褐色。雌雄同型。

食性： 相关资料缺乏，目前已知的食物有昆虫（尤其是甲虫）和蜗牛。

繁殖方式： 通常在地面刮出浅坑繁殖，每一窝产 1~2 枚卵。

分布范围： 仅分布于圣赫勒拿岛。该物种是这座岛上唯一幸存的陆生特有鸟类。

生境类型： 主要为平原和草本植物较矮的开阔干旱地区。

在圣赫勒拿岛，圣岛沙鸻被当地人称为"电线鸟"。它是该地的鸟类象征，并出现在盾徽和英国海外领地的旗帜上。

多年来，圣赫勒拿岛发行了数枚相关邮票，包括发行于 2002 年的 5 枚圣岛沙鸻特别邮票。它的形象还出现在 1984 年发行的 5 便士硬币上，随后又作盾徽的一部分出现在其他硬币上。

圣赫勒拿足球协会、圣赫勒拿板球协会和圣赫勒拿高尔夫俱乐部都在各自的机构徽章上采用了圣岛沙鸻的图案。有个足球队甚至直接以"圣岛沙鸻"为名。不仅如此，郎伍德（Longwood）的哈福德小学（Harford Primary School）也将这种鸟作为校旗的图案。在当地的码头，一尊大型的圣岛沙鸻石膏模型赫然立于拱门之上。

圣岛沙鸻的图案也经常被描绘在盒子、桌子和其他木制品的镶嵌物上，但这种工艺已经很少有人使用了。

观赏地点 人们可以在圣赫勒拿岛的低海拔地区看到圣岛沙鸻。只要有开阔、平坦的合适生境，这种鸟就有可能出现。每一年，学者都会对 31 个繁殖地进行种群调查，但圣岛沙鸻也出没于其他小范围的栖息地。其中有 3 个主要的繁殖区，分别为东北部的枯木平原（Deadwood Plain）、西南部的人马地区（Man and Horse）和较为干旱的繁荣海湾（Prosperous Bay）。

一只刚刚来到这个世界的圣岛沙鸻雏鸟。

文化地位

圣岛沙鸻在当地拥有很高的地位。圣赫勒拿岛的慈善机构圣岛之友（Friends of St Helena）也用该物种来为旗下的杂志命名。

红外触发相机显示，圣岛沙鸻的被捕食率很高，巢穴也经常遭到破坏。为此，圣岛自然信托基金会（St Helena National Trust）决定开展长期的圣岛沙鸻保育计划（Wirebird Conservation Programme），获得了英国皇家鸟类学会国际发展

圣赫勒拿岛的旗帜上绘有一只圣岛沙鸻。

部的海外领土环保计划（Overseas Territories Environment Programme）和英国环境、食品和乡村事务部（Department for Environment, Food & Rural Affairs）的资金支持。工作人员架设了32台陷阱式红外相机，用以观察猫、兔子、老鼠和其他动物的存在。陷阱采用花生酱作为诱饵，啮齿类或其他小型陆生动物会在涂有墨水的卡片上留下明显的脚印。于是，它们的活动轨迹被记录下来。每隔两周，这些红外相机就会被转移到其他监测点，工作人员每个月收集一次数据。由此，该计划为圣岛沙鸻建立起一个天敌监测系统。

除此之外，为了让居民了解圣岛沙鸻的保护措施，以及他们和家里的宠物将受到怎样的影响，该项目同时进行了一系列的宣传活动，包括上门访问、散发传单、在报纸上刊登文章和无线广播等。

圣岛自然基金会表示，尽管没什么人在意老鼠的情况，但提及要减少猫的数量时，许多人都表现出了一定程度的担忧。基金会指出，虽然家猫会把鸟类当作食物或玩具，从而入侵圣岛沙鸻的领地，但圣岛沙鸻保育计划的目的并不在于伤害家猫，而是减少重要繁殖地内部的天敌数量。

2008年启动的物种行动计划（修订版于2013年发布）计划在10年内提高圣岛沙鸻的数量，将它的受威胁等级降至易危。

2012年，圣岛自然信托基金会、圣岛沙鸻保育计划的负责人克里斯·希尔曼（Chris Hillman）博士说："为了提高圣岛沙鸻的数量，我们开展了许多活动。根据目前的调查结果，它们遭遇的主要问题是鸟蛋的损失。巢中高达80%的鸟蛋都

圣赫勒拿岛的盾徽带有圣岛沙鸻的图案。

被野猫、家猫、老鼠和八哥破坏。这些天敌的存在也提高了雏鸟的死亡率。因此，我们正集中调查猫、老鼠等动物的密度与活动范围，尤其是在4个关键的监测点。理想的做法是在全岛范围内消灭野猫，但圣赫勒拿岛的地形和环境都十分复杂，茂密的灌木丛和各种山谷沟壑增加了工作的难度，而且我们也面临着预算不足的问题。与此同时，我们正在监测圣岛沙鸻及其巢穴的状况，还有雏鸟的存活率，据此评估我们的控制措施起到了怎样的效果。"

希尔曼博士还补充道："圣赫勒拿岛的机场建设项目将带动其他产业的发展，从而需要更多的土地和基础设施工程。这可能会产生连锁反应，影响圣岛沙鸻的栖息地。所以，我们接下来的工作就是减轻这些新情况对该物种的影响。"

圣岛沙鸻的形象出现在1975年发行的12便士邮票上。

褐鹈鹕

Brown Pelican, *Pelecanus occidentalis*

褐鹈鹕是圣基茨和尼维斯的国鸟。该国国徽绘有两只褐鹈鹕，分别站立在盾牌的两侧。

观赏地点 圣基茨东南半岛的池塘和水体。

● **物种濒危等级：低危**

保护现状：据 2009 年的统计，全球约有 30 万只成年个体。总体而言，该物种的种群数量似乎处于增长态势。

体型：算上 28~34.8 厘米长的喙，其体长为 105~152 厘米。

描述：在世界上的 7 种鹈鹕中，只有褐鹈鹕拥有深褐色的体羽。其头部和颈部为白色，腿和脚为黑色。该物种一共有 5 个亚种，其中指名亚种 *P. o. occidentalis* 分布于圣基茨和尼维斯。

食性：主要为鱼类，尤其是鳀鱼和沙丁鱼。该物种会猛然潜入水中捕食，是唯一以这种方式进行定期觅食的鹈鹕。

繁殖方式：通常在地面上的浅洼中产卵，也会在灌木丛和小树中筑巢，窝卵数为 3 枚。

分布范围：非常广。原产于 40 多个国家和地区，包括加拿大、智利、厄瓜多尔、萨尔瓦多、秘鲁和波多黎各等。

生境类型：浅海沿岸的水域，如河口和海湾，是仅有的一种海洋性鹈鹕。

文化地位

在圣基茨和尼维斯，褐鹈鹕是一种十分常见的鸟。它们很好地适应了与人为邻的生活，常在渔船和渔港附近活动，等待着人们丢弃的鱼或内脏。1972 年的两枚邮票上绘有褐鹈鹕的形象。

上图：尽管看起来很笨拙，但褐鹈鹕可以在海浪上方轻松地滑翔。

左图：圣基茨和尼维斯的国徽上有两只褐鹈鹕。

156

圣卢西亚（ST LUCIA）

圣卢西亚鹦哥

St. Lucia Amazon, *Amazona versicolor*

● **物种濒危等级：易危**

保护现状： 据估计，该物种的野生个体仅剩约 500 只。得益于相关法规和保护工作的推进，这一数字正在缓慢增长。

体型： 体长 43 厘米。

描述： 身体主要为绿色，具有蓝色的脸和前额。胸前有一处栗红色的斑块，初级飞羽为深蓝色，眼睛橙色，喙灰色。

食性： 以多种植物果实、种子和叶片为食。

繁殖方式： 在成熟的高大乔木上选择树洞筑巢，每一窝产 1~2 枚卵。

分布范围： 仅分布于圣卢西亚，也是这座岛上唯一的一种鹦鹉。

生境类型： 主要为海拔 500~800 米的湿润森林。

圣卢西亚鹦哥被当地人称为"雅凯"（Jacquot），它在 1979 年正式成为圣卢西亚的国鸟。如今，圣卢西亚人民开始关心这种鹦鹉。为了拯救这一物种，人们开展了各种保护和教育项目。

观赏地点 位于中部山区的政府森林保护区（Government Forest Reserve）是圣卢西亚鹦哥的大本营。它们也会时不时地在曼德尔干燥林（Mandele Dry Forest）的上游河段觅食。

圣卢西亚鹦哥是一种生活在山地森林的鸟类。

文化地位

由于滥砍滥伐森林造成的生境丧失、无限制的捕猎和宠物贸易，圣卢西亚鹦哥的数量下降到了近乎灭绝的地步。到20世纪70年代末，该物种的全球数量已经减少到100只左右，而且栖息地的范围也缩小到仅剩60平方公里。

1976年，德雷尔野生动物保护基金会（Durrell Wildlife Conservation Trust）在泽西动物园（Jersey Zoo）启动了一项人工繁殖计划，从其他展馆引进了9只野外捕获的圣卢西亚鹦哥，其中有2只成鸟和7只雏鸟。该计划在1982年首次繁殖成功。7年后，圣卢西亚的总理将一对鹦哥带回国内，用于第二代人工繁殖项目。该基金会表示："对于圣卢西亚人来说，在野外见到圣卢西亚鹦哥的可能性是微乎其微的，而在基金会的支持下，这些人工繁殖的个体给了他们与国鸟面对面的宝贵机会。大多野生鸟类性格羞怯、害怕与人类接触，我们也很难深入它们的栖息地。如今，人们可以乘坐生态旅游观光巴士前往森林，欣赏野鸟。"1975—1996年，

1969年，圣卢西亚发行了一套4枚的鸟类邮票，其中一枚绘有圣卢西亚鹦哥。

圣卢西亚的实地研究与监测工作也得到了该基金会的支持。

"用骄傲守护自然"（Protection Through Pride）是一项富有想象力的公众教育项目。项目人员将世界鹦鹉基金会提供的巴士"雅凯快运"（Jacquot Express）改装成一间教室，走访圣卢西亚的各个学校和村庄。当孩子们正在学习该物种及其生境的相关知识时，一名打扮成圣卢西亚鹦哥的工作人员会突然出现，寓教于乐。这个创意的灵感来源于瑞尔（Rare）保护组织的保罗·巴特勒（Paul Butler）。

"这辆巴士跑遍了整个岛屿，走访了许多学校和村庄，不断地讲述着濒危物种圣卢西亚鹦哥的故事，并告诉人们应该如何拯救它，"世界鹦鹉基金会说道，"在大卫·乌尔库克（David Woolcock）和尼克·雷诺兹（Nick Reynolds）的领导下，天堂野生动物园（Paradise Park）的同事们购买了一辆二手巴士，并在车上安装展示模型、视频设备和其他教育设施，然后用船将其运到圣卢西亚，交给岛上的林业部门。这种创意获得了巨大的成功，其他国家和地区也纷纷开始效仿，包括邻近的多米尼加群岛、圣文森特岛和巴拉圭。"

随后，天堂野生动物园和世界鹦鹉基金会获得了BBC野生动物

圣卢西亚的国徽上有两只圣卢西亚鹦哥，分别位于中央盾牌的两侧。这两只鹦鹉的下方是该国的格言：领土，光明，人民。

杂志颁发的最佳动物园保护奖（Zoo Conservation Award）。

1776年，博物学家首次对圣卢西亚鹦哥进行描述。德雷尔野生动物保护基金会表示，"人类对森林的破坏给它们带来了毁灭性的灾难，捕猎、野鸟贸易和飓风灾害也对其造成了不利的影响。在20世纪50年代开始的30年里，圣卢西亚鹦哥的数量从1000只降到了100只，它们的生境也缩小到原有的五分之一。1849年以来，政府对圣卢西亚鹦哥采取了立法保护的措施，但却收效甚微。"

圣卢西亚鹦哥的形象经常出现在邮票中，比如圣卢西亚在1987年发行的一套世界自然基金会邮票，面值分为15分、35分、50分和1东加勒比元。

圣文森特岛（ST VINCENT）

圣文森特鹦哥
St. Vincent Amazon, *Amazon a guildingii*

圣文森特鹦哥是圣文森特岛的鸟类象征。1988 年，当地开展了一项教育活动，通过关注该物种面临的威胁，呼吁居民关注森林砍伐和水土流失的问题。圣文森特鹦哥的形象被广泛应用于各种宣传材料，包括 T 恤、徽章、海报、保险杠贴纸和广告牌，以及林业部门的幻灯片展示。当地政府也发行了数枚绘有圣文森特鹦哥的邮票。

观赏地点　在野外观察圣文森特鹦哥的最佳地点之一是位于巴卡门特峡谷（Buccament Valley）顶端的圣文森特鹦哥保护区（St Vincent Amazon Reserve）。

人们还可以在以下几个重点鸟类区域看到圣文森特鹦哥：科洛纳里森林保护区（Colonarie Forest Reserve）、坎伯兰森林保护区（Cumberland Forest Reserve）、达拉威森林保护区（Dalaway Forest Reserve）、金斯敦森林保护区（Kingstown Forest Reserve）、苏弗雷火山公园（La Soufrière National Park）、芒特普莱曾特森林保护区（Mount Pleasant Forest Reserve）和里士满森林保护区（Richmond Forest Reserve）。

● **物种濒危等级：易危**

保护现状： 在 20 世纪的大部分时间里，出于宠物贸易、食用等目的捕猎和栖息地丧失造成了该物种的大量减少。这种情况一直持续到 80 年代。当人们采取保护措施后，其种群数量才开始回升。据估计，目前约有 800 只成年个体。

体型： 体长 40 厘米，成鸟的体重为 660~700 克。

描述： 一种羽毛多变的彩色鹦鹉。该物种有两种色型：黄褐色和绿色。黄褐色型较为常见，其头部为白色，颈后为蓝灰色，背部和胸部为古铜色。初级飞羽黑色，基部为黄色；而次级飞羽深蓝色，基部为橙色。其尾部为深蓝色且末端带有黄色条带。

食性： 果实、种子和花朵。主要在林冠层觅食，但有时也会到人工种植园中寻找食物。

繁殖方式： 在 1~6 月进行繁殖，2~5 月达到高峰。该物种以松散的小型群体进行繁殖，每一对亲鸟都保护着自己的鸟巢。特别潮湿的年份可能会导致其放弃繁殖。它们通常在成熟的高大乔木上选择树洞进行产卵，窝卵数为 2 枚。

分布范围： 仅分布于小安的列斯群岛的圣文森特岛。

生境类型： 主要生活在海拔 125~1000 米的潮湿森林。

文化地位

在 1988 年的一系列公众教育活动过后，人们对圣文森特鹦哥的认知度提高了 25%。活动包括走访中小学、分发鸟类知识手册、在报纸上发表相关文章、布道，以及会见农民、社区团体和服务型俱乐部。衍生出的文化产品有木偶剧、歌曲、广播剧、传递环保理念的月刊《文斯的自然笔记》（*Vincie's Nature Notes*），以及徽章、海报、T 恤等相关物品。

1836 年，尼古拉斯·艾尔沃德·威格斯（Nicholas Aylward Vigors）[①]首次对圣文森特鹦哥进行描述，并为其命名。多年来，该物种的生存面临着诸多威胁，最主要的是捕猎、宠物贸易和栖息地丧失。

国际鸟盟表示，森林的退化可能是由多种因素造成的：人类的林业活动、木炭产业、香蕉种植的

---

① 尼古拉斯·艾尔沃德·威格斯是爱尔兰的动物学家与政治家。——译者注

1970 年，圣文森特发行了一套16枚的鸟类主题邮票。这套邮票采用了粉面纸，其中一枚绘有圣文森特鹦哥。

扩张，以及偷猎者为了捕捉雏鸟而将鹦鹉筑巢的树木砍倒。另外，还有飓风和火山爆发等自然灾害。作为外来物种，九带犰狳（*Dasypus novemcinctus*）常常破坏植被，许多大型树木因此倒下，可供鹦鹉使用的巢址也随之减少了。

国际鸟盟还补充道，圣文森特鹦哥亚种间的生殖隔离可能会引起人们进一步的关注。

2005 年，圣文森特岛的保护生物学家利斯特拉·卡兹克·威尔森（Lystra Culzac Wilson）为圣文森特鹦哥量身打造了物种保护计划，由圣文森特农渔业部（St Vincent's Ministry of Agriculture and Fisheries）和鹦鹉公园基金会（Loro Parque Fundacion）发表。该计划有 3 个主要目标：①保护野外种群、改善栖息地，令自然繁殖的数量达到可自我维持的最高水平，最终被 IUCN 红色名录移除；②进行人工繁殖项目，维持具有繁殖能力的人工种群；③将圣文森特鹦哥的保护纳入法律和文化之中。

苏丹（SUDAN）

蛇鹫

Secretarybird, *Sagittarius serpentarius*

在苏丹总统贾法尔·穆罕默德·尼梅里（Jaffar Mohammed Nimeiri）在任期间（1969—1985年），蛇鹫取代了犀牛，成为该国的国家象征。它代表着力量、奉献和尊严。

上图： 蛇鹫通常在食物充足的雨季里繁殖后代。

左图： 在众多动物之中，蛇鹫以蛇类为食，包括各种毒蛇、眼镜蛇和其他种类的蛇。它们用腿部攻击猎物，再将其整条吞下。

● **物种濒危等级：易危**

保护现状： 有证据表明，该物种的数量正在迅速下降。这可能是由栖息地退化、人为干扰、非法盗猎和贸易造成的。蛇鹫通常被描述为地区性常见或罕见。据估计，其总数量不会超过五位数。

体型： 体长125~150厘米，站高约为1.2米。

描述： 该物种的外形十分特别，很难与其他鸟类混淆。腿部极长且为粉红色，脸部为橙色，蓝灰色的喙呈钩状，具有很长的黑色冠羽和黑色尾部。上体灰色，下体白色，飞羽均为黑色。雌雄同型。

食性： 主要以蚱蜢、蝗虫和甲虫为食，也捕食其他小型动物，包括蛇、蜥蜴、青蛙、獴和其他鸟类。在吞下猎物之前，蛇鹫会对其进行踢蹬和踩踏，用强有力的腿部将较大的猎物撕扯开来。

繁殖方式： 通常在矮树（如相思树）顶部搭建巨大的平台型鸟巢，每一窝产2枚卵。

分布范围： 撒哈拉以南的非洲地区。原产于苏丹等36个国家和地区。

生境类型： 主要为树木稀疏的开阔草原。

在苏丹共和国的国徽中央，有一只张开双翼的蛇鹫。其下方是一个卷轴，用阿拉伯语写着该国的格言，意为"胜利属于我们"。这枚国徽也是总统印章，而总统旗帜上的图案则是它的金色版本。除此之外，蛇鹫的图案也被应用于军事标志，比如勋章。

观赏地点　不论是极度干燥的草原还是湿润的高草地，只要有合适的栖息地，人们就能发现蛇鹫的身影。然而，蛇鹫最常出没于布满荆棘的开阔草原上。这种环境中的小型动物较多，能为蛇鹫提供充足的食物。在苏丹，观赏蛇鹫的最佳地点包括科尔多凡（Kordofan）、达尔富尔（Darfur）和青尼罗州（Blue Nile），以及较为干旱的南部地区。

左上图：像钉子一般竖立的冠羽是蛇鹫最显著的外形特征之一。

上图：尽管大部分时间都在地面上，但蛇鹫仍是一名飞行能手。它能依靠又长又宽的双翼翱翔于高空。

文化地位

蛇鹫能够杀死毒蛇和其他被视为害兽的动物。因此，在非洲的许多地区，人们十分喜爱蛇鹫，南非的国徽也运用了它的形象。蛇鹫的英文名非常奇特，意为"秘书鸟"，这是因为它的冠羽看起来就和中世纪的鹅毛笔一样。

1991 年，苏丹发行了一套限量版邮票，蛇鹫的形象也在其中。另外，发行于 2006 年 7 月的 10 苏丹镑和 20 苏丹镑纸币也采用了蛇鹫图案的水印。

蛇鹫是苏丹国徽的组成部分。

斯威士兰（SWAZILAND）

紫冠蕉鹃

Purple-crested Turaco, *Taurace porphyreolophus*

· ·

紫冠蕉鹃是斯威士兰王国的国鸟。在斯威士语中，当地人将其称为"伊格拉格拉"（Igalagala）。它的飞羽在斯威士兰王室的礼服中占据十分重要的地位。

观赏地点　只要有合适的栖息地，人们就可以看到紫冠蕉鹃——主要包括潮湿的林地、河岸植被和常绿灌木丛，也包括沿海树林、公园、花园和种植园。这种以植物果实为食的鸟类经常光顾非洲南部的喂食器，享用番石榴、桑葚、木瓜和玉米。

● **物种濒危等级：低危**

保护现状： 尽管成年个体的总数量尚未明确，但人们认为，该物种在非洲南部的大部分地区都很常见。然而，其种群数量似乎处于下降态势。

体型： 体长 42~46 厘米。

描述： 与其他种类的蕉鹃一样，紫冠蕉鹃也是一种五彩缤纷的美丽鸟类，完美地融合了绿色、蓝色、紫色和粉色，以及灰色、黑色、棕色和红色。该物种有 2 个亚种，其中指名亚种 *T. p. porphyreolophus* 分布于斯威士兰。

食性： 植物果实。

繁殖方式： 用树枝在隐蔽的树丛中搭建平台型鸟巢，每一窝产 2~3 枚卵。

分布范围： 很广。原产于 11 个非洲国家：布隆迪、肯尼亚、马拉维、莫桑比克、卢旺达、南非、斯威士兰、坦桑尼亚、乌干达、赞比亚和津巴布韦。

生境类型： 湿润的森林、灌木丛生的地带、沿海树林和种植园，以及公园和花园。

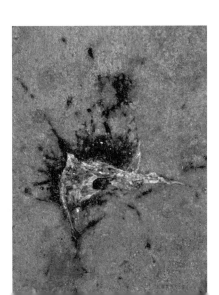

紫冠蕉鹃的排泄物中有植物的种子。它们喜欢吃番石榴和木瓜等水果。

紫冠蕉鹃是23种蕉鹃之一，仅分布于撒哈拉以南的非洲地区。在那里，它们通常被称作"劳瑞"（Louries）。

文化地位

中上图：斯威士兰王室的头饰上常佩有蕉鹃的羽毛。

上图：1995年，斯威士兰发行了一套4枚的蕉鹃系列邮票，其中一张绘有紫冠蕉鹃。

斯威士兰王室将紫冠蕉鹃的羽毛视为珍贵的物品。据国际蕉鹃学会（International Turaco Society）的成员克莱夫·汉弗莱斯（Clive Humphreys）称，无论是紫冠蕉鹃还是尼斯那蕉鹃的东北部亚种（*T. c. phoebus*），它们的红色飞羽常被国王姆斯瓦蒂三世（King Mswati III）[1]及其亲信作为饰品佩戴，以彰显尊贵的身份地位。在著名的芦苇节（Ceremony of the Reeds）[2]和其他重要的王室活动中，王室人员的头饰上常装点着蕉鹃的红色初级飞羽和次级飞羽。为此，国王与他的妻子们收藏了大量的蕉鹃羽毛。

---

① 姆斯瓦蒂三世是斯威士兰的现任国王。——译者注

② 芦苇节是南非斯威士兰人和祖鲁人的年度节日，手持芦苇的未婚少女将聚在一起舞蹈。——译者注

2012年，在英女王伊丽莎白二世登基60周年庆典期间，姆斯瓦蒂三世携亲眷参加了在英国温莎举行的加冕晚宴。他与他的年轻妻子都在头饰和头发上佩戴了蕉鹃的羽毛。

斯威士兰旅游局表示，红色的飞羽象征着智慧和高贵。国王以三根红色飞羽作为王冠，王子最多佩戴三根（通常在头部两侧），而公主只有在每年的芦苇节和丰年祭（Incwala）仪式上才会佩戴它们。作为卓越的象征，国王也会将红色飞羽赐给军队中的杰出士兵，以表彰他们的效忠。这也是斯威士兰人献给来访者最高贵的礼物。

紫冠蕉鹃的形象出现在多枚邮票上，包括斯威士兰在1995年发行的一套蕉鹃插画邮票。它的羽毛也是斯威士兰旅游管理局（Swaziland Tourist Authority）标志的组成部分。

欧乌鸫

Common Blackbird, *Turdus merula*

● **物种濒危等级：低危**

保护现状： 据估计，欧洲共有 1.2 亿～2.46 亿只欧乌鸫，占全球总数的 50%~74%。

体型： 体长 24~27 厘米。

描述： 鸟如其名，雄鸟通体乌黑，具有橙黄色的喙和眼圈；而雌鸟为深褐色，体色比雄鸟稍淡一些。该物种有多个亚种，其中指名亚种 *T. m. merula* 分布于瑞典。

食性： 杂食。主要以蠕虫、昆虫和其他无脊椎动物为食，也取食包括浆果在内的各种植物果实，甚至是花园里的残羹剩饭。

繁殖方式： 通常在隐蔽的灌木丛或树木中用草和小树枝筑造杯状巢，窝卵数为 3~4 枚。在城市和郊区，其鸟巢被猫和乌鸦侵袭的概率很高。

分布范围： 极广，分布于世界范围内的多个地区。

生境类型： 最初，乌鸫是一种生活在森林和林地的鸟类。如今，它们遍布各种类型的生境，包括农田、开阔的乡村、市中心和花园。

欧乌鸫是瑞典的国鸟。1962 年，它在一次报纸的民意调查中获得这一殊荣。

观赏地点 这种适应能力很强的鸟类可以出现在各种各样的环境中。

文化地位

欧乌鸫是鸫科（Turidae）的一员，被瑞典人称为"库特拉斯特"（Koltrast）。人们并不清楚欧乌鸫为什么会成为瑞典的鸟类象征，但这种鸟确实以悠扬动听的歌声而闻名。瑞典在 1970 年发行的圣诞邮票中采用了欧乌鸫的形象。

欧乌鸫的形象出现在 1970 年的瑞典邮票上。
来源：瑞典邮政局

这是一只欧乌鸫的亚成鸟，通体褐色且带有斑点。

一只成年的雄性欧乌鸫和在
巢中嗷嗷待哺的雏鸟。

泰国（THAILAND）

戴氏火背鹇
Siamese Fireback, *Lophur diardi*

● 物种濒危等级：低危（自2011年起）

保护现状： 其保护等级曾为近危。如今，人们认为该物种的减少速度已降至缓慢或适中，因此对它的濒危等级做出相应下调。据估计，戴氏火背鹇的总数量达5万只。其中，约有5000只个体生活在泰国，且主要分布于东北部和东南部。

体型： 体长60~80厘米。雄鸟比雌鸟长20厘米，体重也更大。

描述： 雄鸟有鲜红色的脸部肉垂和深色的冠羽；身体主要为灰色，带有细密的斑纹，后背有一块鲜亮的黄斑，深色的长尾优雅地向下弯曲，腿部为红色。雌鸟没有冠羽，通体为双色调——黑色的上体带有大面积的白色条纹，下体主要为棕色。

食性： 杂食，以包括浆果在内的植物果实、昆虫、蠕虫等为食。

繁殖方式： 资料匮乏。据称，该物种通常在地面上筑巢，每一窝产4~8枚卵。

分布范围： 原产于柬埔寨、老挝、缅甸、泰国和越南。据估计，该物种在泰国的数量约为5000只，对于当地的普通民众来说并不常见。它分布于泰国北部、东北部和东部。

生境类型： 低海拔的原始森林和次生林。

该物种的英文名意为"暹罗火背鹇"。而"戴氏火背鹇"这个名字来源于法国博物学家皮埃尔·迈达·戴亚德（Pierre-Medard Diard）。它是世界上已知的49种雉类之一。虽然戴氏火背鹇在1985年被正式认定为泰国的国鸟，但它在该国内的知名度似乎并不高。事实上，与鹇属（*Lophura*）的其他种类一样，人们对于戴氏火背鹇在野外的生态和行为知之甚少。

在其全球分布范围内，戴氏火背鹇不仅遭到了过度砍伐森林的威胁，还面临着盗猎和诱捕。当猎人在森林中寻找价值更高的动物时，似乎经常把戴氏火背鹇作为食物。

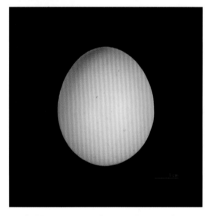

观赏地点 在泰国，戴氏火背鹇常出没于考艾国家公园（Khao Yai National Park）、普奇欧野生动物保护区（Phu Khieo Wildlife Sanctuary）和萨切拉特生物圈保护区（Sakerat Biosphere Reserve）。从 2002 年 5 月到 2003 年 4 月，研究人员在考艾国家公园进行了为期 136 天的野外调查，总共遇到戴氏火背鹇 232 次。人们还在萨切拉特生物圈保护区拍到了一小群戴氏火背鹇，并将这段视频上传到了网上。

戴氏火背鹇的栖息环境十分多样，包括茂密的常绿阔叶林、竹林、灌木丛、林间小道和沿着树林的马路。人类对森林的滥砍滥伐导致其栖息地的丧失。从这个角度看，该物种对于生境的多样选择倒是一件幸事。

戴氏火背鹇对栖息地的变化和干扰具有很高的耐受性，也能在高海拔生存。该物种通常活动于海拔 500 米以下；但据了解，它们偶尔也会出现在海拔 1300 米的地方。

最上图： 成年的戴氏火背鹇雌鸟为红褐色，翅膀和尾部都带有黑白相间的条纹。与雄鸟不同的是，它的头上没有冠羽。

中上图： 在雄性戴氏火背鹇的背部中央，有一块十分显眼的黄斑。"火背鹇"这个名字正是由此得来。

上图： 戴氏火背鹇的窝卵数为 4~8 枚，它们的卵为白色的球形。

文化地位

尽管戴氏火背鹇是泰国的官方鸟类象征，但其形象在本国的应用并不多。

1967 年，泰国发行了一套 8 枚的鸟类绘画邮票，其中一枚描绘了戴氏火背鹇。1987 年，为庆祝世界自然基金会成立 25 周年，泰国发行了一枚纪念银币。银币背面的图案是两只戴氏火背鹇从泰国特有植物中走过。

对于远道而来的观鸟者来说，泰国的戴氏火背鹇是他们最喜欢的物种。考艾国家公园中有专为观鸟活动设置的步道。步道穿过草地、森林等多种生境，以确保人们能够看到更多不同种类的鸟。公园的步道总长超过 50 公里，有两个主要的入口：北部入口位于呵叻府（Nakhon Ratchasima），南部入口位于巴真府 (Prachin Buri)。

戴氏火背鹇的形象出现在 1967 年发行的一套鸟类邮票中。

特立尼达和多巴哥（TRINIDAD and TOBAGO）

美洲红鹮
Scarlet Ibis, *Eudocimus ruber*

棕臀小冠雉
Rufous-vented Chachalaca, *Ortalis ruficauda*

特立尼达和多巴哥共和国的特殊之处在于：官方国鸟不止一种，而是两种，分别为代表特立尼达岛的美洲红鹮和代表多巴哥岛的棕臀小冠雉。

特立尼达和多巴哥的国徽上绘有这两种鸟。美洲红鹮在中央盾牌的左边，而棕臀小冠雉在右边，二者都张开了双翼。不过，国徽上还有第三种鸟——一只蜂鸟。这枚国徽的历史可以追溯到 1962 年，当时这两个岛屿所组成的国家从英国独立了出来。

特立尼达和多巴哥发行了许多绘有美洲红鹮的邮票，包括 1980 年发行的一套美洲红鹮系列邮票。该系列共有 5 款不同的图案，面值均为 50 分。除此之外，世界自然基金会也在 1990 年发行了一套鹮类邮票。该系列包含 4 种不同的鹮属鸟类，面值均为 5.25 元。美洲红鹮通常以国徽的形式出现在特立尼达和多巴哥的硬币上，但 5 元硬币还是单独刻画了这种鸟。

棕臀小冠雉的形象曾出现在 1969 年发行的一枚邮票上。

观赏地点　在特立尼达岛，观赏美洲红鹮的最佳地点是卡罗尼鸟

美洲红鹮

● **物种濒危等级：低危**

保护现状： 在其分布范围内，该物种为常见且广布的鸟类。其总数量非常大，但没有确切的数字。人们认为，由于栖息地的丧失，美洲红鹮的数量正在减少。

体型： 体长 55~63 厘米。

描述： 成鸟具有鲜艳的红色羽毛，很难与其他鸟类混淆。其翼尖为黑色，腿为粉色，长长的喙向下弯曲。该物种是美洲白鹮（*Eudocimus albus*）的近亲，二者在部分地区存在杂交现象。事实上，有人认为它们是同一个物种，即美洲红鹮仅仅是美洲白鹮的另一种色型。

食性： 主要以甲壳动物为食，尤其是招潮蟹和其他螃蟹；也取食蜗牛、双壳类和其他软体动物，以及昆虫和鱼类。

繁殖方式： 通常在红树林中用树枝搭建一个较小的平台型鸟巢，窝卵数为 2 枚。

分布范围： 非常广。原产于特立尼达和多巴哥等 11 个国家和地区，并为其他 9 个国家的迷鸟。

生境类型： 沿海的红树林沼泽、河口、泥滩和潮湿的内陆稀树草原。

美洲红鹮是一种极为美丽的鸟类，它们曾因为人们对于羽毛的需求而遭到捕杀。

与美洲红鹳相比，长得像火鸡的棕臀小冠雉是一种相当不起眼的鸟，但它们的响亮鸣叫弥补了外形上的单调。

棕臀小冠雉

- 物种濒危等级：低危

保护现状： 全球数量尚未明确，但应处于稳定态势。

体型： 体长 53~61 厘米。

描述： 一种长得像火鸡的鸟类。头部较小，颈部长而健壮，翅膀较短，尾部长而宽。体色没有明显的特征——成鸟主要为浅黄色、灰棕色和橄榄棕色。喙、腿部和羽冠为灰色，喉部裸皮为红色。这是一种十分吵闹的鸟类，尤其是在黎明时分。该物种有 2 个亚种，其中亚种 *O. r. ruficauda* 分布于多巴哥岛。

食性： 植物果实、嫩芽、叶片和花朵。

繁殖方式： 在树木中用小树枝和叶片筑巢，窝卵数为 3~4 枚。

分布范围： 原产于 5 个国家和地区，常见且广布于多巴哥岛，而特立尼达岛没有该物种的记录。

生境类型： 森林、灌木丛、废弃的农田和花园。

特立尼达和多巴哥的10元纸币背后印有棕臀小冠雉的图案。

类保护区（Caroni Bird Sanctuary），这是该物种的主要栖息地和繁殖地。1963 年 6 月，人们在卡罗尼统计到 2500 个美洲红鹳的鸟巢；但在 1970 年之后，美洲红鹳放弃了这个繁殖地，仅在非繁殖期出现于此，并且数量达到 15 000 只。如今，美洲红鹳再一次回到卡罗尼繁殖。在这片占地 56.11 平方公里的红树林、沼泽和潮间滩涂中，大量美洲红鹳悠然地繁衍生息。卡罗尼鸟类保护区是观鸟爱好者心目中的一个胜地。这里有 6 种不同的旅游项目供人们选择，其中包括精心打造的美洲红鹳摄影之旅。

人们可以在多巴哥岛的主山脉（Main Ridge）和小多巴哥岛（Little Tobago）上看到棕臀小冠雉。主山脉构成了多巴哥岛东北部的屋脊，为 4 种地域性分布的鸟类提供了栖息地，其中也包括棕臀小冠雉。根据 2006 年的资料，该物种在当地十分常见。小多巴哥岛是一个距离多巴哥岛东北海岸约 2 公里的小岛，生活着一个小型的棕臀小冠雉种群。

文化地位

在特立尼达和多巴哥，美洲红鹳是一种备受瞩目的鸟，它们同时受到了观鸟爱好者与普通游客的喜爱。人们专程前往卡罗尼鸟类保护区，欣赏靓丽的美洲红鹳集群飞行、前往栖息地的壮观景象。当地的鸟类学家温斯顿·南安（Winston Nanan）将栖息的美洲红鹳形容为"充满生命的圣诞树"。

过去，为了获取鲜艳的羽毛来装饰帽子和节日服装，特立尼达的原住民常常猎杀美洲红鹳。尽管美洲红鹳已经成为这个国家的国鸟，并且卡罗尼（Caroni）河[①] 流域的枪支也被禁止了，但类似的偷猎现象仍时有发生。

棕臀小冠雉在当地被称为"可可里克"（Cocrico）。据说该物种能够破坏和摧毁庄稼，且数量众多，所以特立尼达的农民都将它视为害鸟。

① 卡罗尼河是特立尼达和多巴哥的一条主要河流。——译者注

乌干达（UGANDA）

灰冕鹤
Grey Crowned Crane, *Balearica regulorum*

● **物种濒危等级：濒危（在 2012 年由易危上升到濒危）**

保护现状： 由于栖息地的丧失、出于食用目的的非法捕猎、传统用途、驯养和国际市场上的贸易，该物种的数量在过去 45 年里急剧下降。在南非和乌干达，撞击电线和触电事故也导致了许多个体死亡。亚种 *B. r. gibbericeps* 分布于乌干达，已仅剩不到 10 000 只个体（也可能少于 5000 只）。

体型： 体长 100~110 厘米。

描述： 具有十分醒目的金黄色冠羽，通体灰色，翅膀主要为白色，腿部和趾为黑色。亚种 *B. r. gibbericeps* 脸颊上的红色斑块比指名亚种 *B. r. regulorum* 的面积更大。雌鸟和雄鸟的外形基本一致，但雄鸟通常比雌鸟稍大一些。

食性： 杂食。其食物包括种子和草尖、耕地中的花生、大豆、玉米和谷子、昆虫和其他无脊椎动物、小型脊椎动物（如青蛙、蜥蜴）。

繁殖方式： 在压平的草堆或莎草上繁殖，每一窝产 2~4 枚卵。该物种的鸟巢总是位于湿地周边，并被周围的植被所掩盖。灰冕鹤的窝卵数是所有鹤类中最大的。

分布范围： 非常广，原产于非洲东部和南部的 17 个国家。虽然该物种不迁徙，但也会进行区域性和季节性的迁移。

生境类型： 湿地、草地和耕地。

　　灰冕鹤是乌干达的国鸟，在当地享有很高的知名度。许多人将其视为神圣的鸟类和湿地健康的指标。

　　乌干达的国徽上绘有灰冕鹤的亚种 *B. r. gibbericeps*。它站在盾牌和长矛的右边，与乌干达赤羚（*Kobus kob thomasi*）相对而立。灰冕鹤的抽象图案也出现在该国的国旗上。

　　观赏地点　在乌干达，数量最大的灰冕鹤繁殖群生活在西南部。当地的热点区域包括布谢尼（Bushenyi）、卡巴莱（Kabale）和恩通加莫区（Ntugamo District）。

灰冕鹤是一种非常美丽的鸟类，金色冠羽是其最醒目的特征。

文化地位

在维克多利亚湖盆地（Lake Victoria Basin），为鼓励和支持以社区为基础的保护工作，国际鹤类基金会与包括乌干达自然协会（Nature Uganda）在内的本土环保机构展开了合作。这个地区残存的湿地不仅是灰冕鹤和其他野生动物的重要栖息地，也是当地居民不可或缺的自然资源，它为人们提供清洁的饮用水、丰富的渔产，以及用于制作篮子或其他商品的纸莎草（Cyperus papyrus）和芦苇等。维多利亚湖是世界第三大湖泊，乌干达和肯尼亚有5000万人口居住在这个盆地。然

而，这些重要的湿地也面临着被破坏的威胁。

吉米·穆希博维·穆赫兹（Jimmy Muheebwe-Muhoozi）出生于乌干达，曾是布谢尼的初级教师培训导师，现就职于乌干达自然协会。他在多所学校成立了野生动物俱乐部，鼓励人们关注湿地和灰冕鹤所处的困境。

乌干达西南部人口稠密，大部分湿地已被开发为农田，山坡上的植被也被当地人清除，用于种植土豆和其他作物。吉米意识到，乌干达人民必须与赖以生存的湿地和谐共存，否则灰冕鹤和其他野生动物将无法拥有未来。

现在，乌干达西南部的居民逐渐意识到保护灰冕鹤与相关湿地的必要性。在过去的10年里，乌干达开展了大范围的教育和保护活动，包括用音乐、舞蹈和戏剧等艺术形式来唤起人们对灰冕鹤的关注；对该物种进行科学监测；鼓励当地居

图为一名举着国旗的乌干达运动员，国旗中央的图案取材自灰冕鹤。

民不往沼泽中排放农业废水，不开发沼泽作为农业用地；在湿地附近种植原生树种，取代速生树种和农田；利用蜜蜂养殖业和有机农业等方式，帮助解决当地的贫困问题。

多年来，灰冕鹤出现在多枚乌干达邮票中，包括发行于1987年的一套鸟类邮票。

1965年，乌干达发行了一套14枚的鸟类邮票，其中一枚绘有灰冕鹤的形象。

英国（UNITED KINGDOM）

欧亚鸲

European Robin, *Erithacus rubecula*

● **物种濒危等级：低危**

保护现状： 据估计，该物种在欧洲的总数量在 4300 万~8300 万只之间。

体型： 体长 14 厘米。

描述： 成鸟具有十分鲜明的色彩组合，脸部和胸部为橙红色，腹部米白色，两胁浅棕色，背部和尾部为褐色，眼睛黑色。

食性： 以无脊椎动物、水果和种子为食，尤其喜爱花园喂食器中的活粉虫和干粉虫。

繁殖方式： 窝卵数为 4~6 枚。可选择天然或人工的巢址，比如树洞、树根和岩石的缝隙、巢箱、旧水壶、喷壶、花盆和其他合适的容器。

分布范围： 极广，分布于英国、欧洲大陆、亚洲部分地区和北非。欧洲种群占全球数量的 75%~94%。英国的欧亚鸲主要为留鸟或来自欧洲大陆的冬候鸟。

生境类型： 花园、公园、灌木篱墙、林地、教堂庭院、住宅后院等各种生境。在称霸花园之前，欧亚鸲本来是一种生活于林地的鸟类，以昆虫和其他无脊椎动物为食。如今，它们在森林中的地位已经被野牛、野猪和鹿取代了。

欧亚鸲的国鸟地位从未正式获得官方的认定，但在 20 世纪 60 年代早期，当《泰晤士报》（*The Times*）进行了一项调查后，它就成为了该国的非官方鸟类象征。在英国社会中，欧亚鸲的形象比其他任何鸟类的使用率都高，而其应用方式也更为多样。圣诞贺卡、邮票、日历、垫子、马克杯、盘子、刺绣纹章、别针徽章（包括为 2012 年伦敦奥运会特别定制的限量版徽章）和纸巾上都有这种鸟的图案。

观赏地点 欧亚鸲是一种常见且熟悉的鸟类，在开阔的乡村、城镇和都市中心随处可见。

最左图： 欧亚鸲可以在各种地方筑巢，包括旧水壶和喷壶。

左图： 这可能是欧亚鸲在花园里最常做的事情——从刚刚翻过的土壤中拔出一条肥美多汁的蚯蚓。

欧亚鸲已经习惯了人类的存在，尤其是园丁。它们总显得十分放松和惬意，以友好和亲切著称。但在鸟类的世界里，它们在守卫领地时具有很强的攻击性。

文化地位

欧亚鸲又名知更鸟，在民间传说中占据着十分特殊的地位。据说，在耶稣受难时，一只欧亚鸲从他的荆棘王冠上拔下了一根刺。基督的一滴鲜血落在了欧亚鸲身上，变成了鲜艳的红胸脯，因此这种鸟又被成为"红胸鸲"（Robin Redbreast）。而在另一个传说中，为了给炼狱中受难的灵魂送水，欧亚鸲的胸脯被烈火烤红。

在威廉·莎士比亚（William Shakespeare，1564—1616年）的时

在《森林中的孩子》中，知更鸟用树叶盖住了两个孩子的尸体。

IN ONE ANOTHER'S ARMS THEY DYED.

代，人们常常将欧亚鸲与施舍、虔诚联系在一起。到了维多利亚时代，第一批邮递员身着红色制服，被居民亲切地称为知更鸟。而欧亚鸲的形象也经常出现在这个时期的圣诞贺卡上，画中的造型就仿佛是一位拿着贺卡或信件的邮递员。因此，人们对欧亚鸲的喜爱上升到了一个新的高度。

如果没有欧亚鸲，现在的圣诞节必定大不相同，圣诞贺卡的设计师和制造商们大概也会感到迷茫。它似乎是圣诞节永恒的主题，人们在贺卡的照片或插画中描绘出各种姿势和背景下的欧亚鸲：或被长满红浆果的冬青包围，或停栖在钢叉或铁锹的把手上，抑或是站在被雪覆盖的小树枝上。

欧亚鸲也在歌曲、诗歌和文学作品中不断地被传唱着。1926年，哈里·M. 伍兹（Harry M. Woods）创作了歌曲《当知更鸟鼓动红胸脯》

（When the Red, Red Robin Comes Bob, Bob, Bobbin' Along），后来成为多位歌手的成名曲，包括阿尔·乔尔森（Al Jolson）和多丽丝·戴（Doris Day）。

在著名的儿童故事《森林里的孩子》（Babes in the Wood）中，欧亚鸲为两个死去的孩子衔来树叶，盖住了他们的尸体。诗人威廉·布莱克（William Blake，1757—1827年）曾说过一句名言："当知更鸟被困在笼中，整个天堂都会为之震怒。"民间还流传着一个迷信的说法，如果少女在情人节那天看到的第一只鸟是欧亚鸲，那么她将会嫁给一个水手或是其他从事航海职业的男人。

《谁杀死了知更鸟?》（Who Killed Cock Robin?）是一首传唱了数百年的儿歌，但似乎没有人知道它的作者是谁。在儿歌中，一只麻雀用弓箭射死了知更鸟。当知更鸟的丧钟响起时，天上所有

北风或将来袭

节约

煤气和电力

为了最冷的天气

在英国，欧亚鸲几乎是霜、雪和冬天的代名词。政府在1942—1947年的宣传活动中使用了这幅画有欧亚鸲的海报，以鼓励人们节约燃料资源。

在古老的童谣《谁杀死了知更鸟？》中，知更鸟被一只麻雀用弓箭射杀。

愿完成之前就飞走了，留给人们的将是一整年的坏运气。欧亚鸲也能预测天气，若它在隐蔽之处鸣唱，则预示着狂风暴雨的到来；在开阔的枝头鸣唱则象征着好天气。"他说，"我还听闻，如果欧亚鸲发现了一具人类尸体，它们会用苔藓和树叶盖住尸体的脸，以此表达对人类的爱意。这个传闻很可能来自《森林中的孩子》，故事中的知更鸟就用树叶盖住了死去的孩子。有些墓碑上刻着一只欧亚鸲，或许代表了死者生前是一个十分友善的人，不过这种情况并不存在于达特穆尔。"

英国至少有5家足球俱乐部被称为"知更鸟"：奥特林查姆（Altrincham）、布里斯托尔城（Bristol City）、查尔顿竞技（Charlton Athletic）、切尔滕汉姆（Cheltenham Town）和斯温登（Swindon Town）。这些俱乐部的主场球衣都采用了欧亚鸲胸脯的颜色。

的鸟儿都为之悲鸣与哭泣。有趣的是，在格洛斯特郡的塞伦塞斯特（Cirencester）附近，巴克兰教区长的住宅（Buckland Rectory）中有一扇特殊的彩色玻璃窗，上面描绘了一只被麻雀杀死的知更鸟，就如同那首古老的儿歌一般。在另一首名为《小知更鸟》（Little Robin Redbreast）的韵文中，欧亚鸲的境遇总算没那么糟了。它从猫爪下逃脱，并挑衅道，"来吧，看你能否抓到我。"

根据蒂姆·桑德尔斯（Tim Sandells）在达特穆尔传说网（Legendary Dartmoor）上的说法，一直以来，达特穆尔地区[①]的居民将进入屋子的欧亚鸲视为不祥的征兆，

尤其是当它发出"滴、滴"的鸣叫时。另外，绘有知更鸟的圣诞贺卡也一度被人们当作不祥之物。蒂姆曾居住在达特穆尔，为了研究这里的民间传说，他四处奔走、阅读资料并进行调查，花费了大量的时间和精力。他说道，"祖母常讲，如果有人给你一张画着知更鸟的卡片，那他一定是在充满恶意地诅咒你，最好立刻撕毁那张卡片。"蒂姆还补充道，他的奶奶给自己不喜欢的人寄过几张知更鸟卡片。

蒂姆收集了许多关于欧亚鸲的坊间传说。"如果有人胆敢从欧亚鸲的鸟窝里偷蛋，这个地区产的所有牛奶都会因此变色。欧亚鸲飞过门槛是债务临头的征兆。看见新年的第一只欧亚鸲时，人们许下的愿望都会实现。然而，若是这只鸟在许

① 达特穆尔是英格兰德文郡南部的一个高地。——译者注

英国的圣诞贺卡和圣诞邮票大量采用了欧亚鸲的图案。

美属维尔京群岛（US VIRGIN ISLANDS）

曲嘴森莺

Bananaquit, *Coereba flaveola*

● **物种濒危等级：低危**

保护现状： 据估计，该物种的总数量相对稳定，在 500 万~5000 万只之间。

体型： 体长 10.5~11 厘米。

描述： 下体为十分亮眼的鲜黄色，与黑色的上体形成强烈的对比，具有突出的白色眼纹和短而下弯的喙。雌雄同型。该物种因地理隔离而产生了超过 40 个亚种，其中亚种 *C. f. sanctithomae* 分布于美属维尔京群岛。

食性： 主要以花蜜为食，也取食一些包括浆果在内的植物果实，以及昆虫。

繁殖方式： 该物种的鸟巢为带有侧向入口的球形巢，窝卵数为 2~4 枚。

分布范围： 非常广。原产于包括美属维尔京群岛在内的接近 50 个国家和地区。

生境类型： 多样，包括灌木丛、森林、红树林、公园和花园。

曲嘴森莺在 1970 年被正式任命为美属维尔京群岛的官方鸟类象征。在该地区的徽章上，曲嘴森莺停栖在一棵黄钟树（*Tecoma stans*）上，被圣托马斯岛（St Thomas）、圣约翰岛（St John）和圣克罗伊岛（St Croix）的轮廓所包围。[①]

观赏地点 曲嘴森莺几乎无处不在，但鲜花盛开的花园是对其进行观察的好地方。人们可以在圣约翰岛的维尔京群岛公园（Virgin Islands National Park）和其他地方发现这种鸟的踪影。

许多岛民都知道，曲嘴森莺不仅喜欢装有糖水的蜂鸟喂食器，也喜欢糖罐。因此，"糖鸟"这个绰号绝非浪得虚名。美属维尔京群岛的曲嘴森莺常大胆地闯入人们家中，当着用餐者的面从桌上叼走食糖。

曲嘴森莺经常造访花园，在植物和植物之间来回穿梭，寻找能够提供能量的花蜜。这些充满活力的小鸟遍布美属维尔京群岛的各种环境中，包括茂密的灌木丛、红树林和一些其他林地。在维尔京群岛公园，人们不仅可以看到曲嘴森莺，还能发现许多其他鸟类，包括蜂鸟和来此越冬的北美莺类。

---

① 圣托马斯岛、圣约翰岛和圣克罗伊岛是美属维尔京群岛最大的三个岛屿。——译者注

上图：与蜂鸟一样，曲嘴森莺也是十分活跃的觅食者，但在这里摄影师捕捉到了两只曲嘴森莺休息的画面。通过这张照片，我们能清楚地看到其双色调的羽毛和醒目的白色眉纹。

右图：曲嘴森莺主要以花蜜为食。它们将弯曲的喙直接探入花中或刺穿花的基部，从而获取食物。

在美属维尔京群岛的官方标志上，有一只停栖于黄钟树的曲嘴森莺。

文化地位

　　曲嘴森莺又被人们称为"黄胸脯"或"糖鸟"，前者源于这种鸟的黄色下体，而后者则是因为它对糖分的喜爱。曲嘴森莺常常在花园中出没，热爱自然的居民会为它们准备一碗糖粒或装有糖水的喂食器。这样一来，曲嘴森莺将变得十分温顺。

　　曲嘴森莺的形象出现在美属维尔京群岛的政府印章上，以及25分硬币的背面。

美国（UNITED STATES OF AMERICA）

白头海雕

Bald Eagle, *Haliaeetus leucocephalus*

物种濒危等级：低危

保护现状： 在 20 世纪，该物种的数量急剧下降，主要原因是杀虫剂的毒害导致鸟类不育或卵壳易碎、合法和非法的枪杀（在阿拉斯加，猎杀海雕可以获得奖金）和栖息地丧失。1940 年，在美国政府通过《白头海雕保护法案》（*Bald Eagle Protection Act*）和其他措施之后，成年个体的数量已经回升到 30 万只。

体型： 体长 76~91 厘米，翼展长达 1.68~2.44 米。雌鸟的体型比雄鸟大。

描述： 一种特征鲜明的猛禽。成年雄鸟和雌鸟具有深棕色的身体，头部和尾部则为对比强烈的白色，而巨大的喙呈黄色。该物种有两个亚种，均分布于美国——指名亚种 *H. l. lencocephalus* 分布在南部，亚种 *H. l. washingtoniensis* 分布在北部。

食性： 尽管白头海雕主要以鱼类为食，但这种奉行机会主义的强大捕食者也乐于享用其他食物，比如哺乳动物、鸟类、爬行动物和无脊椎动物，甚至还包括腐肉和人类废弃物。

繁殖方式： 通常在高达 60 米的树杈上用树枝搭建笨重的大型鸟巢。鸟巢的直径可达 4 米，深可达 2.5 米，且通常位于针叶树中。该物种终身配对，窝卵数为 2~3 枚。

分布范围： 白头海雕是一种分布广泛的猛禽，繁殖于美国、加拿大、墨西哥和纽芬兰海岸的圣皮埃尔和密克隆群岛（Saint-Pierre and Miquelon

长久以来，白头海雕一直是自由、勇气和力量的代名词。1782 年，美国国玺采用了白头海雕的图案。从此以后，它就成为了该国的国鸟。如今，白头海雕依然被雕刻在国玺之上——它的右爪抓着一根橄榄枝，象征着和平；左爪握着一捆 13 支的箭，象征着战争。

多年来，这一熟悉的标志出现在各种各样的官方和非官方物件上，包括美国总统的印章、总统旗、众议院的权杖、国会荣誉勋章，以及美国空军、海军、海军陆战队和美国航空公司的徽章，还有数枚硬币、1 美元的纸钞和邮票等。事实上，我们几乎可以肯定白头海雕是世界上最著名且应用范围最广的国鸟。

观察地点 奇尔卡特白头海雕保护区（Chilkat Bald Eagle Preserve）位于阿拉斯加海恩斯（Haines）附近，占地 194 平方公里。1982 年，为了保护和延续世界上最大的白头海雕种群及其食物（鲑鱼）和重要栖息地，阿拉斯加州政府建立了这个保护区。在这里，人们可以看到大量的白头海雕。在 10 月到次年 2 月的集群期，奇尔卡特保护区曾记录到超过 3000 只白头海雕。根据美国白头海雕基金会（American Bald Eagle Foundation）的数据，该保护区的白头海雕数量是美国境内最多的——约有 50 000 只。

白头海雕的巨型鸟巢由树枝构成，从远处就能轻易发现。

Islands），属常见、地方性可见到罕见。

生境类型： 在湖泊、河流、河口和沿海地区繁殖。到了冬天，白头海雕通常栖息于类似的地方，但也出没于更为多样的环境，包括水坝、垃圾场、隐蔽的山谷和美国西部的干旱地带。

白头海雕是一种异常凶悍的捕食者。无论是飞行还是捕食，它们的身姿总是令人着迷。照片中的白头海雕张开利爪，准备从水中抓鱼。

布雷肯待戴尔（Brackendale）位于加拿大不列颠哥伦比亚省温哥华市的北部，曾在 1994 年记录到 3769 只越冬的白头海雕，创下了世界纪录。每一年，人们都会在这个地方举办布雷肯戴尔冬季海雕节（Brackendale Winter Eagle Festival），节日活动将贯穿整个 1 月。自 1986 年以来，志愿者们纷纷参与到一年一度的海雕节和计数活动中。2014 年 1 月 5 日，志愿者记录了超过 1000 只白头海雕。

若想近距离接触白头海雕，美国白头海雕基金会旗下的鸽子谷海雕中心（Pigeon Ford Eagle Center）将是最好的选择。该中心位于田纳西州鸽子谷的多莉山（Dollywood），号称拥有世界上最大的白头海雕饲养场。在这里，数十只人工圈养的白头海雕都已经被放归到田纳西州的大雾山（Great Smoky Mountains）和其他地区。

文化地位

早在 200 多年前，白头海雕就成为了美国的国鸟，并称得上是这个国家的代名词。然而，它当年差一点就失去了这个头衔。白头海雕的反对者之一正是本杰明·富兰克林（Benjamin Franklin），他在写给朋友的信中称，这种猛禽的道德品质低劣、卑鄙而令人生厌。他认为火鸡才是一种值得尊敬的鸟类，更配得上美国国鸟的荣誉。不过，并非国会中的每个人都与富兰克林持相同的观点。最终，白头海雕获得了胜利。

在美国原住民的传统、文化和宗教中，白头海雕与金雕都被视为神圣的象征，且备受尊崇。原住民相信，雕是神的信使，往返于人世间与精神世界，将人们的祈祷带给造物主和祖先们。据美国白头海雕基金会称，这两种雕的身体和羽毛得到了原住民的精心护理和尊重。只有表现英勇且获得部落认可的印第安战士才有资格获得雕的羽毛，他们通常会把羽毛佩戴在头发、头饰或战帽上。对于所有的美国原住民来说，被赐予雕的羽毛是最高级别的荣誉，这代表了感恩、爱与尊重。

在神圣的太阳舞（Sun Dance）[①]仪式中，印第安部落的拉科塔人（Lakota）和达科塔人（Dakota）会

_____

① 太阳舞是美国与加拿大原住民的一种传统仪式，为病体康复而祈祷。
——译者注

多年来，白头海雕的形象以多种形式出现在各种官方和非官方物件上，包括邮票、硬币和护照。

使用一种特殊的哨子，而这种哨子是由雕的翼骨制成的。印第安人的传说、故事和艺术作品中都充斥着许多白头海雕的元素。

在科罗拉多州的商贸城，国

美国原住民印第安人可以使用白头海雕的羽毛来制作头饰。

家雕与野生动物财产保存库（National Eagle and Wildlife Property Repository）坐落于的落基山阿森纳国家野生动物保护区（Rocky Mountain Arsenal National Wildlife Refuge）中。20 世纪 70 年代早期，美国鱼类及野生动物管理局（U.S. Fish and Wildlife Service, USFWS）建立了这个保存库，用来存放管理

在美国国玺上，白头海雕的爪中抓着橄榄枝（和平的象征）和13支箭（战争的象征）。

局收缴的白头海雕和金雕尸体。出于宗教目的，印第安部落经常需要这两种雕的身体和羽毛。有了这个保存库后，他们就能向联邦政府提出申请，从而实现合法的利用。然而，尸体的供应远远赶不上原住民的需求。一具完整的白头海雕尸体可能要等待两年半，一对翅膀大概为一年，而 10 根散开的优质羽毛则需要 6 个月，最后才能轮到爪子和头部。

美国各地区的鸟类象征

普通扑动䴕

珠颈斑鹑

旅鸫

阿拉巴马州　普通扑动䴕

Northern Flicker, *Colaptes auratus*

自美国内战以来，普通扑动䴕一直是阿拉巴马州的象征。1927年，它正式被认定为该州的州鸟。

阿拉巴马州的别名是"扑动䴕之州"（Yellowhammer State），是美国境内唯一采用啄木鸟作为代表性鸟类的州。

阿拉斯加州　柳雷鸟

Willow Ptarmigan, *Lagopus lagopus*

在分布于阿拉斯加州的3种雷鸟中，柳雷鸟是体型最大的一种。1955年，一群小学生选择它作为这片"伟大土地"的象征，并为本州的独立做准备。1959年，当阿拉斯加成为美国的第49个州时，柳雷鸟正式被认定为州鸟。

亚利桑那州　棕曲嘴鹪鹩

Cactus Wren, *Campylorhynchus brunneicapillus*

棕曲嘴鹪鹩是美国体型最大的鹪鹩，也是沙漠地带的常见留鸟。1931年，亚利桑那州的立法机构将这种棕鸟大小的鹪鹩选为该地的州鸟。

阿肯色州　小嘲鸫

Northern Mockingbird, *Mimus polyglottos*

1929年3月5日，第47届阿肯色州大会将小嘲鸫认定为该州的官方鸟类象征。这种鸟的形象被广泛应用于学校历史课程的教材中。

加利福尼亚州　珠颈斑鹑

California Quail, *Callipepla californica*

1931年，在奥杜邦学会的推选下，加利福尼亚州正式采用珠颈斑鹑作为州鸟。1931年6月12日，州长小詹姆斯·罗尔夫（James Rolph Jr）签署了与此相关的第776号议会法案，该法案于该年8月14日生效。珠颈斑鹑之所以会成为该州的州鸟，似乎是因为它原产于美国西海岸。除了加利福尼亚州之外，它还分布于爱达荷州、内华

柳雷鸟

达州、犹他州和墨西哥西海岸。

科罗拉多州　黑斑白鹀

Lark Bunting, *Calamospiza melanocorys*

这种黑白相间的鸟类在1931年4月29日正式成为科罗拉多州的州鸟。

康涅狄格州　旅鸫

American Robin, *Turdus migratorius*

1943年，旅鸫被康涅狄格州大会正式选为该地的州鸟。旅鸫是一种候鸟，早期的殖民者最初将其称为"知更鸟"，以怀念英国的欧亚鸲。不过，这两个物种在体型和羽色上完全不同。

特拉华州　特拉华蓝母鸡

Blue Hen Chicken

特拉华州是美国仅有的采用家鸡作为州鸟的两个州之一，另一个是罗德岛州。虽然有各种各样的推测，但"蓝母鸡"这个名字的确切起源还是一个谜。

例如，历史学家C.A.韦斯拉格（C. A. Weslager）认为，蓝母鸡的名字起源于特拉华军团。这个军团成立于1775年，其中的士兵们身着潇洒的制服——白色的马裤、马甲和长筒袜，蓝色的外套和黑色的靴子，头戴插着红色羽毛的尖顶皮帽，就像鸡冠

小嘲鸫

褐弯嘴嘲鸫

山蓝鸲

一样。

特拉华州大学的保罗·H.萨默维兹（Paul H Sammelwitz）博士在一篇名为《特拉华蓝母鸡：事实与幻想》（The Delaware Hen: Fact and Fancy）的文章中写道，韦斯拉格认为这个军团"一定是构想出了这种母鸡的形象。许多士兵来自斗鸡之风盛行的肯特县（Kent County），因此这种比喻是十分自然的"。

1939年4月14日，特拉华州大会正是采用特拉华蓝母鸡作为州鸟。

佛罗里达州　小嘲鸫

Northern Mockingbird, *Mimus polyglottos*

1927年4月23日，佛罗里达州将小嘲鸫选为州鸟。参众议院同时通过的第3号决议宣称："从开拓者所处的蛮荒年代到如今的科技社会，小嘲鸫的悠扬歌声一直为佛罗里达居民和游客带来愉悦和欢乐。"决议还补充道，该物种遍布全州，具有"无与伦比的魅力"。

乔治亚州　褐弯嘴嘲鸫

Brown Thrasher, *Toxostoma rufum*

根据1932年4月版的《自然杂志》（*Nature Magazine*），乔治亚州的学生们在1928年首次将褐弯嘴嘲鸫选为该州的鸟类象征。不过，当时的政府并没有采取立法行动。在几年后的1935年4月6日，州长尤金·塔尔麦奇（Eugene Talmadge）也宣

布褐弯嘴嘲鸫为乔治亚州的州鸟。然而，直到1970年3月20日，在乔治亚州花园俱乐部（Garden Clubs of Georgia）的压力下，该州大会才终于通过第128号联合决议，正式将褐弯嘴嘲鸫认定为州鸟，而山齿鹑（*Colinus virginianus*）则成为该州的代表性猎禽。

这项联合决议称，"无数乔治亚人"都将褐弯嘴嘲鸫视为州鸟，所以该物种获得这一地位是"合适并恰当的"。

决议还补充道，在1733年，乔治亚州仅仅是被英国殖民者占领的地区，而山齿鹑"为乔治亚人民带来了欢乐，陪伴他们工作和玩耍"。事实上，"每年都有成千上万的乔治亚猎人徒步到田野里捕捉山齿鹑，但这种捕猎是有限度的。这种神奇的鸟类

夏威夷黑雁

可以承受三分之二的个体损失，而在来年春天的繁殖季节恢复到原先的数量。因此，它们持续地为乔治亚州的猎人提供着激动人心的活动。"

夏威夷　夏威夷黑雁

Nene, *Branta sandvicensis*

夏威夷人将夏威夷黑雁称为"奈奈"（nene）。这个物种曾经濒临灭绝。据国际鸟盟称，由于保护措施的开展，夏威夷黑雁的数量已经从20世纪中期的30只上升到2011年的2000多只。如今，该物种的濒危等级为易危。

《蚋鹟》（*Elepaio*）是夏威夷奥杜邦学会（Hawaiian Audubon Society）旗下的一本杂志。在1965年的6月刊中，玛格丽特·蒂特科姆（Margaret Titcomb）曾写道，如果夏威夷黑雁能够免遭灭绝，"将是当今保护工作和技术的一大胜利"。早在1903年或更早的时候，罗伯特·西里尔·莱顿·珀金斯（Robert Cyril Layton Perkins）[1]就对该物种的生存前景表示了恐惧和遗憾。

蒂特科姆表示，夏威夷黑雁的减少是由牲畜和其他动物的影响、栖息地的变化以及捕猎造成的。她提到了一位来访的作

① 罗伯特·西里尔·莱顿·珀金斯是英国著名的昆虫学家、鸟类学家和博物学家，因其对夏威夷群岛和膜翅目昆虫的研究而闻名。——译者注

西美草地鹨

主红雀

北美金翅雀

家——博德丹·惠瑟姆（Boddam-Whetham），后者曾描述过一只被埋在土里烤熟的夏威夷黑雁。

1957年，它正式成为夏威夷的代表性鸟类。

爱达荷州　山蓝鸲

Mountain Bluebird, *Sialia currucoides*

爱达荷州选取了两种鸟类：山蓝鸲（在1931年被选为州鸟）和游隼（该州的代表性猛禽）。

伊利诺伊州　主红雀

Northern Cardinal, *Cardinalis cardinalis*

1928年，伊利诺伊州的学生们在5种美丽的鸟类中选择了主红雀作为州鸟。在次年的一次投票中，主红雀获得了39 266张选票，正式成为了官方的州鸟。事实上，美国有7个州都将主红雀作为州鸟。除了伊利诺伊州外，还有印第安纳州、肯塔基州、北卡罗来纳州、俄亥俄州、弗吉尼亚州和西弗吉尼亚州。

这种鸟类的名字由早期的移民所起，来源于天主教的红衣主教——二者都穿着鲜艳的红色长袍。

印第安纳州　主红雀

Northern Cardinal, *Cardinalis cardinalis*

1933年，这种为人熟知且色彩鲜艳的鸟类被大会选为印第安纳州的州鸟。它当

选的原因可能在于常见且广布。主红雀出没于各种类型的环境中，包括花园。

位于印第安纳州曼西（Muncie）的鲍尔州立大学（Ball State University）运动队也被称为"主红雀队"。

爱荷华州　北美金翅雀

American Goldfinch, *Spinus tristis*

由于雄鸟拥有柠檬黄色的靓丽羽毛，北美金翅雀也被人们称为"野生金丝雀"。它在爱荷华州十分常见，并经常在整个冬天逗留。因此，它在1933年被选为该州的官方州鸟。

它的图案被应用在书签和爱荷华州的其他官方标志上。

堪萨斯州　西美草地鹨

Western Meadowlark, *Sturnella neglecta*

西美草地鹨在1937年被认定为堪萨斯州的州鸟。

肯塔基州　主红雀

Northern Cardinal, *Cardinalis cardinalis*

1926年2月26日，主红雀正式成为肯塔基州的州鸟。原因很简单——主红雀是当地的原生鸟类。

肯塔基州的几所小学、中学和一所主要的大学都将主红雀作为他们的吉祥物。

路易斯安那州　褐鹈鹕

Brown Pelican, *Pelecanus occidentalis*

尽管褐鹈鹕在1966年就成为了路易斯安那州的州鸟，但它与该州的渊源可以追溯到几个世纪以前。事实上，这种鸟类对其后代的关怀与呵护给早期的欧洲殖民者留下了深刻的印象。

路易斯安那州的别名是"鹈鹕州"（The Pelican State）。褐鹈鹕的形象出现在州旗、州徽和州绘上。在美国独立两百周年的纪念章上，路易斯安那州的三个标志之一就是褐鹈鹕。1966年，杀虫剂的滥用导致路易斯安那州的褐鹈鹕完全消失。值得庆幸的是，如今这里的海岸线再次成为4万只褐鹈鹕的家园。

缅因州　黑顶山雀

Black-capped Chickadee, *Poecile atricapillus*

黑顶山雀是一种常见的庭园鸟类。

褐鹈鹕

橙腹拟鹂

黑顶山雀

西美草地鹨

1927 年 4 月 6 日，缅因州立法机构将其定为州鸟。事实上，官方表述只提到了"山雀"，并没有指明某一个特定的物种。但当地民众一致认为它就是黑顶山雀，毕竟一年四季都能看到这种鸟和听到这种鸟的鸣叫声。

自 1999 年以来，缅因州发行的汽车牌照上都有一张山雀站在树枝上的图片。山雀的图案也被用作缅因州官方观鸟路线的标志。

马里兰州　橙腹拟鹂

Baltimore Oriole, *Icterus galbula*

橙腹拟鹂的雄鸟拥有黑色和橙色的羽毛，与马里兰州的州旗和卡尔弗特（Calvert）家族的纹章颜色相似。因此，该物种在 1947 年被选为马里兰州的代表性鸟类。

东蓝鸲

乔治·卡尔弗特（George Calvert）是第一代巴尔的摩男爵，曾向查理一世申请皇家特许，以建立马里兰省。1632 年 6 月 20 日，在乔治·卡尔弗特死后，他的儿子赛西利乌斯（Cecilius）获得了这一特许状。

1698 年，卡尔弗特家族向英国王室献上了马里兰州的"奇珍异兽"，其中就包括被称为"巴尔的摩之鸟"（Baltemore birds）的橙腹拟鹂。

20 世纪 30 年代末，霍吉·卡迈克尔（Hoagy Carmichael）创作了一首名为《巴尔的摩金莺》（*Baltimore Oriole*）的歌曲。这首歌的歌词由保罗·弗朗西斯·韦伯斯特（Paul Francis Webster）所填。

如今，一提到橙腹拟鹂，人们总会先想起巴尔的摩金莺棒球队。球迷用这种鸟的卡通图案来表达自己的支持和热爱。

马萨诸塞州　黑顶山雀

Black-capped Chickadee, *Poecile atricapillus*

黑顶山雀常见于人们的后花园，在 1941 年被正式认定为马萨诸塞州的州鸟。1991 年，火鸡（*Meleagris gallopavo*）成为该州的代表性猎禽。

密歇根州　旅鸫

American Robin, *Turdus migratorius*

在密歇根州的法案中，旅鸫被描述为该州"最著名和最受欢迎"的鸟类。1931 年，在密歇根州奥杜邦学会（Michigan Audubon

Society）的选举之后，旅鸫正式成为当地的州鸟。

有人试图将密歇根州的州鸟更改为黑顶山雀或罕见的濒危物种黑纹背林莺（*Setophaga kirtlandii*），但都没能成功。

明尼苏达州　普通潜鸟

Common Loon, *Gavia immer*

普通潜鸟以怪异且具有穿透力的叫声而闻名。1961 年，在参议员诺曼·沃尔兹（Norman Walz）和洛伦·鲁特（Loren Rutter）的推动下，州长埃尔默·L. 安德森（Elmer L.Andersen）签署了一项法案，宣布普通潜鸟为明尼苏达州的州鸟。

在 1961 年之前，曾入选州鸟候选者的还有北美金翅雀、哀鸽、北美黑啄木鸟（*Dryocopus pileatus*）、猩红丽唐纳雀（*Piranga olivacea*）和林鸳鸯（*Aix sponsa*）。

密西西比州　小嘲鸫

Northern Mockingbird, *Mimus polyglottos*

这一常见鸟类在 1944 年正式成为密西西比州的州鸟。

密苏里州　东蓝鸲

Eastern Bluebird, *Sialia sialis*

1927 年 3 月 30 日，密苏里州采用东蓝鸲作为州鸟。从早春到 11 月下旬，东蓝鸲在密苏里州随处可见，并被视为幸福的象征。它的形象被描绘在一种特殊的汽车牌照上。

紫朱雀

普通潜鸟

走鹃

蒙大拿州　西美草地鹨

Western Meadowlark, *Sturnella neglecta*

　　1930 年，蒙大拿州的学生将西美草地鹨选为最能代表本州的鸟类。次年，他们的评选结果获得了州议会的正式认可。

　　1805 年 6 月 22 日，探险家梅里韦瑟·刘易斯（Meriwether Lewis）在密苏里河的大瀑布地区首次记录这一物种。他写道："这种鸟长得和东草地鹨（*Sturnella magna*）很像，胸部呈黄色，两胁有黑色的斑点……但喙相对较长，也更加弯曲，而且鸣唱的曲调大不相同。然而，至少在我看来，它的体型、动作和颜色都与东草地鹨没有明显的区别。"

内布拉斯加州　西美草地鹨

Western Meadowlark, *Sturnella neglecta*

　　1928 年 10 月 25 日，内布拉斯加妇女俱乐部联合会（Nebraska Federation of Women's Clubs）的保护部门在卡尼（Kearney）召开了一次大会，决定将"一种典型且遍布于本州各市县的草原鸟类"选为内布拉斯加州的州鸟。会议还决定，除了该联合会的选票外，这项活动还将鼓励当地学生和相关兴趣小组进行投票。

　　票数最高的 5 个物种分别为西美草地鹨、旅鹩、山齿鹑、褐弯嘴嘲鸫和莺鹪鹩（*Troglodytes aedon*）。1929 年 3 月 22 日，州长亚当·麦克穆伦（Adam McMullen）签

署了相关法案，正式将西美草地鹨认定为州鸟。

内华达州　山蓝鸲

Mountain Bluebird, *Sialia currucoides*

　　1967 年，这种令人惊叹的高原鸟类被选为内华达州的官方鸟类象征。

新罕布什尔州　紫朱雀

Purple Finch, *Haemorhous purpureus*

　　1957 年，玫红色的紫朱雀打败了另一位竞选者，成为新罕布什尔州的州鸟。

　　在那一年的 2 月 12 日，罗伯特·S. 莫纳汉（Robert S. Monahan）在众议院提出了将紫朱雀作为州鸟的议案，得到了其他议员的支持。后来，莫纳汉证实他的议案还得到了新罕布什尔州奥杜邦学会、园艺俱乐部联合会和妇女俱乐部联合会的支持。

山蓝鸲

然而，资深议员多丽丝·M. 斯波列特（Doris M. Spollett）心目中的州鸟是新罕布什尔母鸡（New Hampshire Hen）。8 年前，她曾试图将这一特殊品种的家禽推举为该州的鸟类象征，但最终失败了。

　　莫纳汉敦促众议院尽快通过这项议案，"别让其他州抢在我们之前"。

　　紫朱雀获得了广泛的立法支持，因为它背后还有许多重要机构的背书。1957 年 4 月 25 日，州长莱·德温内尔（Lane Dwinell）签署通过了这项法案。

新泽西州　北美金翅雀

American Goldfinch, *Spinus tristis*

　　1935 年，北美金翅雀正式成为新泽西州的州鸟。

新墨西哥州　走鹃

Greater Roadrunner, *Geococcyx californianus*

　　走鹃又被称为"灌木丛之鸟"（chaparral bird）。一些印第安部落认为，这种鸟可以抵御邪灵。它在 1949 年正式成为新墨西哥州的州鸟。

　　走鹃的形象被应用于新墨西哥州铁路快线（NM Rail Runner Express）。

纽约州　东蓝鸲

Eastern Bluebird, *Sialia sialis*

　　1970 年 5 月 28 日，州长纳尔逊·洛克菲勒（Nelson Rockefeller）签署了一项法案，将东蓝鸲认定为纽约州的州鸟。

西美草地鹨

披肩榛鸡

卡罗苇鹪鹩

北卡罗来纳州　主红雀

Northern Cardinal, *Cardinalis cardinalis*

北卡罗来纳州鸟类俱乐部（North Carolina Bird Club）发起了一场州鸟评选活动，并通过报纸、观鸟俱乐部、野生动物协会和学校进行宣传。超过 23 000 人参与了投票，有 26 种不同的鸟类脱颖而出，其中包括红翅黑鹂（*Agelaius phoeniceus*）、火鸡、猩红丽唐纳雀和灰嘲鸫（*Dumetella carolinensis*）等。

主红雀赢得了 5000 张选票，并在 1943 年 3 月 8 日正式成为北卡罗来纳州的代表性鸟类。

10 年前，当地拥有另外一个州鸟——尽管时间很短。在北卡罗来纳州妇女俱乐部联合会的建议下，大会通过了一项决议，宣布卡罗山雀（*Poecile carolinensis*）为该州的州鸟。但在一个星期后，这项决议就被废除了。人们认为，山雀（tit）[①]一词不够得体。立法者们担心北卡罗来纳州会因此获得奇怪的绰号。

北达科他州　西美草地鹨

Western Meadowlark, *Sturnella neglecta*

1947 年，立法机构将西美草地鹨选为北达科他州的州鸟。在这个州的大部分地区，西美草地鹨的悠扬歌声回荡在开阔的

① tit 的另一含义是"乳头"。——译者注

草原上。

这种鸟的形象被应用在各式各样的纪念品上，比如马克杯、T 恤和冰箱贴——通常与北达科他州的州花阿肯色蔷薇（*Rosa arkansana*）同时出现。

俄亥俄州　主红雀

Northern Cardinal, *Cardinalis cardinalis*

作为一种常见的庭园鸟类，主红雀在 1933 年成为俄亥俄州的州鸟。

俄克拉荷马州　剪尾王霸鹟

Scissor-tailed Flycatcher, *Tyrannus forficatus*

1951 年，这种外形奇特的鸟类成为了俄克拉荷马州的州鸟。剪尾王霸鹟拥有极长的尾羽，以所谓的"空中之舞"而闻名，这种舞蹈被比作"优雅无比的空中芭蕾"。

推选州鸟的运动始于一群小学生，也得到了俄克拉荷马州奥杜邦学会、园艺俱乐部、野生动物组织和众议院渔猎委员会主席卢·阿拉德（Lou Allard）的支持。

剪尾王霸鹟对农民和牧场主具有重要的经济意义（它能够捕食许多昆虫）。该物种的筑巢范围都集中在俄克拉荷马州，并且没有被其他州选为州鸟。因此，剪尾王霸鹟就顺理成章地成为了俄克拉荷马州的州鸟。

俄克拉荷马州的 25 分硬币背面描绘着一只飞行姿态的剪尾王霸鹟。

俄勒冈州　西美草地鹨

Western Meadowlark, *Sturnella neglecta*

1927 年，在俄勒冈州奥杜邦学会发起的一次民意调查中，西美草地鹨被当地的小学生选为州鸟。

它的形象被应用于各种出版物，包括记录当地经济情况的《俄勒冈州蓝皮书》（*Oregon Blue Book*）。

宾夕法尼亚州　披肩榛鸡

Ruffed Grouse, *Bonasa umbellus*

耐寒的披肩榛鸡是原产于北美的 10 种雉类之一，在 1931 年被正式认定为宾夕法尼亚州的州鸟。

罗德岛　罗德岛红鸡

Rhode Island Red

1954 年 5 月 3 日，罗德岛红鸡正式成为该地区的代表性鸟类。这一品种的家禽是在罗德岛和附近的马萨诸塞州培育的。这一品种的特点是能在恶劣的条件下生存，为人们提供鸡肉和鸡蛋。

南卡罗来纳州　卡罗苇鹪鹩

Carolina Wren, *Thryothorus ludovicianus*

通过于 1948 年的第 693 号法案宣布卡罗苇鹪鹩成为南卡罗来纳州的州鸟。这部法案还废除了先前将旅鸫作为州鸟的法令。

而 1976 年的第 508 号法案采用火鸡作为该州的代表性猎禽。

加州鸥

南达科他州　雉鸡

Common Pheasant, *Phasianus colchicus*

1943 年，雉鸡正式成为南达科他州的州鸟，并出现在该州的 25 分硬币上。

田纳西州　小嘲鸫

Northern Mockingbird, *Mimus polyglottos*

1933 年，在田纳西州鸟类学会进行的一次评选之后，小嘲鸫正式成为该州的州鸟。

1988 年，山齿鹑则成为田纳西州的代表性猎禽。

得克萨斯州　小嘲鸫

Northern Mockingbird, *Mimus polyglottos*

小嘲鸫以精妙的拟声技巧和丰富的鸣唱曲目著称，在 1927 年正式成为得克萨斯州的州鸟。立法文件中指出，该物种是"风格独特的歌手"和"保卫家园的斗士"。

小嘲鸫

犹他州　加州鸥

California Gull, *Larus californicus*

加州鸥在 1955 年被立法机构选为犹他州的州鸟。这是一种飞行能力很强且十分敏捷的鸥类。在盐湖城（Salt Lake City）的圣殿广场（Temple Square），人们为它竖立了一块海鸥纪念碑。

佛蒙特州　隐夜鸫

Hermit Thrush, *Catharus guttatus*

1927 年，佛蒙特州妇女俱乐部联合会将隐夜鸫选为该州的州鸟。然而，这一决议获得政府认定却花了很长时间。直到 1941 年，隐夜鸫才正式成为佛蒙特州的官方鸟类象征。

其中一个问题是，隐夜鸫会在冬季迁往南方，因此人们认为该物种并不真正属于佛蒙特州。

根据《佛蒙特州立法指南》和《佛蒙特州手册》，由于隐夜鸫能为人们带来甜美的歌声，且遍布该州的 14 个县，两年一度的大会（1993—1994 年）最终认可了它的州鸟地位。

弗吉尼亚州　主红雀

Northern Cardinal, *Cardinalis cardinalis*

主红雀在 1950 年被选为弗吉尼亚州的州鸟。

主红雀

华盛顿州　北美金翅雀

American Goldfinch, *Spinus tristis*

1928 年，在华盛顿立法机构的邀请下，小学生们选择了西美草地鹨作为州鸟。然而，政治家考虑到这一物种已经被其他 7 个州所选用，包括俄勒冈州和怀俄明州。因此，当时的政府没有表示认同。

1931 年，华盛顿妇女俱乐部联合会发起了一场公投。结果表明，北美金翅雀才是最受欢迎的鸟类。然而，直到 1951 年，华盛顿立法机构才将北美金翅雀认定为官方代表性鸟类。不过，根据华盛顿鱼类和野生动物部门的说法，该物种的地位"没有得到广泛的宣传和认可"。

西弗吉尼亚州　主红雀

Northern Cardinal, *Cardinalis cardinalis*

1949 年 3 月 7 日，西弗吉尼亚州众议院通过了第 12 号决议，采用主红雀作为该州的州鸟。

威斯康星州　旅鸫

American Robin, *Turdus migratorious*

旅鸫在 1949 年正式成为威斯康星州的州鸟。但早在 1926 年和 1927 年，该物种就被当地的学生选为州鸟。

怀俄明州　西美草地鹨

Western Meadowlark, *Sturnella neglecta*

1927 年 2 月 5 日，怀俄明州第 19 届立法机构将西美草地鹨认定为该州的州鸟。

美国

1982年各州鸟类邮票

　　美国的 50 个州都有各自的代表性鸟类和代表性植物。罗德岛的罗德岛红鸡、爱达荷州和内华达州的山蓝鸲、新墨西哥州的走鹃、明尼苏达州的普通潜鸟——这些州鸟包含了形形色色的不同物种。

　　最受欢迎的州鸟是鲜红色的鸣禽——主红雀，有 7 个州选用了这种鸟类。其次是被 5 个州所选择的小嘲鸫。

　　大多数州在 20 世纪 20 年代、30 年代和 40 年代正式认定了各自的代表性鸟类。"最新的"州鸟是纽约州的东蓝鸲和乔治亚州的褐弯嘴嘲鸫，二者都是在 1970 年获得州鸟地位的。

阿拉巴马州
普通扑动䴕

阿拉斯加州
柳雷鸟

亚利桑那州
棕曲嘴鹪鹩

阿肯色州
小嘲鸫

加利福尼亚州
珠颈斑鹑

科罗拉多州
黑斑白鹀

康涅狄格州
旅鸫

特拉华州
特拉华蓝母鸡

佛罗里达州
小嘲鸫

乔治亚州
褐弯嘴嘲鸫

夏威夷
夏威夷黑雁

爱达荷州
山蓝鸲

伊利诺伊州
主红雀

印第安纳州
主红雀

爱荷华州
北美金翅雀

堪萨斯州
西美草地鹨

肯塔基州
主红雀

路易斯安那州
褐鹈鹕

缅因州
黑顶山雀

马里兰州
橙腹拟鹂

Massachusetts USA 20c *Black-Capped Chickadee &* *Mayflower* 马萨诸塞州 黑顶山雀	Michigan USA 20c *Robin &* *Apple Blossom* 密歇根州 旅鸫	Minnesota USA 20c *Common Loon &* *Showy Lady Slipper* 明尼苏达州 普通潜鸟	Mississippi USA 20c *Mockingbird &* *Magnolia* 密西西比州 小嘲鸫	Missouri USA 20c *Eastern Bluebird &* *Red Hawthorn* 密苏里州 东蓝鸲	Montana USA 20c *Western Meadowlark &* *Bitterroot* 蒙大拿州 西美草地鹨
Nebraska USA 20c *Western Meadowlark &* *Goldenrod* 内布拉斯加州 西美草地鹨	Nevada USA 20c *Mountain Bluebird &* *Sagebrush* 内华达州 山蓝鸲	New Hampshire USA 20c *Purple Finch &* *Lilac* 新罕布什尔州 紫朱雀	New Jersey USA 20c *American Goldfinch &* *Violet* 新泽西州 北美金翅雀	New Mexico USA 20c *Roadrunner &* *Yucca Flower* 新墨西哥州 走鹃	New York USA 20c *Eastern Bluebird &* *Rose* 纽约州 东蓝鸲
North Carolina USA 20c *Cardinal &* *Flowering Dogwood* 北卡罗来纳州 主红雀	North Dakota USA 20c *Western Meadowlark &* *Wild Prairie Rose* 北达科他州 西美草地鹨	Ohio USA 20c *Cardinal &* *Red Carnation* 俄亥俄州 主红雀	Oklahoma USA 20c *Scissor-tailed Flycatcher &* *Mistletoe* 俄克拉荷马州 剪尾王霸鹟	Oregon USA 20c *Western Meadowlark &* *Oregon Grape* 俄勒冈州 西美草地鹨	Pennsylvania USA 20c *Ruffed Grouse &* *Mountain Laurel* 宾夕法尼亚州 披肩榛鸡
Rhode Island USA 20c *Rhode Island Red &* *Violet* 罗德岛 罗德岛红鸡	South Carolina USA 20c *Carolina Wren &* *Carolina Jessamine* 南卡罗来纳州 卡罗莱鹪鹩	South Dakota USA 20c *Ring-Necked Pheasant &* *Pasqueflower* 南达科他州 雉鸡	Tennessee USA 20c *Mockingbird &* *Iris* 田纳西州 小嘲鸫	Texas USA 20c *Mockingbird &* *Bluebonnet* 得克萨斯州 小嘲鸫	Utah USA 20c *California Gull &* *Sego Lily* 犹他州 加州鸥
Vermont USA 20c *Hermit Thrush &* *Red Clover* 佛蒙特州 隐夜鸫	Virginia USA 20c *Cardinal &* *Flowering Dogwood* 弗吉尼亚州 主红雀	Washington USA 20c *American Goldfinch &* *Rhododendron* 华盛顿州 北美金翅雀	West Virginia USA 20c *Cardinal &* *Rhododendron Maximum* 西弗吉尼亚州 主红雀	Wisconsin USA 20c *Robin &* *Wood Violet* 威斯康星州 旅鸫	Wyoming USA 20c *Western Meadowlark &* *Indian Paintbrush* 怀俄明州 西美草地鹨

委内瑞拉（VENEZUELA）

拟鹂

Venezuelan Troupial, *Icterus icterus*

● 物种濒危等级：低危

保护现状： 相当常见，但确切数量未知。

体型： 体长 23~27 厘米。

描述： 色彩鲜艳的新世界鸟类，共有 3 个亚种。指名亚种主要为黑色和橙黄色，翅膀为白色。雌雄同型。3 个亚种分别为指名亚种 *I. i. icterus*、*I. i. metae* 和 *I. i. ridgwayi*，均分布于委内瑞拉（其中两个也分布于哥伦比亚）。

食性： 主要以昆虫、果实、花蜜和种子为食。

繁殖方式： 窝卵数为 3 枚。该物种利用其他鸟类的旧巢，或直接把鸟巢的主人赶走，以取而代之。

分布范围： 非常广。原产于阿鲁巴岛、哥伦比亚、荷属安的列斯、波多黎各、委内瑞拉和维尔京群岛。

生境类型： 指名亚种主要栖息于牧场和林地间的热带草原。

1958 年 5 月 23 日，拟鹂正式成为委内瑞拉的国鸟。在此之前的一年，委内瑞拉自然科学协会（Venezuelan Society of Natural Sciences）与各界人士、机构进行了为期两个月的磋商。

委内瑞拉奥杜邦学会的路易斯·阿尔贝托·马修斯（Luis Alberto Matheus）表示，拟鹂名字中的 troupial 一词常用来形容真正属于委内瑞拉的东西。他还说，这种鸟的图案经常出现在乡村、城镇主要街道两旁的公共标志和壁画上，以及学校里。在奥里诺科河（Orinoco River）以北和安第斯山脉以东的开阔草原，尤其是热带草原平原，拟鹂十分常见，不时地出没在人们的后院。

观赏地点 从相思树、仙人掌丛生地带，到牧场、热带稀树草原和古老的水果种植园，人们都能看到拟鹂的身影。在委内瑞拉沿海地带，该物种栖息于耐旱的相思树和仙人掌丛生地带。

拟鹂的鸣唱响亮而清脆，由一连串的乐句组成。乐句包含两个部分，听起来就像是 tree-trur 或 cheer-tu。

上图： 在委内瑞拉沿海地带，拟鹂常出没于相思树和仙人掌丛生地带。

右图： 一只神采奕奕的拟鹂停栖在仙人掌上，时刻警惕着捕食者。

文化地位

　　拟鹂在 1958 年被选为委内瑞拉国鸟。根据爱德华多·洛佩兹（Eduardo Lopez）发表于 2009 年的论文，国鸟的候选名单包含了 4 个物种，分别为鹭、拟鹂、安第斯冠伞鸟和油鸱（*Steatornis caripensis*）。鹭一如既往地受到了不公正的歧视和贬低，很快就被淘汰出局。紧随其后的是油鸱，因为有些人觉得它长得非常可怖。洛佩兹称，最后的角逐比预想中的还要激烈，剩余两种鸟的支持者和反对者为此争论不休。

　　拟鹂的反对者表示，这一物种被人类圈养，适应了笼子里的生活；但支持者提出，马也曾被人类驯服，但它依然出现在委内瑞拉的国徽上。

　　最终，拟鹂以 27 票对 22 票的优势击败了安第斯冠伞鸟。拟鹂拥有动听的歌声、美丽的羽毛和进取的姿态，这大概就是人们欣赏它的原因。

　　当代音乐家西蒙·迪亚兹（Simon Diaz）曾创作过一首歌曲，在旋律中用哨声模仿了拟鹂的鸣唱。路易斯·阿尔贝托·马修斯（Luis Alberto Matheus）对此表达了赞赏，称西蒙为拯救日益减少的音乐流派做出了贡献。

　　人们将拟鹂视为黎明的报信者。赫耳墨斯·德尔加多（Hermes Delgado）在一首诗中提到，他曾在某天清晨被拟鹂和金翅雀的悠扬歌声所唤醒。

　　1961 年，委内瑞拉发行了一套本土鸟类邮票，其中一枚面值为 5 分的邮票描绘了拟鹂的形象。它的名字还被广泛用于旅行社、酒店、酒馆、牧场，以及水果制品的品牌。

拟鹂是出现在1961年鸟类邮票中的6种鸟类之一。

也门（YEMEN）

阿拉伯金翅蜡嘴雀

Arabian Golden-winged Grosbeak, *Rhynchostruthus percivali*

● **物种濒危等级：近危**

保护现状： 总数量约为9000只。据估计，也门共有2000对阿拉伯金翅蜡嘴雀。

体型： 体长15厘米。

描述： 一种头部和喙都很大的矮胖雀类。上半身为棕色和灰棕色，喙为灰色和黑色，下半身为灰黄色，具有白色耳羽，次级飞羽为亮黄色。雌鸟和雄鸟的外形区别不大，但雌鸟的颜色相对暗淡一些。

食性： 主要以大戟属（*Euphorbia*）植物的种子、花蕾和果实为食。

繁殖方式： 资料匮乏。

分布范围： 原产于阿曼、沙特阿拉伯和也门。

生境类型： 该物种常出没于阿曼的陡峭山谷和沿海山地，但它在当地的活动规律却鲜为人知。

2008年，经过长时间的协商，环境部部长阿卜杜勒·拉赫曼·埃里亚尼（Abdul Rahman Al-Eryani）将阿拉伯金翅蜡嘴雀选为也门的国鸟。

观赏地点 人们可以在伊卜（Ibb）的高山、塔伊兹（Ta'izz）的干谷和马哈拉（Mahra）的绝壁森林看到阿拉伯金翅蜡嘴雀，这些地方都是国际重要鸟类区域。国际鸟盟表示，即使是在已知的分布区内，该物种依然"十分稀少，难以发现。或许，也门是个例外"。阿拉伯金翅蜡嘴雀喜欢高海拔、灌木丛生的岩石地形。

阿拉伯金翅蜡嘴雀的喙十分粗厚。该物种以种子、花蕾和果实为食，生活在沙特阿拉伯、阿曼和也门。

193

文化地位

左图：索科特拉龙血树是也门的国树，不过这种树只存在于该国的索科特拉岛。

上图：也门将东非芦荟选为国家代表性植物。

阿拉伯金翅蜡嘴雀在2008年才成为也门的国鸟。在编写本书时，我们尚不清楚它的形象在该国的运用情况，官方也没有相应的资料。

同时，也门还选出了国树、国家代表性动物和国家代表性植物，分别为索科特拉龙血树（*Dracaena cinnabari*）、阿拉伯豹（*Panthera pardus*）和东非芦荟（*Aloe perryi*）。该国的环境部部长向也门内阁和媒体发表了一份声明，说道："对于也门的生物多样性和文化而言，我们选出的动物和植物都具有相当重要的价值。为此，我感到十分自豪。它们将促进我国的野生动植物教育和保护工作。"

在2004年，国际鸟盟将阿拉伯金翅蜡嘴雀、索马里金翅蜡嘴雀（*Rhynchostruthus louisae*）和索科特拉金翅蜡嘴雀（*Rhynchostruthus socotranus*）认定为3个不同的物种。在此之前，这3个物种仅仅是金翅蜡嘴雀的不同亚种。

阿拉伯金翅蜡嘴雀在2008年被选为国鸟，但也门国徽的图案是一只抓着卷轴的金色大雕。

也门的国家代表性动物是阿拉伯豹。

赞比亚（ZAMBIA）

吼海雕
African Fish Eagle, *Haliaeetus vocifer*

● **物种濒危等级：低危**

保护现状： 成熟个体的数量高达 30 万只，处于稳定态势。

体型： 体长 63~75 厘米，属中等体型的海雕。

描述： 成鸟为白色、栗色和黑色的奇特组合。其翅膀长而宽，尾部短而圆，头部较大，喙十分显眼。

食性： 主要以活的鱼类为食，常俯冲到水里用爪子抓鱼，也捕食一些雏鸟或成鸟。该物种也具有掠夺行为，有时会骚扰其他鸟类，迫使其放弃嘴中的猎物，如鹳、鹭和翠鸟。

繁殖方式： 通常在水边的树上用树枝筑造大型鸟巢，窝卵数为 2 枚。

分布范围： 分布于撒哈拉以南非洲的大部分地区和南非最南部，为地方性常见或罕见。

生境类型： 多样。包括湖泊、河流、河漫滩和内陆水坝，以及沿海地区的河口、溪流和红树林潟湖。

1964 年，当赞比亚获得独立时，吼海雕就成为了该国的国鸟。它也是邻国津巴布韦的国鸟。

在赞比亚，无论是公共事务还是商业领域，吼海雕的形象都被人们广泛使用。该国的国旗和盾徽上都有一只飞翔的吼海雕。在赞比亚独立之前，该国国旗和殖民地总督的旗帜上都绘有一只抓着大鱼的吼海雕。

观赏地点 吼海雕生活在赞比亚境内的主要河流和湖泊，包括赞比西河（Zambezi）、卡富埃河（Kafue River）、卡里巴水库（Lake Kariba）和坦噶尼喀湖（Lake Tanganyika）。

位于铜带省（Copperbelt）且邻近基特韦（Kitwe）的琴贝鸟类保护区（Chembe Bird Sanctuary）是观赏吼海雕的好地方。该保护区的中心是一个小型湖泊，周围环绕着湿地、草地和林地。它以丰富的鸟类多样性而闻名，其中也包括吼海雕。

琴贝鸟类保护区曾是一个为当地采矿业服务的水库。1973 年，它成为了一个正式的鸟类保护区，并作为国家公园而获得政府的保护。

两只年幼的吼海雕正在寻找它们的下一餐。

一只非洲秃鹳（*Leptoptilos crumenifer*）和一只吼海雕正在抢夺残余的食物。

文化地位

吼海雕是非洲最常见、最上镜的鸟类。因此，许多地方和企业都借用了它的名字。例如，在赞比亚的铜带省，吼海雕是琴贝鸟类保护区的常见鸟类，而琴贝（Chembe）也正是当地人对吼海雕的称呼。另外，吼海雕还被用于一款白兰地和一家狩猎公司的名字中。

吼海雕是画家和雕塑家所青睐的创作对象。罗伯特·贝特曼（Robert Bateman）是加拿大的一名野生动物画家，他的一幅画作展现了吼海雕站在树顶鸣叫的场景。贝特曼表示，他试图通过扭曲的树木枝干来表现出一种视觉节奏，从而让人们感受到那种音调多变且强有力的鸣叫声。另一位画家盖伊·科赫里奇（Guy Coheleach）则以维多利亚瀑布（Victoria Falls）为背景来描绘吼海雕。

多年来，吼海雕出现在多枚赞比亚邮票上。这张图片是发行于1975年的3枚限量版鸟类邮票之一。

赞比亚的货币克瓦查（kwacha）也印有吼海雕的图案。

赞比亚的国旗和国徽都有一只飞翔的吼海雕。

津巴布韦（ZIMBABWE）

吼海雕

African Fish Eagle, *Haliaeetus vocifer*

物种濒危等级：低危

保护现状： 成熟个体的数量高达 30 万只，处于稳定态势。

体型： 体长 63~75 厘米，属中等体型的海雕。

描述： 成鸟为白色、栗色和黑色的奇特组合。其翅膀长而宽，尾部短而圆，头部较大，喙十分显眼。

食性： 主要以活的鱼类为食，常俯冲到水里用爪子抓鱼，也捕食一些雏鸟或成鸟。该物种也具有掠夺行为，有时会骚扰其他鸟类，迫使其放弃嘴中的猎物，如鹳、鹭和翠鸟。

繁殖方式： 通常在水边的树上用树枝筑造大型鸟巢，窝卵数为 2 枚。

分布范围： 分布于撒哈拉以南非洲的大部分地区和南非最南部，为地方性常见或罕见。

生境类型： 多样。包括湖泊、河流、河漫滩和内陆水坝，以及沿海地区的河口、溪流和红树林潟湖。

吼海雕是津巴布韦的国鸟。它是该国的重要象征，并出现在各种场合。然而，根据一些资料显示，有人认为该国国旗上的猛禽图案既可能是吼海雕，也可能是短尾雕（*Terathopius ecaudatus*）。不论那只猛禽代表的究竟是什么物种，津巴布韦的邮票所描绘的确实是吼海雕。

观赏地点 吼海雕分布广泛，且主要为留鸟。因此，人们一年四季都有可能在各种水生环境中看到它们。

短尾雕分布于撒哈拉以南非洲的大部分地区，包括津巴布韦。由于栖息地丧失、毒害和污染，该物种的数量正在减少，现已被列为近危物种。

吼海雕的体型和羽色都十分显眼。人们可以轻易地在远处发现它，尤其是当它站在枯树上的时候。

左图： 一对吼海雕。尽管雌鸟和雄鸟的外形差别不大，但雌鸟头部和胸部的白色面积更大。

上图： 一次成功的捕猎。照相机捕捉到一只吼海雕正准备抓着鱼离开水面的一瞬间。

1984年，津巴布韦发行了一套6枚的猛禽主题邮票，吼海雕也是其中之一。

津巴布韦的国旗描绘了津巴布韦之雕，它的形象源于吼海雕或短尾雕。

文化地位

　　津巴布韦的鸟类象征可以追溯到数百年以前。在11—15世纪，据说有1万~2万人生活于大津巴布韦（Great Zimbabwe）的修纳古城（Shona）。在该国东南部的马斯温戈（Masvingo）附近，人们能看到大津巴布韦留下的遗迹。如今，这座宏伟的石头城已被联合国科教文组织评为世界遗产。

　　19世纪末期，考古学家在大津巴布韦遗迹的石柱上发现了8只用皂石雕刻的鸟。有学者将这些石刻上的鸟命名为"津巴布韦之雕"（Zimbabwe Bird），并认为它们是王室权威的象征。修纳人[①]以精美的鸟类石雕和其他石头艺术品而闻名，现代津巴布韦的手工匠人也延续了这一传统。对于修纳人来说，短尾雕或者吼海雕是众神的使者，也是吉祥之鸟。

　　津巴布韦航空公司成立于1967年，它的标志就是津巴布韦之雕。

① 修纳人是南非原住民，也是津巴布韦的主要民族。——译者注

198

纹章合集

阿尔巴尼亚
盾徽

亚美尼亚
盾徽

红尾鵟

阿尔巴尼亚

阿尔巴尼亚的国旗上有一只双头黑雕。

亚美尼亚

亚美尼亚的国徽包含一只雕。

英属南极领地

一只帝企鹅（*Aptenodytes forsteri*）出现在英属南极领地的盾形纹章上。

加拿大

虽然加拿大目前还没有国鸟，但人们正在齐心协力地推动这一事项。上万人在加拿大猛禽保护协会（Canadian Raptor Conservancy）的请愿书上签名。请愿者推荐了许多不同的鸟类。该协会的主管詹姆斯·考恩（James Cowan）说，这些都是"他们所认为的最能代表加拿大"的鸟类。

"我们的目标是把请愿书带到议会，引起政府讨论，或者由专家组来进行挑选。"

在签署请愿书的人中，有70%选择了红尾鵟（*Buteo jamaicensis*）。除此之外，最受欢迎的鸟类还有加拿大黑雁（*Branta canadensis*）、普通潜鸟和灰噪鸦（*Perisoreus canadensis*）。科恩列举了红尾鵟能成为"超级国家象征"的原因：

1. 它分布于加拿大的每个省。

2. 它是红色的——这是加拿大的国家代表性颜色之一。

3. 人们认为它是一个粗犷而美丽的物种——就像加拿大一样。

4. 与白头海雕一样，它也是北美洲的特有物种。

5. 对于加拿大的原住民来说，它是一种具有文化意义的鸟类。

6. 这是一种十分常见的鸟类，常栖息于空旷地带，甚至是城市中央。人们很容易能看到它。

7. 它喜欢站在枫树上，而枫树正是加拿大的国树。

考恩补充道，"从只吃草的食性和独特的栖息环境来看，加拿大黑雁就因为过于极端而被排除了。并且，它经常被美国的国鸟吃掉。"普通潜鸟已经被加拿大人口最多的安大略省选为省鸟了。灰噪鸦是一种"优雅的小鸟，但由于体型太小，且分布于人口较少的北方地区，寻常的加拿大人很少看到它。"

加拿大各地区的鸟类象征

加拿大的每个省和地区都有各自的代表性鸟类。它们分别是：亚伯达省的美洲雕鸮（*Bubo virginianus*）、不列颠哥伦比亚省的暗冠蓝鸦（*Cyanocitta stelleri*）、曼尼托巴省的灰林鸮（*Strix nebulosa*）、新不伦瑞克省的黑顶山雀、纽芬兰省的北极海鹦（*Fratercula arctica*）、西北领地的矛隼、新斯科舍省的鹗（*Pandion haliaetus*）、努勒维特省的岩雷鸟、安大略省的普通潜鸟、爱德华王子岛省的冠蓝鸦（*Cyanocitta*

加拿大
加拿大黑雁（候选）

加拿大
普通潜鸟（候选）

加拿大
灰噪鸦（候选）

不列颠哥伦比亚省
暗冠蓝鸦

新不伦瑞克省
黑顶山雀

努勒维特省
岩雷鸟

曼尼托巴省
灰林鸮

纽芬兰省
北极海鹦

爱德华王子岛省
冠蓝鸦

新斯科舍省
鹗

西北领地
矛隼

魁北克省
雪鸮

cristata)、魁北克省的雪鸮(*Bubo scandiacus*)、萨斯喀彻温省的尖尾松鸡(*Tympanuchus phasianellus*)和育空省的渡鸦。

圣诞岛

在澳大利亚领土圣诞岛的旗帜上,有一只白尾鹲金色亚种(*Phaethon lepturus fulvus*)。

塞浦路斯

在塞浦路斯的国徽上,有一只衔着橄榄枝的鸽子。

捷克

一只由红白方格组成的雕出现在捷克共和国摩拉维亚地区的盾形纹章上。

埃及

埃及国徽绘有一只抓着卷轴的萨拉丁之鹰。

斐济

斐济的国鸟非斐济圆尾鹱(*Pseudobulweria macgillivrayi*)莫属。多年来,该国做了大量的工作,提高人们对这一极危物种的关注度,以帮助其摆脱生存困境。

斐济圆尾鹱被当地人称为"卡考尼高"(Kacau ni Gau),仅分布于斐济的第 5 大岛屿——恩高岛(Gau)。根据斐济国民信托组织的官方网站,自 1855 年首次发现以来,斐济圆尾鹱仅有不到 10 次目击记录。国际鸟盟估计,该物种的成年个体可能少于 50 只。据推测,其中的原因可能包括猫的捕食、栖息地破坏、森林火灾、农业发展和野猪的影响。

2003 年,斐济国民信托组织与新南威尔士州的瑞尔保护组织、国家公园和野生动物部门合作,开展了为期一年的社区宣传活动,包括参观恩高岛的学校和村庄、制作手册和海报、宣讲和情况介绍。企业资助了当地学

埃及
萨拉丁之鹰

塞浦路斯
和平鸽

德国
抽象化的鹰

加纳
国徽

几内亚
国徽

爱尔兰
鹪鹩

校的课外活动。一个名为佛科尼-德雷多奇多奇（Voqa ni Delaidokidoki）的乐队创作了一首关于斐济圆尾鹱的歌曲，并在歌词中呼吁人们保护这种鸟。恩高岛的部落首领同意留出一部分高地森林，作为该物种的保护区。

　　斐济圆尾鹱的体长为 30 厘米，羽色为深棕色到黑色。人们认为，斐济圆尾鹱只在繁殖季节造访恩高岛，其余时间都生活在远海中。它的形象出现在斐济的一张纸币上。

德国

　　德国的国徽绘有一只抽象化的雕。

加纳

　　两只金色的雕举起了加纳的国徽。

几内亚

　　在几内亚的国徽上，有一只叼着金色橄榄枝的鸽子。

伊拉克

　　一只金色和黑色的雕出现在伊拉克的国徽上。

爱尔兰

　　爱尔兰并没有国鸟，但该国的观鸟协会表示，鹪鹩（*Troglodytes troglodytes*）是一个不错的候选者。

英属地曼岛

　　游隼和渡鸦一左一右地支撑着英属地曼岛的盾形纹章。

马里

　　在马里的国徽中央，是一只在清真寺上空飞翔的金色秃鹫。

摩尔多瓦

　　尽管摩尔多瓦似乎没有一种代表性鸟类，但黑鹳（*Ciconia nigra*）和白鹳（*Ciconia ciconia*）都出现在该国的白兰地酒瓶上。发行于 2003 年的 10 列伊（摩尔多瓦的货币单位）硬币上

英属地曼岛
盾形纹章

英属地曼岛
游隼

摩尔多瓦
黑鹳

波兰
抽象化的雕

也刻有一只黑鹳。摩尔多瓦的国徽绘有一只金色的雕。这只雕叼着东正教的十字架，利爪中握着一根橄榄枝和一根狼牙棒。而这枚国徽也出现在该国的国旗上。

波兰

波兰的官方物件经常采用雕的形象。该国的国徽绘有一只抽象化的"白雕"，同样的还有代表英勇的"白鹰勋章"（Order of the White Eagle）。雕的图案还出现在军徽上。

根据波兰政治家安东尼·马尔切夫斯基（Antoni Marczewski）的说法，雕在波兰广受尊崇，"人们很喜欢它们"。

罗马尼亚

在罗马尼亚的国徽上，一只金色的雕占据着中央位置。它叼着一个十字架，利爪中握有狼牙棒和长剑。

俄罗斯

俄罗斯的国徽绘有一只双头雕。

萨巴岛

位于加勒比海的萨巴岛在盾形纹章上刻画了一只奥氏鹱（*Puffinus lherminieri*）。

罗马尼亚
抽象化的雕

俄罗斯
抽象化的金色双头雕

萨巴岛
奥氏鹱

203

南乔治亚岛
长眉企鹅

圣巴托洛缪岛

圣巴托洛缪岛是位于加勒比海的法国属地。在该地区的旗帜和盾形纹章上，有两只类似于鹈鹕的鸟。

圣多美和普林西比

圣多美和普林西比的国旗绘有一只鹦鹉和一只隼。

南乔治亚岛

长眉企鹅（*Eudyptes chrysolophus*）出现在南乔治亚岛和南桑威奇群岛的盾形纹章上。

南苏丹

南苏丹的国徽中心是一只吼海雕。

叙利亚

一只被称为"古雷西之鹰"（Hawk of Qureish）的猛禽被刻画在叙利亚的国徽上。

土耳其

网络资料显示，土耳其的国鸟是白眉歌鸫（*Turdus iliacus*）。

苏雷亚·伊斯芬迪亚罗格鲁（Sureyya Isfendiyaroglu）是土耳其保护部门的主管，也是国际鸟盟在土耳其的合作伙伴。他表示，土耳其并没有国鸟，"不过，大多数土耳其人和安纳托利亚人都与雕有着密切的联系，尤其是金雕"。

在土耳其的一些地区，当地人善于利用雀鹰（*Accipiter nisus*）进行鹰猎。"在那里，雀鹰十分常见，且为人们所熟知。一些鸟类常在土耳其古代和现代文学中被提到，比如鹤、石鸡、红鹳、绿头鸭、鸥、鹭、麻鸭、歌鸫、金翅雀和鹌鹑，但都很难将它们称为国鸟。"白眉歌鸫是当地的冬候鸟，"除了观鸟爱好者外，几乎没有人认识它们"。

阿拉伯联合酋长国

阿拉伯联合酋长国的国徽上有一只金色的隼。

乌拉圭

在乌拉圭，凤头距翅麦鸡是人们非常熟悉的一种鸟，也是乌拉圭国家橄榄球联盟队的吉祥物。

乌兹别克斯坦

在乌兹别克斯坦的神话中，神圣的"呼玛鸟"（Khuma）是爱情和自由的象征。在该国的国徽中央，这只神似猛禽的大鸟张开双翼。

南苏丹
吼海雕

土耳其
白眉歌鸫

乌拉圭
凤头距翅麦鸡

图片来源

布鲁姆斯伯里出版社感谢以下人员为本书提供的图片。尽管我们已尽一切努力确认这些图片的版权所有状况，但其中仍可能存在错误或遗漏。对此我们表示歉意，并请读者告知我们，以便在未来的版本中进行更正。

缩写说明

t=上图；l=左图；r=右图；tl=左上图；tc=中上图；tcr=右中上图；tr=右上图；cl=左中图；c=中图；cr=右中图；b=下图；bcl=左中下图；bc=中下图；bcr=右中下图；bl=左下图；br=右下图

FLPA=Frank Lane Photography Agency;
NPL=Nature Picture Library; G=Getty;
SH=Shutterstock; Wiki=Wikimedia

I bl Mike Danzenbaker, bc Martin Hale/FLPA, br Forestry and National Parks Department, Anthony Jeremiah Grenada; II tl Dubi Shapiro, tc Kim Taylor/NPL, tr Rod Williams/NPL, cl Daniel Heuclin/ NPL, c Patricio Robles Gil/NPL, John Cox, bl Otto Plantema, bc Frank W Lane/FLPA, br David Tipling/FLPA; IV Francis Bossé/SH; V tl David Tipling/FLPA, bl Imagebroker, Stefan Huwiler/ FLPA; 1 Staffan-Widstrand/ NPL; 2 tr Globe Turner/SH, tl Gerard Soury/ Biosphoto/FLPA, cr Norman Dijkstra/Angola Post, br John Hornbuckle; 3 tr megastocker/SH, tl Michael Gore/FLPA, br Chris Gibbins/Anguilla Post; 4 tr smilestudio/SH, tl Mogens Trolle/SH; 5 tl Tim Laman/NPL, tr Stacy Funderburke/SH, Chris Gibbins/Antigua & Barbuda Post; 6 tr Paul Stringer/SH, tl James Lowen/FLPA, br Luis César Tejo/SH; 7 tl Hermann Brehm/NPL, cr Joab Souza/SH, bc ImageBroker/FLPA, br Chris Gibbins/Argentina Post; 8 tr Globe Turner/SH, tl Jurgen & Christine Sohns/FLPA, bl Tom and Pam Gardner/FLPA; 9 tcr BMCL/SH, tr Katie Green, National Museum of Australia, bl Phil Hill/SH; 10 tl Jurgen & Christine Sohns/FLPA, tr Jurgen & Christine Sohns/FLPA, bc Yva Momatiuk & John Eastcott/Minden Pictures/FLPA; 11 tl Janelle Lugge/SH, tc Cloudia Spinner/SH, tr Martin Willis/Minden Pictures/FLPA, c Houshmand Rabbani/SH, bc Susan Flashman/SH; 12 tr Globe Turner/SH, tl Simon Litten/ FLPA, bl Reinhard Hölzl/Imagebroker/FLPA, br Hans Dieter Brandl/FLPA; 13 tl Cyril Ruoso/Minden Pictures/FLPA, cr Chris Gibbins/Austrian Post, br Rozhkovs/ SH; 14 tr Smilestudio/SH, tl Imagebroker/FLPA; 15 tl Edward Myles/FLPA, cl Gerry Ellis/Minden Pictures/FLPA, bc Nigel Redman/Bahamas Post, br Bahamas National Trust Logo; 16 tr Globe Turner/SH, tl Hanne & Jens Eriksen/NPL, br Chris Gibbins/Bahrain Post; 17 tr Globe Turner/SH, tl Hanne & Jen Eriksen/NPL, bl Chris Gibbins/Bangladesh Post, bc AFP/Getty Images, br Wikimedia Doyel Chatwar; 18 tr Smile studio/SH, tl Imagebroker, Horst Jegen/Imagebroker/FLPA; 19 tl Philippe Clement/NPL, tr Michel Gunther/Biosphoto/FLPA, bcr Chris Gibbins/Belarus Postal Service, br Belarus Postal Service; 20 tr Globe Turner/SH, tl Bugtiger/SH, c Dietmar Nill/NPL, br AFP/Getty Images; 21 tr Atlaspix/SH, tl Eduardo Rivero/SH, Chris Gibbins/Belize Post; 22 Jurgen & Christine Sohns/ FLPA; 23 tr megastocker/SH, c Mike Danzenbaker, br Jeremy Madeiros, Department of Conservation Services; 24 tr Jeremy Madeiros, Department of Conservation Services; 25 tc Jeremy Madeiros, Department of Conservation Services, bl Mandy Shailer, Department of Conservation Services Government of Bermuda, br Chris Gibbins/Source: reproduced by permission of the Bermuda Philatelic Bureau; 26 tr megastocker/SH, tl Richard Seitre/NPL; 27 tl Jim Hallet/NPL, tr Alan Williams/NPL, bl Chris Gibbins/Bhutan Post, br Pedro Ugarte AFP/Getty Images; 28 tr Artgraphixel.com/SH, tl Wikipedia Condor des Andes, bl Pete Oxford/NPL, br Jose B. Ruiz/NPL; 29 tr Chris Gibbins Bolivian Postal Service, c James Brunker LatinContent/Getty Images, bl Brian Bahr/Getty Images; 30 tr David Tipling/FLPA, bl Richard Du Toit/NPL; 31 tl ImageBroker/Imagebroker/FLPA, tr Globe Turner/SH, cr Richard Du Toit/ NPL; 32 tr Malcolm Schuyl/FLPA, b Richard Du Toit/Minden Pictures/FLPA; 33 tr Globe Turner/SH, t elnavegante/SH, Source: Brazilian Post and Telegraph Company; 34 tr Atlaspix/SH, tl Rolf Nussbaumer/NPL, br Chris Gibbins/British Virgin Islands Post; 35 tr Globe Turner/SH, tl Roland Seitre/NPL, bl bumihills/SH; 36 tr Atlaspix/SH, tl Giant Ibis Martin Hale/FLPA; 37 Chris Gibbins/Cambodia Post; 38 tr Atlaspix/SH, tl Jurgen & Christine Sohns/FLPA, bl Stuart Mailer, bc Philip Friskorn/Minden Pictures/FLPA; 39 Nigel Redman/Cayman Islands Post, Nigel Redman/Cayman Islands Post; 40 tr Globe Turner/SH, tl David Tipling/ FLPA, bl David Tipling/FLPA; 41 tr Chris Gibbins/Chile Post, Condor online magazine; 42 tr Paul Stringer/SH, tl Dickie Duckett/FLPA; 43 Konrad Wothe/ Minden Pictures/FLPA; 44 tr Nigel Redman/China Post, cl Keren Su/Getty, bl Lefteris Papaulakis/SH, br TAO Images Limited/Getty; 45 tr Paul Stringer/SH, tl Murray Cooper/NPL; 46 tr Atlaspix/SH, cr Eitan Abramovich AFP/Getty Images, bl Jean-Francois Deroubaix/ Gamma-Rapho via Getty Images; 47 tr Guillermo Legaria/Stringer AFP/Getty Images, bl Veronique Durruty/ Gamma-Rapho via Getty Images, br Chris Gibbins/Colombia Post; 48 tr Artgraphixel.com/SH, tl Franck & Christin/Biosphoto/FLPA, br Chris Gibbins/Costa Rica Post; 49 tr Paul Stringer/SH, tl Nigel Redman, br Nigel Redman/Cuba Post; 50 tr Fotogroove/SH, tl Paul Sawer/FLPA, bc Wim Reyns/ Minden Pictures/FLPA; 51 tl Mike Lane/FLPA, cl Malcolm Schuyl/FLPA, br British Library/Robana/British Library/Robana via Getty Images; 52 tr Atlaspix/SH 00052495 Frank W Lane/FLPA, tl Stephen Dalton/NPL; 53 Tr Paul R. Reillo, Ph.D. cl Roland Seitre/NPL, Nigel Redman/Dominica Post, bl Roland Seitre/NPL; 54 tr Globe Turner/SH, Francesco Tomasinelli, bc Chris Gibbins/Dominican Republic Post, br Neil Bowman/FLPA; 55 tr Atlaspix/SH, tl Tui De Roy/Minden Pictures/FLPA; 56 tr Alfredo Maiquez/Getty, cl Jim Clare/ NPL, bc LatinContent/STR/LatinContent/Getty Images, br Nigel Redman/Ecuador Post; 57 tr Atlaspix/SH, tl Michael Gore/FLPA, Maru Panameno Torogoz, S.A. de C.V., Nigel Redman/El Salvador Post; 58 tr GlobeTurner/SH, tl Tony Hamblin/ FLPA, 59 tr Bill Baston/FLPA, tr Konrad Wothe/Minden Pictures/FLPA, bcr Bloomberg via Getty Images, br Chris Gibbins/Austrian Post; 60 tr wavebreakmedia/SH, tl Bernard Castelein/NPL, bc Faroe Islands Postal Service stamps.fo, br Mike Powles/FLPA; 61 tr Fotogroove/SH, tl Danny Green/NPL; 62 tr Dieter Hopf/Imagebroker/FLPA, cr Paul Hobson/FLPA, bl ImageBroker/ Imagebroker/FLPA; 63 Nigel Redman/© Itella Posti, Finland, tcr Image: Mint of Finland, bl stockbyte/Getty; 64 tr Anatoly Tiplyashin/SH, tl Lynn M. Stone/NPL, bl Miguel Azevedo e Castro/SH, bc De Meester / ARCO/NPL; 65 tc Dean Mouhtaropoulos/Getty Images, tr Lefteris Papaulakis/SH, trr Olemac/SH, bl le coq sportif, br Philippe Huguen/AFP/ Getty Images, 66 tr megastocker/SH, tl Martin Woike/Minden Pictures/FLPA, Chris Gibbins/Gibraltar Post, br Roland Seitre/ NPL; 67 tr Atlaspix/SH, tl Forestry and National Parks Department, Anthony Jeremiah Grenada, Chris Gibbins/Grenada Post; 68 tl Atlaspix/SH, l Imagebroker, Stefan Huwiler/Imagebroker/FLPA, br Imagebroker, Stefan Huwiler/Imagebroker/ FLPA; 69 Patricio Robles Gil/NPL; 70 tl Nigel Redman/Guatemala Post, tr Bocman1973/SH, cl Banco de Guatemala, bc Roland Seitre/NPL; 71 tr Morphart Creation/SH, bl Bloomberg via Getty Images; 72 tr Atlaspix/SH, tl Pete Oxford/ NPL, bl SA Team/Minden Pictures/FLPA, bc Flip De Nooyer/FN/Minden/FLPA; 73 tr Konrad Wothe/Minden Pictures/FLPA, cl Roger Tidman/FLPA, cr Chris Gibbins/Guyana Post, br Pete Oxford/NPL; 74 tr Paul Stringer/SH, tl Gregory Guida/Biosphoto/FLPA, bc Chris Gibbins/Haiti Post, br Gregory Guida/ Biosphoto/FLPA; 75 tr pdesign/SH, tl Roland Seitre/NPL, br Frans Lanting/FLPA, bc Rod Williams/NPL; 76 tr Dave Rock/SH, bl LoraKim Joyner; 77 LoraKim Joyner, LoraKim Joyner, LoraKim Joyner, Chris Gibbins/Honduras Post; 78 tr Globe Turner/SH, tl Roger Tidman/FLPA, bl Ignacio Yufera/FLPA; 79 tl Ignacio Yufera/FLPA, cr Nigel Redman/Hungary post, br MME logo www. mme.hu; 80 tr Peter Wemmert/SH, tl Wild Wonders of Europe / Bergman/NPL; 81 tl Konrad Wothe/Minden Pictures/FLPA, cl David Kjaer/NPL, cr Iceland Post, bc Roland Seitre/NPL; 82 tr M. Shcherbyna/SH, tl David Noton/NPL, bl John Watkins/FLPA, bc Ignacio Yufera/FLPA; 83 tr Keren S/Getty, cl UIG via Getty Images, br SSPL via Getty Images; 84 tl Michael Gore/FLPA, tr Neil Bowman/ FLPA, bc John Holmes/FLPA; 85 tc David Hosking/FLPA, bl Neil Bowman/FLPA, br Imagebroker, Christian Hatter/Imagebroker/FLPA; 86 tr Paul Stringer/SH, tl Dubi Shapiro, br Bas van Balen/BirdLife International; 87 tr wiki government indonesia Garuda_Pancasila, br Adek Berry/Stringer/AFP/Getty, Chris Gibbins/

206